國家社科基金重大項目（10&ZD104）

上海師範大學古籍整理研究所編
項目首席專家、主編　戴建國
主編　朱易安　傅璇琮　周常林

全宋筆記

第八編　四

国家出版基金项目
NATIONAL PUBLICATION FOUNDATION

大象出版社

顧　　問　王水照　朱瑞熙　徐　規　李裕民

項目首席專家、主編　戴建國

主　　編　朱易安　傅璇琮　周常林

編纂委員會（以姓氏筆畫爲序）

王劉純　朱易安　李亞娜　周常林　俞　鋼　查清華

徐時儀　陳　新　張劍光　傅璇琮　虞雲國　戴建國

目録

◎李之彦撰

東谷所見

儲玲玲　整理

點校説明

《東谷所見》一卷，李之彦撰。李之彦，温州永嘉人，號東谷。據書中有「今年六十有八」及自序記「咸淳戊辰小春」，作者晚年正處南宋度宗時。又其書中自述「遊湖海四五十年，教公卿大夫之子孫屢矣，教尋常白屋之類亦多」，身份實一老塾師。

本書凡三十則，各有標目，雖内容不多，但如科舉、獄訟、理學、名利、教育、交友等都有涉及，實爲作者觸事動心，據所見任意迅筆，憤世嫉俗之語。由此可見當時政治狀況及處士的心態。

本次整理，以景刊宋咸淳《百川學海》本爲底本，校以《説郛》（宛委山堂、商務印書館）本與清道光《學海類編》本（題作《東谷隨筆》）。書前自序據《説郛》本輯録。

序

余閒居兀坐，觸事動心，據所見隨録。友朋目之，屢請刊行不可辭。然任意迅筆，肆言無忌，余所見與人所見未必盡合也，有見喜亦有見而怒，知我罪我，其惟此見乎！咸淳戊辰小春，永嘉東谷李之彦自序。

先壠

人子之於親，苟虧生事之禮，雖葬與祭致其力，何足以言孝？故曰：祭之厚，不如養之薄。吾鄉多於至節、歲節、清明詣墳所。半載餘寘其親於荒墟，已爲非禮。乘祭之後，大率與兄弟、妻子、親戚、契交放情遊覽，盡歡而歸。至節、歲節非掃松也，祇賞梅耳；清明非省墓也，祇踏青耳。然則人子何以處此，當揆之於心，平日稍能孝養，雖祭後舉杯酌亦未害。若孝養有虧，即當收斂酒饌返舍，潛自剋責，庶幾亦不至大得罪於名教，大獲譴於造物。余嘗喜一前輩作初入仕啓兩句云：「禄不及親，飽妻孥而何益？」遂耦其兩句：「忠未報國，對師友以多慚。」

壽命福德

「願我壽命長，常行一切善；願我福德盛，普濟一切人。」此語恐未爲的。論人之念，慮一正，則萬善可觸類而通；行一善，則萬善皆萌蘖於此。若必待壽命長而後行一切善，則壽命不長，一切善必不行矣。顔子如之何而造道耶？此兩句猶庶幾，如下兩句則有大不然者。「願我福德盛，普濟一切人。」則是我獨富足，人多窘匱。我常得爲人之惠主，人皆仰我以周給。是誠何心哉！余欲改此兩句曰「願人福德盛，不待我普濟」。

殺人欠債

諺有之：「殺人償命，欠債還錢。」理也。近世豪家巨室，威力使令逼人致死，但捐財賄餌血属坦然無事。至如人或逋負督迫取償，必使投溺自經然後已。由此觀之，乃是「殺人還錢，欠債償命」。

異端

士君子莫不知崇尚正學，排斥異端。然朝廷及州縣間遇旱、澇、凶、荒，非黄冠設醮，則浮屠禮懺。平日排斥異端，至此則倚仗異端。豈吾儒乏感格之道耶？切所未喻。

簡翰

每見近日簡翰，動輒端拜申禀、百拜禀申、皇懼僣躐、九頓百拜。禀申有官君子趍事長官，則有狀申劄。申如申縣、申州、申監司、申朝省之類。吾輩家尋常書問往來，何必用

「申」字？又有所謂加拜申禀，尤爲可咲。先王制禮，無過不及。拜豈可加也哉？昔韓昌黎《上宰相書》只寫「再拜」。本朝前輩簡翰或再拜、或頓首。昌黎諸公豈傲世者？正以禮不可過也。今之端拜、肅拜、加拜、百拜，又有覆帖申，待平交如此，事君父當如何？其勢必千拜、萬拜可也。且如奏疏，亦只忱惶忱懼、頓首頓首而已。何嘗百拜？何嘗九頓？吾不知習俗所尚果誠實耶？抑虛僞耶？果謙遜耶？抑諂媚耶？因有一説。往年楊慈湖先生守吾邦，嘗作一書付局兵，令急出關。未幾遣人追回。吏輩將謂書有錯誤。局兵至，慈湖取書寘中堂几上，焚香再拜畢，復付之。蓋爲書中寫頓首、再拜上覆，偶遺忘不及拜，必拜然後遣。若加拜、百拜者，皆如慈湖用心，此等書一日能寫得幾封？今簡翰只寫再拜，或頓首，乃見古人相與之意。

物價

物價騰踊，甚之甚矣。若得人人同心，事事節損，皆務儉素，不尚侈靡，則物價亦可漸平。室廬惟取容膝，則木石等類自不可得而貴；衣服惟取蔽體，則羅綺文繡自不可得而貴；飲食惟取充腹，則美味珍品自不可得而貴；器具惟取適用，則珍奇精巧自不可得而貴。以至非泛不切，微末細瑣，人家可省則省，則物價亦有漸平之理。柰何風俗好奢，人情好勝。競尚華居，競服靡衣，競嗜珍饌，競用美器。豪家巨族固宜儩用，小夫賤隸卒富暴貴，豈惟效尤，又且過之。或先期予人以錢，後期取人之物，惟欲快吾之用度，一聽其邀價之高穹。如此，則物安得不貴？且如有物于此，我方以爲僅直十金，未幾人急欲得之，雖倍其直不靳，又争欲得之，更倍其直亦不靳，不遏踊貴之流，反煽踊貴之焰。如此，則物安得不貴？甚可慮者，一日復貴一日，一年復貴一年，將若之何，其勢必至於此。吾故謂不必咎物價之踊貴，但當咎風俗之侈靡。轉移風俗，豈無其道耶？又豈無其術耶？林野老拙，不敢深言。

養子

知子莫若父。當年少時，觀其讀書之利鈍，行事之醇疵，即可覘其終身之賢不肖也。使其賢耶，他日自能成立，何必勞心勞力積財以遺之，而損賢者之志也；使其不肖耶，他日必致敗壞，又何必勞心勞力積財以遺之，而益不肖之過也。縱不免儲蓄，以爲憑藉之計，亦豈可妄求而自取損德之殃。世廼有明見其子之不肖，猶挾兔狡而規利，逞鼠技以貽謀。殊不知一傳而傾覆，有不待其父之瞑目，而家貲已散而之他矣。吁！有此豚犬，枉作馬牛。

招師

招師教子弟，正望其成人克紹，實非細事不可忽也。中産之家，師席固不當需索。富貴之家，何待師席之需索？書院中凡百自當如儀。每見富貴者，寧豐財多粟納好寵姬，何嘗肯隆禮厚幣延好師席？寵姬辦首飾則甚易；子弟買書册則甚難。蘭房用度必是周緻，書院缺典寘之不問。氣象如此，宜乎碩師去而庸師來。碩師有抱負、有見識，合則留，不合則去。庸師無學問，以自持惟佞諛而媚主。庸師固棲身之謀，一年復留一年；子弟乏開導之益，一日昏鈍一日。及其長也，塊然一物而已耳。

教導

嘗聞之先人曰：昔一士子赴省試甚愜意，在京華待榜，因遊僧寺，廊廡有鬻相者，遂扣之。相者曰：「公骨相寒苦，縱才高班、馬，文過韓、柳，亦不能成名。」士子不信，揭榜果黜。再往問：「我之終身果何如？」相者曰：「以公之骨相，豈敢相許？若於功名用心之切，莫若種大陰德，恐可以回造化。」士子歸途心口自語：我居窮迫貧，濟人利物事安能爲之？何以種陰德？徐而思之：我平日常假館，每見爲師席者多誤人家子弟。我從今只留心教導，以此種德。後三年，復預計偕赴省，復愜意。尋寺中相者尚在，一揖間相者曰：「公丰神照人，定應榮達。」士子曰：「我赴省待榜。」相者曰：「高中無疑。」揭榜果然。士子往謝之，曰：「何汝向者拒我之峻，今日許我之確耶？」相者曰：「某不記公風采。」士子歷述前事。相者曰：「公形骨俱换矣。」留心教人非陰德而何，宜造物之默相也。余遊湖海四五十年，教公卿大夫之子孫屢矣，教尋常白屋之類亦多矣，未嘗以其貧富貴賤束脩多寡貳吾心【一】，此語可以對越。但寸名不就，身計茫然，静坐反思，得非生平五典不飭，百行有虧，造物特以摧敗困踣罰之耶？今年六十有八，肢體康健，耳目聰明，飲啗自若，百病不侵。意者教導一節亦有可取，造物姑壽之耶？余不敢自恕，但當自警。然見近時教童蒙者，《語》、《孟》句讀亦多錯舛，教作文者，只謄公本，蔑有新功，誤人子弟，寧逃陰譴！甚而花街柳陌，師生同遊，嗜利下流，靡所不至。其間有不孝不悌、不友不恭，曾未聞一言糾其過。徒於小廉曲謹，腐爛時文，以此稱功。盍亦即赴省士子事思之，前輩謂不究心教導，所得束脩與受贓同。此言甚當。

勸學文

《勸學文》曰：「書中自有黄金屋。」又曰：「賣金買書讀，讀書買金易。」自斯言一入于胷中，未得志之時，已萌貪饕；既得志之後，恣其掊克，惟以金多爲榮，不以行穢爲辱。屢玷白簡，恬然自如；雖有清議，寘之不卹。然司白簡持清議者，又未必非若而人也。

【一】未嘗以其貧富貴賤束脩多寡貳吾心　「束」原作「吏」，據《説郛》（宛委山堂本）改。

毋恠乎玩視典憲爲具文，一切寘廉恥於掃地，氣習日勝，若根天真，惟知肥家庇族而已，亦不知其爲蠹國害民也。得非蔽錮於《勸學文》而然耶？是固不可不深責貪饕之徒，亦不可不歸咎於《勸學文》，有以誤之也。

富貴貧賤

貧賤不如富貴耶？抑富貴不如貧賤耶？人莫急於温飽。靡衣華飾固美矣，然補破遮寒，其爲温則一也。甘味盛饌亦佳矣，然糲食充饑，其爲飽則一也。温飽之餘，何必羡富貴哉？彼委積愈厚，鞭筭愈切，鬚鬢愈白，計慮愈深。第宅田園，器用服飾，曷嘗見其厭足？爲子計，又爲孫計，惟恐其不克紹。日間飲膳失期會，夜亦不能甘寢。貧賤者不如是之勞苦也。肥甘沈湎乃致疾之媒，粉白黛緑皆喪身之具，動由順境，難禁摧挫，少不如意，或飲氣嘔血而暴亡。素處豢養，不耐風霜，稍有感觸，雖良藥有所不能療。貧賤者不如是之脆弱也。損人致富，召怨實多。或有意外，懷璧其罪，水火盜賊，刑禍戮辱，其終必不能免。官爵雖高，冰山亦險。葅醢烹戮，載在史册者不可枚數。貧賤者不如是之驚危也。富貴者勞苦，貧賤者清閒；富貴者脆弱，貧賤者堅固；富貴者驚危，貧賤者安泰。孰謂貧賤不如富貴耶？吁！富貴而傲忽貧賤，惑之甚也！貧賤而諂諛富貴，惑之尤甚也！

錢

「半輪殘月掩塵埃，依稀猶有開元字。想見清光未破時，買盡人間不平事。」古人詠錢如此。以余觀之，錢之爲錢，人所共愛，勢所必争。骨肉親知以之而搆怨稔釁，公卿大夫以之而敗名喪節，勞商遠賈以之而捐軀殞命，市井交易以之而鬪歐戮辱。乍來乍去，倏貧倏富，其籠絡乎一世者，大抵福於人少而禍於人多。嘗熟視其形模，「金」旁着兩「戈」字，真殺人之物。而世人莫之悟也。吁！錢乎。錢乎。以我之貧，求汝活我而不可得，我固無柰汝何。以我之不貪，汝欲殺我而不可得，汝亦無柰我何。

名利

或問殷浩曰：「將涖官而夢棺，將得財而夢糞，何也？」浩對曰：「官本臭腐，故將涖官而夢尸；財本糞土，故將得財而夢穢。」世以爲知言。余因喜曰：余之不得名利者，是造物不以臭腐待我也。不以糞土予我也。出之於汙穢之途，而躋之於清高之境；脱之於鄙陋之地，而措之於道義之域。拜造物之賜多矣。世人名利稍不得志，輒起怨尤，何其蠢哉。

朋友

君子以文會友，以友輔仁。友之者，友其德也。當親密之時，握手論心，必使君臣、父子之倫，兄弟、夫婦之倫，粹然一出於正，此交友第一義也。夫何世變日薄，友道掃地，惟酒饌追隨，有無周濟，穢言相謔，術數相勝，於是規圖便利，諂諛取容，此妾婦耳，非友也。啗以濡沫，甘效奔走，此奴隸耳，非友也。惟恐少有攖拂而取疏遠，故隨事苟徇而覬親密。乘其父子之睚眦，即導之以不慈不孝；乘其兄弟之鬩墻，即導之以不友不恭；乘其夫婦之反目，即導之以不琴不瑟。謬引古今，眩亂是非，指鹿爲馬，野鳥爲鸞，皆此等輩也。其間稍有見識廉恥者，必浩然而去。所友者惟小人，抑亦何所不至哉？

故舊

故舊不遺，則民不偷。世俗薄，故舊衰。平日同筆硯、同出處、同貧賤、同患難，相與相愛，不啻骨肉，一旦得志，有若路人。吁！犬不忘家，燕尋故壘，彼既犬燕之不若，亦何足責。世人多以富貴忘舊爲憾，此特不能理遣耳。理遣宜如何？曰：譬似當初不相識。

藥石

方今藥材，鄙賤者，且數十倍於前；貴細者，有數百倍於前。至携金遶市鋪求之不獲者，人孰不知真藥之難得如此。凡設鋪而招人贖僞藥者，愚也；贖僞藥而覬療病者，愚益甚矣。吾輩家何策？且宜於飲食、衣服上加謹。古人首重食醫，春多酸、夏多苦、秋多辛、冬多鹹。調以滑甘，平居必節飲食，飯後行三十步，不用開藥鋪。飲食之加謹者此也。急脱急着，勝如服藥。衣服之加謹者此也。或有疾疢，奉行不服藥得中醫之語：藥石雖貴未害也。最是孝子慈孫侍奉親庭，豈忍坐視其病而不救？家有餘蓄尚可得良劑，貧寠所迫將若之何？貧者固難得良劑，富者縱得良劑，又未必有良醫。余因念及此，仰天而祝曰：「願天下人安樂。」

好官好人

偶見士大夫壁間碑刻云：「好官易做，好人難做。」衆咸謂知言。余切以爲不然。好人何難做之有？仁義禮智行之在我，孝悌忠信行之在我，人皆可爲堯、舜，途之人亦可爲禹。人自不爲之耳。乃若欲做好官，必鑽刺、必營求、必俯仰，脅肩諂咲，懾氣促步，惟恐人揮斥其趍事之不周。外壞面目，内壞必術，曾莫之顧，求而得者能幾人？求而不得者，揔揔也。縱求而得，所喪已大甚矣。做好官之難也。

謙遜

常見世人行不肯在人先，坐不肯在人上，歛衽退縮至再至三，謙遜之風良可嘉尚。及其見利則逝，見便則奪，惟恐或後於人。雖骨肉亦踈絶，契交反眼不相識。當行不先人，坐不上人之時，亦知謙遜爲美事，抑何臨小利害乃樂爲是不謙不遜耶？矯情可强也，真情不可遏也。

借親

父母垂死，人子於此，正哀痛徹骨，幾不欲生之時也。今人反以送死爲緩，惟以借親爲急。父母死，未即入棺，仍禁家人輩未得舉哀。棄親喪之禮而講合巹之儀【二】，寘括髮之戚而脩結髮之好。此夷狄禽獸之所不忍爲，而世俗皆樂爲之。雖簪纓詩禮之家亦相率而行，恬不爲恠。不知作俑者誰耶？

【二】棄親喪之禮而講合巹之儀「棄」原作「在」，據《説郛》宛委山堂本、商務印書館本改。

養軍

近年郡家，每月逼期旋糴軍糧支散。浙右素號沃饒，亦如此艱闕萬狀，蔑裂百端，甚而折錢，價直峻減。又甚而拖欠，未即補償。軍人敢怨而不敢言。蓋明知皆前太守屢任席卷之罪，未可咎今太守不能措辦之過也。吁！飽目前之欲，不顧後來之憂；徇一家之謀，不䘏一郡之害。留之家，家未必能保；付之子孫，子孫未必能久。徒貽害如斯其烈也。使後之爲守者，其果賢耶，則背理傷道决有所不敢爲，生財足用必無所措手足。惟以即能罷去爲幸，殆類范文子使祝宗祈死，無及於難，其亦可哀也已。果不賢耶，則行爲富不仁之政，用移東補西之術，决江海以救焚，焚滅而溺至；飲鴆爵以止渴，渴止而身亡。號爲能吏，不過如此。且幾年養軍，今日掣肘，物價騰踊，民不聊生。萬一荒歉，羣盜必起，諸軍素抱乏糧之怨，孰爲可備警急之人，其辭甲使鶴禦暴者反爲暴，滔滔皆是也。當是時，禍必先及於富貴充溢之家，不知爲鄉貴，爲巨室亦慮及此否？然則慮之，當如何積而能散？

理學

理學湮汩久矣。士子不能講貫，考官亦罔聞知。蓋今日之考官即前日之士子也。方册中文字，害理者不勝其多，不堪着眼。姑即其一者言之，事大體重莫如省試。近年欽哉，屢省乃成欽哉，乃賡載歌曰：元首明哉，股肱良哉。經魁以「敬立而德不孤」立説，《易》曰：「敬以直内，義以方外，敬義立而德不孤。」是則敬義可以相有而不可以相無。

豈得獨指敬耶？聖經又豈可減一字耶？不知當時爲知舉、爲參詳、爲小試官亦曾聞有所謂理學否？經魁且爾，一榜可想；省試如此，他試可知。余所謂今日之考官即前日之士子是也。我朝孝宗皇帝一日與崔敦詩論文章關世變，敦詩曰：「臣觀建炎詔文義理明而氣勢壯，便知天下必能中興。」遂誦一篇。孝廟諦聽，天顏喜甚。又問曰：「六朝五代之文如何？」敦詩曰：「六朝之文破碎，遂有土地分裂之象；五代之文麤悍，遂有草茅崛起之象。」上嘉嘆曰：「卿論得此甚好。」今日之文義理斵喪，其象當如何？有識者可以觀矣。

獄訟

余近年歸故里，首拜先壠，爲不肖姪童其山，當時不勝哀憤，亟訪鄉貴，求緘一狀投之。郡守因見其書院榜示，謂某望畢言輕，親故或欲緘狀，不敢奉命。當今之世得忍姑且忍，求直未必直。余遂不啓齒。續見有官君子云：某家亦曾訴伐墓木者，十八狀追人不出，徒重費用。余含垢飲氣而已。近有所聞又爲之驚駭。今日囹圄供答，不由於民情可否，一聽於吏手。往往吏自撰情欵一本，令囚人依本書之，更不可增損一字。真情無所赴愬，呼天神不聞，號地祇不聽。痛哉！痛哉！夫獄訟所以平曲直，雪冤枉也。今有財者勝，無財者負；有援者伸，無援者屈；豪強得志，貧弱啣冤。此豈國家之福耶？愚願士大夫司聽斷者，在在持平如衡，事事至公如鑑，天下何患不太平！

寒暑

寒猶可禦，而暑不可避。涼亭水榭，風車簟枕，世不多有。縱有之，遇流金爍石之時，其爲熱自若也。方食冷物，又恐生病；方食熱物，汗決如雨。思之爲人何益於事？矧得喪利害，不能理遣，而心火熾盛；妻孥累重，支吾不暇，而家火逼迫。當此流火，而心火、家火爲之俱焚，鑊湯爐炭一時頓現。一年復一年，髮白面皺，催入死途不自知也。余觀此境界，所以不願有生。

茹素

世人以茹素爲齋戒。豈知聖賢之所謂齋者，齊也，齊其心之所不齊。所謂戒者，戒其非心妄念也。無一日不齊，無一日不戒。今之人每於斗降三八、庚申甲子、本命日茹素，謂之齋戒，不知其平日用心何如也。况在茹素之日，事至吾前，輙趍利徇欲，損人害物，不知其茹素何爲也？古語兩句甚好：「寧可葷口念佛，莫將素口罵人。」

謀利

利者，害之對，纔謀利，即有害。然謀利營生，世所不免；爲富不仁，人所當戒。有能於其間，寡願少取，殆庶幾焉。寖是不仁之甚者，糶糴一節。聚錢運本，乘粒米狼戾之時，賤價以糴，翹首企足，俟青黄不接之時，貴價以糶。其糴也，多方折挫以取贏；其糶也，雜糠粃而虧斗斛。天生百穀以存活一世，而謀利之徒不欲其豐而幸其歉，不喜其飽而願其饑。逆天心，拂人心，以此致富而望綿遠，萬萬無此理。又有富貴之家積穀以邀價，放債以取息，開庫以解質，與民争利，不一而足。方且語人曰：「吾家支遣頗廣，不得不如此耳。」吁！儻用度果不足，曷不減損環列之侍姬？曷不謹節非泛之費用？乃甘爲是狼貪，使水火盜賊之災、刑禍戮辱之危、子孫蕩覆之報，不在目前，則在他日，昭然有不能免者。善乎！孟子有言曰：「不仁者可與言哉？」不仁而可與言，則何亡國敗家之有。

閒

造物之於人，不靳於功名富貴，而獨靳於閒。天地之間，日月之運行，星辰之躔度，寒暑之推移，山川之流峙，草木之生息，機發輪轉，無一息停焉。天地且不得閒，而閒豈人之所易得哉？高爵厚禄，清資顯秩【三】，班于朝廷，列于州縣，不知其幾，而樂恬退者倒指不一二。日顛冥于仕途，姑托親戚契識買田園、營第宅，不獲一見而身亡。其有被劾之餘，安意家食，特迫於勢窮力屈而然，非其本心也。對賓客，方有築室返耕、高潔自許之清談，入私室，又作摇尾乞憐，干時求進之尺牘。囊篋鎖鑰惴惴于手，收支簿書介介于懷，一日十二時無一隙得暇。而好山好水，清風明月，何嘗見此風景，縱或見之，又何嘗識此旨趣？勞勞擾擾，死而後已。若夫富家翁、守錢虜，抑又不足道也，名曰享富貴，其實一俗子。孰若安分清閒之野叟哉？故曰：身閒則爲富，心閒則爲貴。又曰：不是閒人閒不得，閒人不是等閒人。

貪欲

五十不造宅，六十不製衣。縱饒得受用，能有幾多時？余年近七旬，儘宜省事樂閒，息心退步，何必貪欲於受用無幾之日。《圓覺經》云諸苦所因，貪欲爲本。余庶幾乎免矣。蓋「貪欲」二字壞盡世間人。得便宜處再往，得便宜事再做，終有悔吝之時。今日進得一步，明日又求進一步，恐是顛隮之兆。堆金積玉，來處要明；越分過求，餘殃在後。卧病垂死，術數未休，幾年勞役，一場春夢。明珠一百斛更添百斛，也只心不足；侯印十九枚更添一倍，也只眉不開。孔丘、盜跖俱塵埃，少陵、老子今亦安在哉？

【三】清資顯秩　「秩」原作「轍」，據《説郛》本、《學海類編》本改。

禱祈

世人不思積善、積惡、殃慶各以類至。惟托緇黄，誦經持呪，或謂保扶，或謂禳災，或謂薦亡，如此則有資財者皆可免禍矣。昔寒山見人家懸幡，因作頌曰：「半作幡身半作脚，掛在空中驚鳥雀。行住坐卧思量着，只好把與窮漢做襖着。」達哉，斯言！

科舉

永嘉科舉極狼狽，只緣多試一日。以至士子多謄公本，只書義終場自有三萬三千餘卷。考官例以雷同冗長視之，僅看兩三日已厭惡矣。其間好文字多不及考；而謬種之考官亦不能識。中才之考官眩惑於卷之多，又無所别白。加之吏胥作弊不一，取士之法於是大壞。若得善舉送者，申明條制，痛革諸弊，一人只許一卷，庶無負國朝設科之美意。

太行山

有一主一僕久行役，忽登一山，遇豐碑，大書「太行山」三字。主欣然曰：「今日得見太行山。」僕隨後擨揄：「官人不識字。只是太行如字。山，安得太行山？」主叱之。僕姍咲不已，主有怒色。僕反謂官人：「試問此間土人，若是太行山，某罰錢一貫與官人；

若是太行如字。山，官人當賞某錢一貫。」主笑而肯之。行至前，聞市學讀書聲，主曰：「只就讀書家問。」遂登其門。老儒出接，主具述其事。老儒笑曰：「公當賞僕矣。此只是太行如字。山。」僕在側視主，曰：「又却某之言是。」主揖老儒退。僕請錢即往沽飲。主俟之稍久，大不能平復，求見老儒詰之：「將謂公是士居又讀書，可證是否，何亦如蠢僕之言太行如字。耶？」老儒大笑曰：「公可謂不曉事。一貫錢瑣末耳，教此等輩永不識是太行山。」老儒之言頗有味。今之有真是非，遇無識者正不必與之辯。

◉魯應龍撰

閑窗括異志

儲玲玲　整理

點校説明

《閑窗括異志》，又名《括異志》，魯應龍撰。魯應龍，字子謙，海鹽當湖（今平湖）人，鄉貢進士，官至宣教郎。書中稱「淳祐甲申（辰）春館於沈氏」，則宋理宗時期在世。

本書皆述所見聞神怪之事，内容頗多涉及海鹽、嘉興等地歷史地理，有較强的史料價值，部分故事借以明因果，勸人嚮善，但亦有荒誕不經者。全書不分卷，凡八十八條。

本次整理以明萬曆中會稽商氏半埜堂刊《稗海》本爲底本，以天啟年刊《鹽邑志林》本爲校本（兩個本子文字脱漏部分相同），并參考了《説郛》（宛委山堂）本。

校勘記

海鹽縣本武原縣，在秦屬會稽，漢因之。《地里志》云：故武原有塘官。《寰宇記》云：廣斥鹽田相望。《漢·地理》：縣有鹽官。東出五里有武原，王莽改爲展武縣。後陷爲湖，柘湖是也。移於武原鄉，改武原縣，後改海鹽縣。漢安帝二年，又陷，當湖是也。移故邑城爲故邑縣。又移於海塘，爲海塘縣。唐景雲二年，屬蘇州。先天二年，廢。開元五年，復置。晉天福四年，置秀州，遂屬焉。縣有鄉武原十八都、十九都。然十八都分上下村，一在十八里堰下，與齊景交界；一在當湖，自湖首至界涇橋與嘉興交界。以德藏寺基及道院底籍都□□□□十七都自有大昜。十七都不應有二，况地理相接不同，不知何□□□□□□□□□□名。今止以上下十八都爲定云耳。

當湖在今縣北五十里，南北十二里，東西六里。古老相傳：地初陷時，有婦人産一物若蛟蜃狀，濯於水，遂陷一方，迤邐從東北去。今有泖港直通太湖。昨得石刻，乃唐吴郡陸府君墓銘，葬於蘇州海鹽縣齊景鄉當湖，則當湖之名舊矣。或云鸚鵡洲，《圖經》不載，豈縣未陷曾有此湖耶？曩歲漁者於湖中獲一鐵鏈，長不計極，舟滿幾覆，懼而棄之。或云繫蜃於此。自漢迄今，上下千餘年，湖日淺，土日增，聞有於其中髣髴見其餘趾。

金山忠烈王、漢博陸侯姓霍氏，吴孫權時，一日致疾，黄門小豎附語曰：國主封界華亭谷，極西南有金山鹹塘湖，爲民害，民將魚鱉食之，非人力能防。金山故海鹽縣，一旦陷没爲湖，無大神護也。臣，漢之功臣霍某也。部黨有力能鎮之，可立廟於山。吴王乃立廟。建炎間，建行宫於當湖，賜名，顯應尤著，鄉民祈禱輒應。部下錢侯尤爲靈著。王以四月十八誕辰，浙之東西商賈舟楫朝獻踵至。自入四月至中旬末，一市爲之鼎沸。聞有設祭於松栢間，祀其先亡，慟哭而反，謂之小嶽廟。廟中鐵鑄四聖，由海而來。至今見存。紹興間，方臘叛，浙右驚恐。時魯氏居東武，家尚單微。潰卒之留于蘇秀，奔走四出，村落居民大不安。魯氏家事真武極靈，因禱謀遠遷以避難，神不許。未幾，潰卒將及境，忽空中有黑旗現，暝霧四合，卒大恐，引去，闔境獲免。遂於市西建道院事之，至今有禱輒應。

五顯靈官大帝，佛書所謂華光如來，顯迹婺源久矣，歲歲朝獻不絶。淳祐中，鄉人病於涉遠，乃塑其像，迎奉于德藏寺之東廡，建樓閣居之，祠之。前素有井，人無汲者，自立祠後，人有汲其水飲之者，病輒愈。由是汲者、禱者日無虚焉。寺僧利其資，每汲一水，則必令請者禱于神，得筊杯吉，然後汲水，并以小黄旗加之上。自是請者日少，今亦不復驗矣。

古老相傳：湖初陷，白沃史君躍馬疾走不及，遂駐馬，以鞭指，得湖東南一角，水至不没，因立廟。迨今此地獨高。又云：兄弟三人，一在沙腰，一在乍浦，皆稱白沃廟。

德藏寺本寶興寺，唐會昌元年置，光啓初廢。後唐清泰中，鄉民丘部即故基新之，大中祥符改今名。□時，改寺爲□□□宫。□□□□□□□□□□宫。建炎復爲寺。寺有兩華亭。□寺有水陸齋壇，往歲富民沈忠建。每設齋，施主虔誠，則荼現瑞花。故花儼然可覩，亦一異也。

東林施水院，本定庵居士白蓮道場。寺有藏，歲久弊甚，住持僧智祥力鳩衆緣爲之，僅成規模，其中實無所有。始寺有轉藏，不問多寡，僧以一餅啖之，由是至者甚衆。人有病祟，必以東林藏轉之即愈。蓋寺有神姓施，封護國公，爲之打供，僧徒得以濟。

齊景鄉縣北四十里有廟在焉，圖宅號齊景公廟，一云未明大王。古老相傳：齊景公遵海而南，觀於轉附朝儛，曾遊於此，立廟於斯。舊有碑，今磨滅不存矣。唐貞元十四年，太子左贊善大夫吴郡陸使君夫人汝南縣君周氏墓志云：祔于嘉興縣東界海鹽縣齊景鄉青墩原西北塋。則齊景鄉青墩之名舊矣。

元豐末，秀州人家屋瓦霜後冰自成花，每瓦一枝，正如畫家所爲。折枝有大花如牡丹花葉者，細花如萱草、海棠者，皆有枝葉，無毫髮不具。雖巧筆不能爲之，以紙摹之，無異石刻。

寶聖石佛院在嘉興縣東南。唐至德二年，於寺基掘得石佛四軀，至今見存。天聖中，賜名寶聖。人但呼石佛寺。寶一作保。

庚子歲夏旱，湖間可以通軌。有漁舟夜艤水滸，遥見有光燭人，意謂必窖藏。遂於中夜掘之，得磚一井，片長六七寸，兩首各有方竅相入，兩面皆有手掌紋，極細，宛然可見，不知此磚始於何時。竊意當時陶人手法爲之耳。兒童爭鬻于市，或取以爲硯，清潤細膩可愛。余嘗得片磚，爲好事者取去。

南林祖塋，高祖宣義之墓。嘗聞諸伯叔祖言：初營地時，高祖頗明地理，將鑿池引水至墓之西南。夜夢一婦人請曰：「妾有墓在正南所開池處，君戒役夫，勿傷吾墓，當有厚報。」次日，果於其地得金數塊，遂用以營寺，至今其墓尚存。自建刱以來將踰百年，林木塢竹視他處爲盛。丙午夏，忽生雙筍數株，莫不嗟異，各有賦詠。然竟不成竿，亦無他應。豈物反常爲妖，卒以自斃云。

光嚴庵正議之塋，瀕湖占勝，爲一方冠。東南皆枕湖，遠峯列如筆架，一塔屹於波心，文鋒挺立。登名仕版者，世有其人，視他族爲最盛。淳祐間，忽樹間出煙一道，遠近莫不驚異。有細視之者，見其間有蠓蚋不可計從樹中出，終日不絶。蓋此煙即此所成，不知何異。

湖心有地一方，立塔以按風水，人呼之曰「按山」。湖水瀰漫時，盗多竄伏於此，由是守庵者不敢居，遂成荒蕪。其中有大穴如瓮，下極空洞，巨蟒潛伏於内，時有人見之，或偃卧湖沙之側。近年有數道者居之，佛殿廊廡稍稍成緒，蛇亦不復見矣。余家舊有蛇，穴於壁間，每春月常有小蛇出没，近歲稍少。又有一族人課僕鋤草，忽聞地中有聲，入土尺許有石板，蓋覆甚固。啟之得缸，可貯數石米，其中皆巨蛇，八九奔走四出，急擊之，或死或竄去，竟不知從何而入也。意者必有異物，蓋不遇而變化云。

陳山在縣東北四十里，高八十一丈，週圍一十五里。有白龍湫，顯濟敷澤龍王廟。山頂有龍穴，深不數尺，春夏不涸，百姓遇旱則禱於穴，必有異物見。因取其水祀之，雨即滂沛。又有龍母塚在焉。每歲常在七月多風雨，人謂龍洗墓云。

陳山龍王廟後有觀音殿。曩年忽有兩石從半山鬬墜而下，一從殿後壁滚入觀音座下，一墜殿之西，屋瓦無所損，不知從何而入殿中也。今二石尚存，亦可異。留題者甚多。余乙卯歲到祠下，嘗賦詩于壁，以紀其事。

華亭縣北七十里有澱湖山，上有三姑廟。每歲湖中群蛟競鬬，水爲沸騰，獨不入廟中。神極靈異，寺僧藉其力以給齋粥，水陸尤感應。向年有漁舟艤湖口，忽見一婦人附舟，云欲到澱山寺。及抵岸，婦人直入寺去，舟中止遺一履。漁人執此履以往索渡錢。寺僧甚訝之曰：此必三姑顯靈。因相隨至殿中，果見左足無履，坐傍百錢在焉，遂授漁人而去。《嘉禾百詠》云：「神居陰陽護，尋閾捍洪波。莫慮蛟龍怒，年來畏叱呵。」

德藏寺前鍾乃銅所鑄，音極洪響。嘗見古老云：初鑄鍾時，有匠者云：「此鍾未可便扣，俟吾至六十里乃擊之。」及既去，方至新坊十八里，寺僧遽扣之，匠人聞其聲，嘆曰：「聲止於此。」今寺中鍾自新坊十八里外不復聞矣。恠哉！

當湖酒庫有四聖廟，在炊淘之後。立祠以來，閱歲滋久，前後交承祀之，奉之甚謹。每一任初到，則上兩幡，既解印，則復兩幡。酬神之庇，以爲定例。丙辰、丁巳之間，有姑蘇姚承節應瑞。者董糟丘，將幡書徧於神祠中，然後取幡染爲黑色雜用，人無知者。及去任，未數里，忽其子舟中爲神所憑，責之曰：「我立祠福汝坊場久矣，新舊之幡皆我之物，安得擅取以爲兒服耶？」及指其妾何人磨墨，何人折幡，歷道其所以。衆皆驚愕。姚懼，亟禱於神，許以謝過。其子遂甦。

伍子胥逃楚仕吳，吳王賜以屬鏤之劍，自殺，浮其屍于江，遂爲濤神。謂之胥濤，人皆知之。今嘉興有胥山鄉，山高一十五丈，週圍二里。舊經云：伍子胥伐越，經營於此。《水經》云：子胥死於吳，吳人立祠江上，名胥山。杭州吳山亦名胥山，蘇州吳縣亦有胥山，則其名非一。今胥山鄉伍姓甚繁，亦謂之云云。

《嘉禾志》：顧亭林庵中有忠烈公祠。近歲忽地裂數尺，中有風濤聲。以物探之，應手火起，至今尚然。

華亭陸四官廟，一名陸司空。元和初，有鹽船數十艘於廟前泊，夜中雨，過有光如火，或吐或吞。船人窺之，見一物長數丈，大如屋梁，口弄一團火，以竹篙抑之，驚入草際，光遺在地，乃一珠徑寸。以衣裹之，光透出，乃脱褻服裹之，光始不見。後至揚州賣之，獲數萬緡。

《輿地志》：秦置海鹽縣，王莽改爲展武縣，縣陷爲湖，湖中小山生柘樹，因以爲名。又云：秦時有女入湖爲神，即此祠也。荆公詩云：「柘林著湖名，菱葉蔓湖濱。秦女亦何事，能爲此湖神。年年賽雞豚，漁子自知津。幽妖屈險阻，禍福易欺人。」

吴躍龍，余友吴宗禮遠之。之子也。乙卯，與余友，鄉舉同廊就試，是歲俱發小薦，而躍龍實爲亞榜賦魁，實通榜詞賦之弟八也。揭曉之夕，夢登七層寶塔，已及六層，止餘一層。欲上之間，忽見一人星冠雲帔若天尊像，叱曰：「此鴈塔也。汝何人輒登此！」連步逐下，迤邐至塔外，遂坐其傍，驚而寤。及榜至，乃在七名之外。余親見其説。又有張湘亦以乙卯魁亞薦，揭曉兩夕前，夢人持巨盤撲賣，湘一撲五錢皆黑，一錢旋轉不已，竟作字。一人曰：幾乎渾純。及榜乃爲小薦第一。功名前定，不可强求也如此。

白宫真武道院西廡一室，有純陽真人吕翁像，極端嚴，乃曾叔祖大中璠所創道堂中塑像，道堂廢，遂移奉於此，頗著靈異。小兒有拜禱乞錢者，或於几上及坐處得之，亦見其僊道變化之驗云。

嘉興縣界移風鄉，有魏四十道者，有妻有子，中年忽悟真空，捨俗出家，脩行齋戒甚至，鄉民敬之重之。淳祐丙辰冬，忽感疾，自度氣血衰，不能起，呼同侣具湯沐更衣曰：

「大限到來，吾復何戀，各自珍重。」遂跏趺奄然而逝。遠近聞者肩踵相摩，觀瞻嘆羡，凡兩日未定。

淳祐甲申春【一】，余館於沈氏書塾，因寓宿焉。一夕，夢婦人著紅衣至其家廳廡下轎，無侍女，手執黄羅裙，直入其堂。旦與諸生言之，皆莫曉所謂。次夕方篝燈披閱卷帙，忽有人報街外鼓聲甚急，倉皇使人視之，乃市樓失火。□□□□□□，煙焰燭天，衆力撲救，僅免延燎，止拽倒小屋數間。方知婦人之怪也。

永興橋之西陸氏宅有大井，不知何年所鑿，面闊數尺，其深不可測，雖大旱不涸。其下可以轉篙，時時於其中有浮萍及破碎蒲帆浮起，不知何來。古老相傳云：「此下通大海。」豈海水伏流地中從此過耶？今爲富氏得之，正居堂之中，以板覆蓋甚謹，蓋防顛溺也。

余家全盛時以東廡爲書塾，其西南隅後爲居民王氏宅。王見其家每夜常有白衣人出現，意其爲祟，每夜防之。一夕，持杖逐至竈側而没，掘之，得銀一瓶，人無知者。遂以此經營，他之，遂小康焉。又李園者，以種圃爲業，初甚貧。一日揮鋤，忽糞土中有聲，掘得一瓮，皆小金牌滿其中。李得之，遂轉而貨易，爲他人所發，聞于官，備極笞楚，半爲他人所得。今無復一存矣。

嘉興貢院元是州學，今有采芹橋，泮水之舊規在焉。後遷學於鳳池坊，此地遂爲貢

【一】淳祐甲申　按：淳祐無「甲申」紀年而有「甲辰」。據本書前文有「淳祐中鄉人病於涉遠」之句，疑「淳祐甲申」爲「淳祐甲辰」之誤。

院。每舉終場，幾二千人。荷笈而進者，隨子弟而入者幾及萬餘人。然西廊之第三間極北，舉子常有爲魅所憑而至死者。或如猫而過，或如婦人，每一發喊，則妖氣愈盛。是以分案於其間者，多不欲就。前後所死非一，兵卒之宿於廊廡，往往夜見鬼物，甚至驚魘不醒，遂弗可救【二】。丙午歲將赴舉，監試官忽夢有人自稱貢院將軍云：「我死於此地【三】，今得爲神，每舉子死於場屋者，皆我輩爲之，可立廟於西北隅事我，則免於是。」明言於府以立祠焉。由是兩舉稍安，士人之就試者，莫不先期備金錢禱以求陰庇。或云此地元爲勘院，徐明之亂多鞫死於此【四】，故遇呼喊三聲，則出矣。

嘉興縣西南六十步，《地志》云：晉歌妓蘇小小墓，今有片石在道判廳，曰蘇小小墓。徐凝《寒食》詩云：「嘉興郭裏逢寒食，落日家家拜掃歸。只有縣前蘇小小，無人送與紙錢灰。」

資聖寺在海鹽縣西，本普明院。舊記晉將軍戴威捨宅爲寺，司徒王詢建爲光興寺。天禧二年，賜今名。寺有寶塔極高峻，層層用四方燈點照，東海行舟者皆望此爲標的焉，功爲甚宏。有海濱業户某。與兄弟泛舟入洋口接鮮，風濤驟惡，舟楫悉壞，俱溺於海而死。其家日夕號泣，一夕，夢其夫歸，曰：「我未出海時，先夢神告曰：『來日有風波之厄，不可往。』吾不信。遂死於此。初墜海時，彈指隨波已去數百里，神欲救我，不可及。今在海潮鬼部中極苦。每日潮上，皆我輩推擁而來，他佛事祭享，皆爲諸鬼奪去，我不可

【二】遂弗可救　「弗可救」三字原模糊，據《鹽邑志林》本、《説郛》本補。

【三】云我死於此地　「云我死」三字原模糊，據《鹽邑志林》本、《説郛》本補。

【四】徐明之亂多鞫死於此　「鞫」原作「鞠」，據《鹽邑志林》本改。

得。獨有資聖塔燈光明，功德浩大耳。」其妻因鬻家貲入寺設燈願。次夕，又夢夫來謝云：「今得升一等矣。」

捍海塘凡十八條，自縣去海九十五里有望海鎮，歲久波濤衝齧，盡爲洋海。紹興中，□□□知縣陳某。嘗於海塘五里建望月亭，殆今則亭基在水中，不可復見。每歲沙岸□□□□□□□□□□□□□□□□何止數尺。十八條捍海嵩岸，無一存者。縣治去海無三百步，而獨山一帶，歲歲鹹潮透入，可以曬鹵，耕種者苦之。前政史宰亞卿。親督畚鍤移入數百步，别築一塘。謂□□□□□□□□□□□□□□□□古嶽瓦盎及鐵劍，役夫得之，以爲□□□□奇，舉手皆粉碎。□□□□□□秦始皇時，有望氣者言：東南有天子氣。故東遊海上，所至埋金寶以厭勝之。今故邑近海，居民多掘得古物。

當湖南北十二里，東西六七里，東南則通故邑，西南則近海鹽。其東則廣戍，其北則華亭接境，舟楫便利，無□間斷，地迥村遠。

《吴地志》：昔有金牛糞金，村民臯伯通隨之。牛入山穴，鑿山而入，山頹，兄弟皆死，因名金牛。

三山曾先生陟。嘗寓舘於陳氏七載。音信不通，夏月青衿俱歇，獨處一室。有道人自吴山來，謂之曰：「子思鄉之切，何不少稱歸？」陟曰：「水陸三千里，幾時得到？」道人剪紙爲馬，令合眼上馬，以水噀之，其疾如風。祝曰：「汝歸不可久留。」須臾到家，門户如舊。妻令入浴易新衣。陟曰：「我便去。」妻曰：「纔歸便去，何不念父母妻子乎？」陟便上馬而行，所騎馬足折，驚寤，乃身在書舘中。隨身衣服皆新製者，道人亦不見，惟留一藥籃，中有一詩云：「一騎如龍送客歸，銀鬃緑耳步相隨。佳人未許輕分別，不是僊翁豈得知。」

景德禪院去縣五里，在城西門外之焚化院。昔有白毫高數丈，民以爲祥，乃作寺。有白龍潭在寺前，以白龍穴於此，行人多漂溺，居人作塔，埋金劍鎮之，後遂無害。今人謂之三塔灣寺，三伽藍順德龍王也。淳熙大旱，知縣李伯時以攬龍事告，太守以長繩繫虎骨，縋于龍潭中，遂得雨。取之稍遲，雷電遶廳，事亟，令人取之，乃止。

上舍伯祖巽。舊葬惹山，後忽卜兆於丁村，遂遷葬焉。其中紫藤蟠固棺上，或云：穴有紫藤，此吉徵也。遂斫藤遷之，自後其家浸衰。

嘉禾北門有孩兒橋，橋欄四角皆石刻孩兒，因名之。不知何時所建。歲時既久，遂出爲恠。或夜出叩人門户求食，或於月夜遊戲于市，人多見之。一夕，有膽勇者至夜密伺，果見其三二石孩兒徐徐自橋而下，遂大呼有鬼，以刀逐至其處，斫去其頭，恠遂絶。

秀州子城有天王樓，建炎間，金虜犯順，蘇、秀大擾，將屠之。有天王現於城上，若數間屋大，兵卒望之怖懼，遂引去，一州之境獲免。及亂平，建樓西北隅，見今事之。

有住庵僧王了，因事母至孝，母病危篤，日夜禱於所事帚天護法神，誠意感格，忽神降其身，作蠻語云：「憫汝孝誠，故救汝母。」教以藥餌，遂愈。自是神常降之，言人休咎，多驗，遠近趨之。一日，有人請禱，僧不謹，神怒責，遂發狂不可止。索浴，左右不得已，具湯與之，湯百沸猶以爲冷，投於中，宛轉爲快，衆拜祈哀，神曰：「姑薄懲之爾。」遂免。及出浴，舉體略無少損，病亦愈，神不復降矣。

紹興兵火之變，所在荒凉。盱眙有市人儲醬一瓮，獲利已多，然貪心愈生，設計售僞。日以鹹水及碎瓦屑、炭煤之屬和之，所得十倍。一夕風雨，屋棟桁折，而夫婦正卧其下，皆壓死，瓮亦破焉，而旁舍略無損動。何提刑詩云：「萬僞何緣鬬一真，時間謾得面前人。生男種女多瘖啞，果報元來必有因。」可不信哉！

盧十五，嘉興華亭人，所居脩竹鄉。盧十五以搊鼈爲業，每搊鼈歸舍，與妻共活煑其鼈，然後出賣，每日如是。嘉泰二年壬戌四月十七申時，忽大風驟雨，雷電閃光，霹靂大震，盧十五并妻女三人，皆死雷斧之下。嗚呼！黿、鼉、龜、鼈，水族中之靈物也，人豈可殺乎？盧十五之報亦可畏也。近有食鼈之人，心既好食，又招賓友聚會而食，號團魚會，彼此以所食多寡爲勝負，殺生之念滋甚，罪報何逃！聞此可不戒哉。

奉新縣村民縶牛於柱，將殺之，其鄰家子平時饕食，乘醉入觀，踞坐指屠者曰：「速操刀，我欲肝肺生食，不宜緩，仍不可與他人也。」語至再三，牛忽驤首怒目，直視此子，奮力掣索斷，直前徑觸之，穿其腹，戴之以走，過四十里不脱。鄉民及豪家子弟、僮奴極百餘人槍杖呌譟，共往追逐，乃得其尸。

嚴泰江行逢漁舟，問之，云有龜五十頭。泰用錢十千贖放之，行數十步，漁舟乃覆。其夕，乃有五十人詣泰門告其父母曰：「贇郎附錢五十千，可領之。」緡皆沾濕，父母恠之。及泰歸，乃説贖龜之異。

陳宏泰，家富於財，有人假貸錢一萬，宏泰徵之甚急。其人曰：「請無慮。吾先養蝦蟇萬餘頭，鬻之足以奉償。」泰聞之惻然，已其償，仍別與錢十千，令悉放之江中。經月餘，泰因夜歸，馬驚不進，前視之，乃一金蝦蟇也。

司法曾伯祖行恕。丱角而孤，侍母徐氏就醫嘉興，留精嚴僧舍。值徐明反，擾亂一州，止不屠僧。母子俯伏於寺之夾衖下，衆鎗攢刺，命在須臾。默禱伽藍神資善興福明王，願脱刀兵之難，世世子孫不忘香火，果得免死。至今奉事于靈雲祖塋。司法生主簿，果。主簿生知縣，季穎。相繼登科。

巫家丘氏世事鄒法主，其家盛時，神極靈異。人有禱之者，能作人語，指其禍福，感應如響，家遂稍康。自後兄弟析居，神亦不復語。今其子孫尚以巫祝，相傳不絶。

去東湖三四里有村曰楊墩，左右皆楊其姓者。有楊四九者，以養鴨爲生，數百爲羣，人有鬻之者，就令其打併，楊利於得錢，則每鴨必執其頸矸以□□宛轉於地，立死，前後不知其幾矣。又得燖治之法，沃之以熱湯而氣未絶，隨燖而身毛脱落。晚年得一疾甚恠，每常浸浴缸中，妻孥頻頻添湯，極熱而不覺，皮膚皆浸成白折【五】。又令人以足跟踏心，至今□□□尚存，而家事索然矣。人以爲楊生活受鑊湯地獄報云。

秀州魏塘村方通判，乳媪周氏臨安人，爲人朴直自信，不慮人欺。村民或從假貸，不問識不識，隨意與之。有蔡公者負最多，每督取，率託以他故。經數年，媪呼而責之。每以妄言答云：「實負婆錢，累欲償，輒爲官事所蕩，願更寬，今歲，如再背約，當爲八乳牝狗以報。」未幾蔡死，而方家得一犬八乳。周媪常戲呼曰：「汝是蔡公耶？」即掉尾而前，自是聞呼即至，十年乃死。

嘉興府德化鄉第一都鈕七者，農田爲業，常恃頑抵賴主家租米。嘉泰辛酉歲，種早禾八十畝，悉以成就收割。囤穀於柴積之側，遮隱無蹤，依然入官訴傷，而柴與穀半夜一火焚盡。壬戌歲秋，其弟鈕十二亦種早稻八十畝，藏穀於家，又且怨天尤地。忽日午間，天宇昏暗，大風捲地，其家一火，灰燼無餘。嗚呼！鈕七、鈕十二欺官瞞人，天網恢恢，踈而不漏。亦可畏也。

眉山主簿高公，有愛子眉郎甚慧，不幸早夭，心甚悼之。公忽暴卒，復甦，言至陰府，初爲二吏來召，引至一處，如州城，若官府所。俄見一人著道服，手持數珠而出。主簿熟視，乃其父也。責之曰：「汝有不公當事，還曾知否？」主簿曰：「何事不公當也？」父

【五】浸成白折　「折」疑爲「晢」字之誤。

曰：「斷遞鋪殺人事，不窮其理，以直爲曲，所以天奪汝愛兒。眉郎見亦在此。汝有陰隲，天未遽奪汝壽。汝今還世，切須事君則忠，事長則順，不可爲己營私，不可以直爲曲，戒殺戒淫，戒嗔戒怒。但依吾教，則盡天年，不然則壽禄皆削也。」

海鹽縣蔣十八居士、蔣念二孺人，日誦大乘，斷除嗜欲。一日，洗漱更衣，燒香念佛，書頌而終。居士頌曰：「這箇幻身，四大合成。今日分散，各歸其根。諸幻既滅，灰飛煙絶。如空中風，猶碧天月。既無障礙，又能皎潔，一切永斷，無復言説。」又云：「直道而行，心不諂曲。四十年來，脱離嗜欲，唯闡大乘。朝讀暮讀，今朝擺手西歸。自有現成果足。」蔣孺人頌曰：「看過蓮經萬四千，平生香火有因緣。西方自是吾歸路，風月同乘般若船。」

江南平建州有大將余洪敬，妻鄭氏有絶色，爲亂兵所獲，獻於裨將王建峯，遇以非禮。鄭志不可奪，脅以白刃不屈。又命引所掠婦人，令鄭殺以食之。謂鄭曰：「汝懼乎？」曰：「此身寧早充君庖，誓不可以非禮污我。」竟不忍殺，以獻大將軍查文徽。將以薦枕。鄭大罵曰：「王師弔伐，義夫節婦，宜加旌賞。王司徒出於卒伍，固無足恠。君侯知書，爲國上將，乃欲加非禮於一婦人以逞欲乎？願速見殺。」查大慚，求其夫而付之。鄭氏節義凜凜，二將虎狼終不敢犯。婦人之淫奔無恥者，視此獨不靦面乎？

華亭人黄翁，世以賣香爲業。□□□□後，徙居東湖楊柳巷，世以賣香爲生。每往臨安江下收買甜頭，歸家修事爲香貨賣。甜頭者，香行俚語也，乃海南販到栢木及藤頭是也。黃遂將此木斷截挑棺如箋香片子，與蕃香相和，上甑内蒸透，以米湯調合墨水，用茆帚蘸墨水就甑内翻灑此香遍班，取出攤乾，上市貨賣。淳熙年間，黃翁一日駕舟欲歸華亭，留東湖湖口泊船而宿，候曉即行。湖口有金山大王廟靈威，人皆敬畏之。是夜三鼓時，忽一人撦起黃翁，連拳毆之，謂曰：「汝何作業造罪，貨賣假香，可速去來。」過更時許，方得蘇醒。次日抵舍，病月餘而斃。一夕，其妻黃嫂夢至陰府，見二鬼以沸湯兩桶洗一罪人。鬼遂叱黃嫂曰：「婆子！此汝之夫黃某也。在世貨賣假香，今受此報。汝今回世，説與諸子，速改此業。」黃嫂寤，悲泣言及諸子，即飯僧修設功德，追救其夫，遂改業别爲生理。

海鹽縣倪生，每用雜木碎剉，炒磨爲末，號曰「印香」，發販貨賣。一夜，燒薰蚊虫藥，爆少火入印香籮内，遂起煙焰事，急用水澆之，傍有切香亦見焚煨，又用水澆之，磨上印香又燃。倪見火勢難遏，即欲出户迯命，奈何遍室煙迷而不能出避。須臾，人屋一火而盡。

嘉興府周大郎每賣香時纔與人評直，或疑其不中。周曰：「此香若不好，願出門當逢惡神撲死。」常以此誓爲詞。淳祐年間，忽日過府後橋，如逢一物絆倒，衆即扶持，氣已絶矣。嗚呼！世人焚香，誠欲供養三界十方賢聖，黃翁、倪生與周大郎者，乃以廢木爲真，觸穢神祇，豈得不遭誅戮哉？

有人好道，不知其方。朝夕拜一枯樹，輒云乞長生。如此二十八年不倦。一旦，木生紫花，甘津如蜜，食之，即仙去。

黄覺旅舍見道士，共飲舉盃之際，道士以箸蘸酒，於案上寫「吕」字，覺悟其爲洞賓也，遂肅然起敬。道士又於袖中出大錢七，小錢三，曰：「數不可益也。」又與藥寸許，「歲旦以酒磨服之可終歲無疾」。如其言至七十餘，藥亦盡，作詩云：「牀頭曆日無多了，屈指明年七十三。」於是歲卒。

陳元植好積陰德，禽鳥悉蒙其惠，每食高原之上，百鳥飛鳴就食。一夕，夢緋衣人曰「汝有陰德及物，壽本不逾四十，延至九十九」，無疾而終。

周世宗毁銅佛像，曰：「佛教以頭目髓腦有利於衆生，尚無所惜，寧復以銅像爲愛乎？」鎮州大悲銅像甚有靈應，擊毁之以斧鉞，自胷鑱破。其後世宗北征，疽發胷間，咸以爲報應云。

李主簿夜泊舟，臨舷濯足，忽有物在水中掣其足。衆力救之，李號呼曰：「痛徹心骨不可忍！吾寧死也。」遂隨入水，明日，求其屍不獲。

晉周興死而復生，言天帝召見，升殿，仰視雲氣紫鬱鬱然。天帝面方一尺，問左右曰：「是張天帝耶？」答曰：「上古天帝久已聖矣，此近曹明帝耳。」

李舟之弟患風，或云蛇酒治風。乃求黑蛇，生置瓮中，醖以麴蘖，數日蛇聲不絶。及熟，香氣酷烈，引滿而飲，斯須之間化爲水，惟毛髮存焉。

茅山有村兒牧牛，洗所著汗衫曝於草上，牛食草之際，併食其衫，疑鄰兒竊之。其父怒曰：「生兒爲盜，將安用之？」即將兒投於水中。鄰兒稱寃呼天，纔出水，父復投之。俄大雷雨，震死其牛，汗衫自牛口中出。

錢處士嘗見一人謂曰：「爾天罰將及，可急告謝。」其人曰：「某平生無過，但昨日飲食不如意，棄於溝中。」錢曰：「是也。可急取食之。」乃以水沃去其穢。俄雷電大震。錢曰：「急，并穢食之。」雷電果息。

惠州一娼震死於市，脇下有朱書云：李林甫以毒虐弄權，帝命震死。此女蓋偃月公後身也。元和六年六月某日。

金蠶，蠶金色，食以蜀錦，取其遺糞置飲食中，毒人必死。喜能致他財，使人暴富，遣之極難，雖水火兵刃不能害。多以金銀藏篋，置蠶其中，投之路隅，人或收之以去，謂之「嫁金蠶」。

臨江軍惠曆寺，初造輪藏成，僧限千錢則轉一匝。有營妓喪夫，家極貧，念欲轉藏以資冥福。累月辛苦求捨隨緣，終不滿一千。迫於貧乏，無以自存，且嫁有日矣。此心眷眷不能已，乃携所聚之錢，號泣藏前，擲錢拜地，輪藏自轉，闔寺駭異。自是不復限數矣。

有趙小子納涼水濱，見行賈掬水灌漱，俯身潭上，一鬼自潭引手至項上，三進三止。

趙叫呼，鬼即隨没。賈曰："頭髻中有少雄黄，辟邪之效也。"

南陽人侯慶有一銅像，欲賣牛粧金色，偶有急事，他用久矣。一夕，慶妻忽夢像曰："卿夫妻負我金色久不償，今取卿兒醜以償金色。"至曉兒醜有病，像忽有金色光照，四鄰皆來觀焉。

零陵太守有女悦父書吏，無計得偶。使婢取書吏所飲餘水飲之，因有娠，生一男。數歲，太守莫知其所從來。一日，使是男求其父，兒直入書吏幄中，化爲水。父大驚，問其女，始言其故，遂以女妻之。

有人好飡羊頭，嘗晨出，見一羊頭人身，衣冠甚偉，曰："吾未位之神也，其屬在羊。爾食羊頭甚多，故來取汝。若輟食則已，不然，吾將殺汝。"其人懼，不復食羊。

雷州西有雷公廟，百姓歲納雷鼓車。人有以黄魚與彘肉同食，立遭雷震。每大雷，人多於野中掘得毉石，號"雷公墨"，光瑩如漆。

婺源公山二洞有穴。咸通末，有鄭道士以繩縋下百餘丈，傍有光，往視之，路窮水阻。隔岸有花木，二道士對棋，使一童子刺船而至，問欲渡否，答曰："當還。"童子回舟去。鄭復攀繩而出。明日，穴中有石筍塞其口，自是無復入者。

終南山中有一人，身無衣服，徧體生黑毛，飛騰不可及，爲獵人所得。言秦宫人避亂入山，有老翁教食松實，初甚苦澀，後稍便之，遂不饑。獵人以穀食之，初聞甚臭，吐逆數日乃安，身毛脱落，漸老而死。

朱師古，眉州人。年三十時，得疾不能食，聞葷腥即嘔。用火鐺旋煑湯沃淡飯，數數食之，醫莫能治。史載之曰：「俗輩不讀醫經而妄欲療人，可歎也。君之疾正在《素問經》中，名食掛。凡人肺六葉，舒張如蓋，下覆於脾，子母氣和則進食，一或有戾則肺不能舒，脾爲之蔽，故不嗜食。《素問》曰：肺葉雋熱掛。」遂授一方，買藥服之，三日聞人食肉甚香，取而啖之，遂愈。

歐陽文忠公慶曆末水宿采石渡，舟人鼾睡，漸至月黑，公滅燭方寢，微聞呼聲曰：「去來。」舟尾答曰：「有參政船宿此，不可擅去。齋料幸攜至。」公私念曰：舟尾逼浦，且無從人，必鬼也。通夕不寐。五鼓聞岸上獵獵馳驟聲，舟尾曰：「齋料幸見還。」且行且答曰：「道場不清淨，無所得而歸。」公異之。後日遊金山，與長老瑞新語曰：「某夜有施主設水陸，攜室人至，方拜忽思臥，少頃乳一子，俄腥風滅燭，一衆盡恐。乃公宿采石之夜也。」公後果參大政。

蔡元度適餘杭，舟次泗州，僧伽吐光射其舟，萬人仰瞻。有按呈露，士大夫知元度不起矣。至高郵而没世，言元度乃木叉後身云。

有人得青石，大如磚，背有鼻，穿鐵索長數丈，循環無相斷處。海商見之，以數十千易之，云此協金石。垂於海中，經夕引出，上必有金。

西域胡僧呪人能生死。太宗令壯勇者試之，如言而死，如言而甦。傅奕曰：「此邪法也。邪不犯正。若呪臣，必不行。」召僧呪，奕初無所覺，胡僧自倒，更不復蘇。

天復中，隴右大饑。其年秋，稼甚豐。將刈之間，太半無穗。有就田畔斸鼠穴求之，所獲甚多。於是家家窮穴，有獲五七斛者。相傳謂之刼鼠倉。饑民皆出求食，濟活甚衆。

夷陵有陰陽石。陰石常潤，陽石常燥。旱則鞭陰石，雨則鞭陽石，皆應。

韋思玄求鍊金術，一日，有居士辛鋭來謁，病癰，潰血且甚。�方會客，居士遂溺於筵上，客怒皆起，鋭亦告去，忽不見。視其溺，乃紫金液，光彩燦然。客有解者曰：辛屬金，兑西方屬金，鋭其金精乎？

南海小虞山有鬼母，一産千鬼，朝産之，暮食之。今蒼梧有鬼姑神是也，虎頭龍足，蟒目蛟眉。

荆南都頭李遇病困，攝至陰府，有一先物故者曰，常侍安得來此？復有一人云，追到李遇，遂蘇。見妻子環泣，身下卧一畫人，號替代云。

王洙避暑神廟，見一老人佗背及肋有搭白處，明日視之乃橐駞也。昨夕所見，豈其精耶？

鼠璞

⊙戴埴撰

儲玲玲整理

點校説明

《鼠璞》，戴埴撰。戴埴，字仲培，鄞縣（今浙江寧波）人，理宗嘉熙二年（一二三八）進士，歷任知縣、轉運使。

是書名《鼠璞》者，取《戰國策》以鼠爲璞之意，自謙之辭也。全書凡九十八條，每條標目。内容皆爲考證經史疑義及名物典故之異同，持論多爲精審。偶有議論泥於舊説或疏於考證，但絶大部分言之有據，足裨後學。本書在《説郛》、《四庫全書》、《唐宋叢書》、《學津討原》及《知不足齋叢書》等書中作二卷，内容相同。

本次整理，以景印宋咸淳年間《百川學海》本爲底本，以《説郛》（宛委山堂）本、《四庫全書》（文淵閣）本及《叢書集成初編》本爲校本，并參考了相關史料。

媵妾

《江有汜》序有嫡媵之説，鄭引《公羊》：諸侯一娶九女，二國媵之，及引《昏禮》注：古者女嫁，姪娣送之。晦翁以此詩不見「勞而無怨」之説，以序爲疑。予固不敢妄議。然考經傳，媵特送昏之名，猶喪之賵與賻。《史記》載伊尹爲有莘媵臣，古史載湯婚有莘，乃以伊尹爲媵送女，《春秋》載「公子結媵陳婦于鄄」與「執虞公及井伯以媵秦穆姬」、「晉將嫁女于吴，齊侯使析歸父媵之」。伊尹、公子結、虞公、井伯、析歸父皆嘗爲媵。初不言某國之女爲某國之媵妾也。《左氏》：「同姓媵之，異姓則否。」不過謂同姓至親，可講餽送嫁女之禮，異姓則可略也。然《春秋》書「齊人來媵」，與衛、晉無異辭。書人不書女，其事甚明。矧當時魯爲弱國，嘗爲齊、晉所凌，猶恐不屑以女爲媵；齊、晉大國，肯以女爲魯女從妾乎？古有一娶九女之事與否，皆不可知。攷之經傳，斷不以妾訓媵。《楚辭·九章》云：「波滔滔兮來迎，魚鱗鱗兮媵予。」晦庵注：「媵，送也。波來迎，魚來送。」《易》咸卦象曰：「咸其輔頰舌，滕口説也。」釋文云：滕，達也。鄭康成、虞翻作媵，而亦訓爲送，以此證媵爲送益明。《爾雅》曰：「媵將，送也。」注：「遠于將之。」釋曰：謂從行。孫炎曰：將行之，送也。即不指爲妾。《公羊》：「禘于太廟，用致夫人。稱姜氏，貶也。譏以妾爲妻，脅於齊媵之先者。」《漢志》謂董仲舒以嫠娶於楚，而齊媵之，脅公立爲夫人。此乃漢儒之論，恐因《詩》序而訛，自後記傳所載妾媵紛然矣。

去國

世以去朝廷爲去國，用孔子去父母國出處。然今與列國時不同，春秋之世，去魯之齊，去秦之晉，可言去國。既天下一家，非能北走胡，南走越，雖辭榮闕庭，退藏巖谷，何地非王土也。

呼父爲爹

梁蕭憺刺荊州還，人歌曰：「始興王，人之爹，赴急如水火，何時來，哺乳我。」傳謂爹，徒我反，荊土方言。今浙人以父爲「爹」，字同音異，亦隨土聲而變。《廣韻》：爹，陟斜切。注：羌呼父，徒可切。注：北方呼父。其説甚明。奢，正奢切。注：吴人呼父。爺，以遮切。注：俗爲父。聲音大率相似，《隋・回紇傳》以父爲爹【一】，亦此類。

【一】以父爲爹　「爹」原作「多」，據叢書集成初編本（以下簡稱叢書本）改。按：文中「隋」當作「唐」，《隋書》無《回紇傳》，相關内容出自《舊唐書》卷一九五《回紇傳》。

騶虞

以騶虞爲獸，始於相如《封禪書》「囿騶虞之珍羣」。歐公引賈誼《新書》「騶，文王囿名；虞，虞人之官」以闢之。漢儒尚符瑞，以龍、麟、鳳、龜爲四靈，後增騶虞以配五行。曰：龍，仁獸；鳳，禮獸；騶虞，義獸；龜、麟，知與信獸。誣罔可知。騶虞爲獸，不見他書。誼以虞爲官，得之矣。以騶爲囿，則又穿鑿。考之傳，騶虞，樂官備也。又曰：天子田獵，七騶咸駕。是虞固山澤之官，而騶亦官也。意文王田獵，雖騶從與虞人之賤俱有仁心，詩人於是嘆美之。如宣王行狩，必言徒御；齊侯于沛，必招虞人。騶、虞並稱於經旨無礙。若「不食生食，不踐生草」之説，予不敢信。

篙師

海壖呼篙師爲長年。按：杜詩「長年三老歌聲裏，白晝攤錢高浪中」。《古今詩話》謂川陜以篙手爲三長老，蓋推一船之最尊者言之。

泮宫

魯泮宫，漢儒以爲學。予觀《菁菁者莪》序謂樂育人才，而詩叙教養之盛，中阿中陵，孰不知爲育才之地？惟《泮水》序止曰「頌僖公能修泮宫」。而詩言「無小無大，從公于邁」，則征伐之事；言「順彼長道，屈此群醜」，則克敵之功；言「淮夷攸服」、「既克淮夷」、「淮夷卒獲」，則頌淮夷之服。借曰受成於學，獻馘獻囚可也，於此受琛、元龜、象齒、大賂南金之畢集，何也？或曰：「濟濟多士，克廣德心。」此在泮之士，然不言教養之功，而繼以「桓桓于征，狄彼東南」，不過從邁之多賢，何也？又曰：「載色載笑，匪怒伊教。」此公之設教，然不言教化及於羣才，而先以「其馬蹻蹻，其音昭昭」，不過宴遊之和樂，何也？合序與詩，初無養才之説。其可疑一也。《春秋》二百四十二年所書莫大於復古。僖公登臺望氣，小事也，左氏猶詳書之；學校久廢而乍復，蓋關吾道之盛衰，何經傳略不一書。其可疑二也。坰序言史克作頌以脩伯禽之法，足用愛民、務農、重穀數事。使果能興崇學校，克何不表而出之以侈君之盛美。其可疑三也。上庠，虞制也。東序、西序，夏制也。左學、右學、東膠、虞庠，商、周之制也。《孟子》言庠、校、序，皆古之學。使諸侯之學果名泮宫，何他國略無聞焉？其可疑四也。記《禮》多出於漢儒，其言頖宫，蓋因《詩》而訛。鄭氏解《詩》：泮言半，諸侯之學，東西門，以南通水，北無；其解《禮記》頖言班，以此班政教。使鄭氏確信爲學，何隨字致穿鑿之辭？其可疑五也。有此五疑，予意僖公不過作宫於泮地，樂成之際，詩人善禱，欲我公戾止，於此永錫難老而服戎狄，於此昭假孝享而致伊祜，於此獻囚獻馘而受琛貢。此篇與宣王考室之詩相表裏。特周爲居處之室，魯爲游從之宫，祝頌有不同。予按《通典》言魯郡乃古魯國，郡有泗水縣，泮水出焉。然後知泮乃魯水名，僖公建宫於上。《詩》言「翩彼飛鴞，集于泮林」。林者，林木所聚。以泮水爲半水，泮林亦爲半林乎？泮爲地名，與楚之渚宫、晉虒祁之宫無以異。於是又求之《莊子》，言歷代樂名：黄帝、堯、舜、禹、湯、武王、周公有《咸池》、《大章》、《韶》、《夏》、《濩》、《武》，中曰「文王有《辟雍》」。是以辟雍爲天子學亦非也。《詩》言：「於論鼓鐘，於樂辟雍。」又云：「鎬京辟雍，無思不服。」亦無養才之意。莊子去古未遠，必有傳授，漢儒因解泮水，復言辟雍，求之義不可得，故轉辟爲璧，解以員水。

正五九三長月

今俗人食三長月素。按：釋氏《智論》：天帝釋以大寶鏡照四大神州，每月一移，察人善惡。正、五、九月，照南贍部洲。唐人於此三月不行死刑，曰三長月，節鎮因戒屠宰，不上官。是以天帝釋爲可欺也，妄誕可笑。然《月令》於春孟言無傷胎卵，毋聚大衆，不可稱兵；於仲夏言君子齋戒，必掩身毋躁，薄滋味，節嗜慾，静事毋刑；於季秋言命衆百官無不務内，以會天地之藏，無有宣出。豈時令當然耶？

左氏筮易

《易》説變卦起於左氏。如鄭伯廖論公子曼爲卿，自豐上六變爲離。晉師救鄭，自師初六變臨。子展論楚子之死，自復上六變爲頤。蔡墨論龍見于絳，自乾初九變爲姤，曰潛龍勿用，九二變爲同人，曰見龍在田。九五變爲大有，曰飛龍在天。上九變爲夬，曰亢龍有悔。純乾變純坤，曰見羣龍無首吉。坤上九變爲剥，曰龍戰于野。其説變卦，往往不過一爻及一卦，泛立議論，固可。若以筮法言，自六爻皆有變動。左氏所載占筮，悉不出一爻之變。陳敬仲之筮，觀六四變否；畢萬之筮，屯初九變比。季友之筮，大有六五變乾。晉伯姬之筮，歸妹上六變暌。卜偃勤王之筮，大有九三變暌。齊棠姜之筮，困六三變大過。魯穆子之筮，明夷初九變謙。婤始生之筮，屯初九變比。南蒯叛之筮，坤六五變比。晉救鄭之筮，泰六五變需。此十事更無重爻以上變者，惟晉伐鄭之筮，遇復以全卦言，而季武子報聘之筮，艮八之隨，以六二不變爻取義。豈一卦與一爻變與不變者，其象純一，可以立論，姑假是致附會之言。不然，《春秋》二百四十二年之間，筮占之應，何無兩爻以上變者可書耶？左氏失之誣，予於此得之。

探花郎

《摭言》載唐進士賜燕曲江，置團司年最少爲探花郎。本朝胡旦榜馮拯爲探花，太宗賜詩曰：「二三千客裏成事，七十四人中少年。」蔡寬夫《詩話》亦言期集，擇少年爲探花，是杏園賞花之會，使少年者探之，本非貴重之稱。今以稱鼎魁，不知何義？《東軒筆録》謂期集，選年少三人爲探花，使賦詩。熙寧余中爲狀元，乞罷宴席探花，以厚風俗。從之。恐因此訛爲第三人。

彭籛經

俗以素女術出於彭籛。予攷《列仙傳》籛云：上士別床，中士異被，服藥百裹，不如獨卧。後人集其採納之術，號《彭祖經》。是籛之採納，以存真葆衛爲先務，與世之論大相反。所謂喪四十九妻，五十四子，特欲形容八百歲之壽且久耳。《漢·藝文志》有《房中》八家，百八十六卷。且謂聖王制外樂不禁内情，爲之節文，樂而有節則和平壽考。迷者弗顧，以生疾而陷命。即此類也。

扶桑

《離騷》云：「飲馬咸池，揔轡扶桑。」《東京賦》云：「登天光於扶桑。」謝莊《月賦》云：「擅扶桑於東沼，嗣若英於西冥。」張衡《思玄賦》：「憑雲遐逝，夕宿扶桑。」東坡云：一醉扶桑暾。半夜扶桑開。《淮南子》曰：「日出暘谷，拂於扶桑。」注曰：東方之野。《山海經》曰：暘谷有扶桑，十日所浴，九日居下枝，一日居上枝，皆戴烏。如此則扶桑在沉寥之表。及觀《南齊·扶桑傳》【二】，沙門慧深來説云：扶桑在大漢東二萬里，土多扶桑木，葉似桐，初生如笋，國人食之。實如梨，績其皮爲布錦及帋。其地乃在中國東。或謂日出扶桑。以日自東方出耳。猶倭自謂日出處天子耳。《山海經》多誕，不足爲據。楊烱《渾天賦》謂：「扶桑臨於大海。」李白詩謂：「西海栽若木，東溟植扶桑。」竟以扶桑爲日。《西京賦》復與「濛汜」對説。

【二】按：所記《扶桑傳》内容出自《梁書》卷五四《諸夷》與《南史》卷七九《夷貊下》中，作者誤作《南齊書》。

俗字

俗字皆有所出，《釋常談》載之詳矣，予復得數字。晉摯虞較古尺曰：度量之由生，皆絓閡上胡話反，下胡愛反。而不通。即今之絓閡字。《晉·禮儀志》有《懊憹上烏浩反，下奴浩反。歌》，即今之懊憹字。衛恒説字勢曰：或黝黈上紙，下主。點黵，狀似連珠。即今之黝黈字。王沉《釋時論》曰：鼻䫌齆上寥，下弔。而刺天。成公綏《嘯賦》曰：匒磕㔥曹。即今之䫌齆、㔥曹字。古人用此等字不見爲俗，何耶？

虎石蛇盃

大率奇事易失實。虎石、蛇盃，意義略同，皆有二出。《漢書》：李廣出獵，見虎射之没矢，視之石也。射不入矣。《韓詩外傳》：熊渠子夜見虎，射之没金飲羽，下視知石。復射矢摧無跡。《晉書》：樂廣賜客酒，盃中有蛇，既而疾。廣意廳壁角影，復置酒，客頓愈。《風俗通》：應郴請杜宣酒，盃中如蛇，宣得疾。後於故處設酒，蛇乃弩影耳，意遂解。二事於人名俱不合，未知孰是？

次對

今人以唐百官入閤待制次對，以「次對」呼待制。然唐初京官五品以上清官，每日一兩人隨仗，以備顧問。貞元七年，於常參日引見二人次對，訪以政事。元和間，武元衡有請合而爲一。唐之待制，非若本朝之有此官。建隆詔：每内殿起居，文班朝臣及翰林學士等以次輪對。淳化詔：百官次對，遇起居日，常參官兩人次對。皇祐詔：兩制、兩省、臺諫、三館帶職省府推判官次對。是次對即輪對，非待制之職也。本朝侍從本與百官輪對，元祐以王存奏罷之，復行於紹聖四年。紹興中，用吕祉奏，始有已見請對之制。是則次對、輪對本無别議。

琉璃

琉璃，自然之物。彩澤光潤，踰於衆玉。其色不常。《魏畧》云：「大秦國出緑、縹、青、紺、赤、白、黄、黑、紅、紫十種琉璃。」《西京雜記》載武帝以白光琉璃爲鞍，闇室照十餘丈如晝，是也。今用青色琉璃，皆銷冶石汁，以衆藥灌而成之。始於元魏月氏人商販到京，能鑄石爲琉璃，採礦鑄之。自此賤不復珍，非真物也。《博雅》以琉璃爲珠，近之。

餛飩

《續釋常談》引《資暇録》云：餛飩以象渾沌不正，書混沌從「食」，不載故事。《事物紀原》并無此名件。《唐逸史》載：李宗回客知人飲饌，將同謁華陰令，客曰：與公喫五般餛飩。及見，果然。《酉陽雜俎》云：今衣冠家有蕭家餛飩，漉去湯肥，可以瀹茗。是舊有此名。《本草》載：艾葉療一切鬼氣，炒作餛飩，吞三五枚，以飯壓之。取混沌之義，信矣。俱從「食」邊，何耶？

鬻爵

今之鬻爵，泛濫極矣，多咎晁錯之作俑。余謂今之弊非鬻爵也，鬻官也。鬻爵所鬻者，虚利歸於上；鬻官所鬻者，實利歸於下。鬻爵雖非正論，然晁錯令募天下入粟得以拜爵，六百石爵上造，四千石爲五大夫，萬二千石爲大庶長，不過予之虚爵以免罪，初非任以官事。文帝時，張釋之以貲爲郎，武帝令吏入穀補官郎至六百石，此不徒鬻爵而鬻官。至靈帝鴻都榜賣公卿及州郡黄散，段熲、張温、崔烈雖有功勤名譽，亦以貨賄得之。晁錯復生，必大爲所笑。

傲骨

唐人言李白不能屈身，以腰間有傲骨。予觀世俗如脂如韋之人，亦本氣質之自然。《詩》曰：蘧篨，口柔也，不能俯；戚施，面柔也，不能仰；夸毗，體柔也，卑屈以柔順人。天苟賦以此質，望其剛毅自立，可乎？

大人堂

四明大人堂在子城内府治北，俗呼曰闞相公祠。侍郎高閌撰記，謂節度使錢億祠。

土人不敢稱其名，尊曰大人。《新志》疑之，以其義不明也。按：僡，吴越王俶弟。自漢乾祐二年判明州，乾德五年終於仕，首尾二十三年。時俶據吴越，僡在鎮久，官府即家也。自乾德五年至開寶七年，雖莫考所繼之人，然僡以前，如鏵元球、瓘元珣，皆錢氏子弟，僡死非子世襲，置家廟於府治，則開寶八年，姪惟治爲節度使，創爲祠以奉香火。蓋大人之名，特子弟尊稱諸父之通號。《家語》曾子曰："參得罪大人。"《漢書》高帝曰："始大人常以臣亡賴。"踈受答叔廣曰："從大人議。"以大人名祠，錢氏子及姪惟治祀僡甚明。謂之堂，即祠堂也。以便於往來，立祠於府治内。矧僡浚湖築塘、修它山堰等，有功於民，建奉國節度自僡始，與泛爲郡守不同。僡既久任，惟治在鎮又五六年，繼此遂列祠於五廟。若謂闞燔，燔無顯功，且吴越家臣無緣錢氏子弟肯奉祠於治所。以大人稱之，無嫌也。今所謂闞相公者，以燔乃錢氏臣。曾守此土，從祀其旁，民有祈禱者，不敢瀆其尊而請於闞，後遂知有闞不知有僡。今又有闞相公、五通神之號，尤可笑。或訛爲吴太傅闞澤。澤，慈水人。不曾守此土。郡未移治，不應先有此祠。大人之名，益爲無據。

姓從省文

古人姓氏省文多矣，如謝射、落洛、踈束、蔓萬、姒似、莘辛、橋喬、熊能、隨隋，止十餘姓。惟去「邑」者多，如邾朱、郳兒、郤谷、鄫曾、邵召、鄣章、邶背。亦有分爲二姓，微有添減，則亳去邑從衣，郇去邑添草，郜去邑添水。大率古人用字，務省繁文。姓字從邑者多，或謂避地、避難、避仇，未必皆然。

旗纛將軍

《唐·百官志》：節度使辭日，賜雙旌雙節，行則建節立六纛，入境築節樓，迎以鼓角。本朝有六纛旌節門旗二，受賜藏之公宇私室，號節堂，朔望次日祭之，號衙日。蓋有旌節則有神祀。今節鎮重此祠，節堂、衙禮廢矣。

詩書篇名

《書》篇名所謂分《大禹》、《皋陶》、《益稷》爲三，特竹簡不能多載，不得不分。以有暨益暨稷之辭，名曰《益稷》，猶《論語》、《孟子》篇名。孔以不忘益稷之功，則求文義太過。《詩》篇名之例不一。《關雎》、《葛覃》之類，取其首章；《權輿》、《騶虞》之類，取其末章；《召旻》、《韓奕》之類，取一章之義合而成文；《氓》與《丰》、《蕩》與《綿》之類，取章中一字；《維天之命》、《昊天有成命》，則取章中一句。惟《雨無正》、《酌》、《賚》於詩無所取，毛氏强爲之辭，曰雨自上下，曰賚予也，曰：酌先祖之道，中心不安。雖支辭强辨，與《詩》絶不類。亦有例同而名異者，「綿綿瓜瓞」與「綿綿葛藟」同，一取「綿綿」之義，一以「葛藟」爲名。「綿蠻黄鳥」與「交交黄鳥」同，一取「綿蠻」之義，一以「黄鳥」爲名。意編《詩》者謾取以爲名耳。

穆生疏廣知機

師儒所以明道，出處尤當知機。穆生因醴酒不設，楚將鉗我於市，遂稱疾，而申生受胥靡之罰。疏廣見元帝不慧，謂官成名立，不去將後悔，遂移病，而望之受牢獄之禍。於是知穆、申、疏、蕭優劣【三】。

香藥卓

坡公《與章質夫帖》云：公會用香藥皆珍物，極爲番商坐賈之苦。蓋近造此例，若奏罷之，於陰德非小補。予考坡仙以紹聖元年抵五羊，窠爲帥，廣通舶出香藥，時好事者創此，它處未必然也。今公宴香藥別卓爲盛禮，私家亦用之，作俑不可不謹。

魏相許伯

士大夫出處，如渾金白玉，不可玷闕。魏相，賢相也。始奏封事，及白去副封，乃借逕於許伯，於是霍氏殺許后之謀乃得聞。即詔相給事中。給事中，近習之官也。漢初不加

【三】於是知穆申疏蕭優劣「申」字原脱，據叢書本補。

諸士大夫，相安受之，浸居相位，何始進之不正也。用平恩以護太子家，疏廣能言，相謂非臣所及。相豈念不到此，感汲引之恩，不敢諫耳。王吉言許、史貴寵，謝病歸而相不能留。漢以外戚中絶，是相啓之。秉漢史直筆者當書曰：漢由外戚取相位自相始。

六曹尚書爲文昌

今以六曹尚書爲文昌。按：《天官書》：斗魁戴匡六星曰文昌宫，上將、次將、貴相、司命、司禄、司灾。《後漢・志》謂出納王命，敷奏萬機，乃文昌天府。李固云：尚書猶天之北斗，令及左丞總領綱紀，僕射、右丞分掌廪穀是也。漢又有録尚書事，令、録、僕、丞總以尚書言之，即今尚書省，古納言職也。本朝令、録不置，有二僕二丞。自更官制，以左右僕射、左右丞爲宰執，即中興後之左右相及参政。六曹分職，既非尚書省長貳，廼稱曰文昌，是文昌宫之將相反爲列曹之屬矣。

麟趾

今稱宗寺曰麟寺，玉牒曰麟牒。宗英曰麟趾之秀，蓋本於《詩》序，言衰世公子信厚如麟趾。注謂後世雖衰宗，猶振振信厚。前輩謂文王化行，雖商衰世之公子亦信厚，與有商孫子侯于周服同。二説皆有衰世之辭，亦是語忌。王言宣布，似不可用。

星履曳履

六曹尚書用星履曳履，熟事也。二出處皆不可用。漢鄭崇爲尚書僕射，曳革履，上曰：「我識鄭尚書履聲。」乃僕射事。唐韋見素爲吏部侍郎。杜甫詩曰：「持衡留藻鑑，聽履上星辰」。乃吏部侍郎事。

緑野堂白蓮社

閑居用緑野，乃裴度於文宗時留守東都治堂，雖野服，蕭散不問事，時尚保釐留臺，非閑居事也。宫觀用蓮社，乃白居易致仕與僧如滿在香山修淨土，號白蓮社，是致仕後事。

鴈塔題名

予得唐鴈塔題名石刻，細閲之，凡留題姓名，僧道、士庶，前後不一，非止新進士也。唐進士特於曲江宴賞之暇有此會，猶今北使過錢塘，例於浙江觀潮、天竺燒香耳。若泛以鴈塔題名爲登第慶賀之辭，則觀潮、燒香亦可顓言穹廬之來使乎？

防海

舟師始於吴越，惟曹、劉赤壁爲大戰，南北分境，仗以防江，建炎南渡，始有防海之説。沈與求言：虜造海舟，慮爲虚聲以懼我，議者多欲於明州向頭設備。聞海舟自京東入海，必由泰州港口、通州料角，東則通明鎮等，次至平江而北洋，次至金山，次至向頭料角。水勢湍險，一失水道，舟必淪溺，得沙上水手方轉，料胡人捨馬不能有所爲，一舟容幾馬。可謂至當之論。紹興末年，李寶放蘇州洋，三日，風怒舟散，漫不能收，酹酒自誓，風止，退泊明州關嶼，追集散舟，浹旬後方復故。欲乘機速發，而風作，波濤如山，經月不得進。南人諳海道者也，於舟楫非不便利，猶艱阻如此，況北人乎？膠西之戰，女真在船匍匐而睡，略不能動。采石之勝，亦以女真不諳江道，能施放弓箭者，每舟不過數人，盡死於中流。今人不攷本末，北風一警，即湍湍於海道。予嘗詢之並海篙工，謂北舟皆東諸雜木，遇鹹水多濕且重滯。登、萊一帶惟平底可用，過料用尖底，既非一潮可到，必有棲泊之處。船少則無以取勝，多則一放大洋，豈能成蹤。錢塘同時發渡，遲速上下，猶不可必，其能併力以相援乎？使船中皆習水，尚彼此不相保，況仗篙師欲一舉入吾腹心以全取勝，決無此理。昔葉義問謂土豪諳練海道，憑恃海食之利，能役船户，欲於江海要處分寨以爲豪主。使土豪撓於舟楫之間，官兵扼於塘岸之上，則官無虚費，民無横擾，此策甚善。鹽城、石港、料角等處，皆可舉行，近浙則各屯大軍，規摹已備，不必慮也。

麗正門名

今行在内南門名曰麗正，本取重離麗正之義。然麗正乃唐集賢院名。張説謂麗正乃禮樂之司。麗正書院開元五年建，十三年改爲集賢院。

中書見胡旦

《湘山野録》載胡旦乞入見，王沂公奏旦瞽廢，乞送中書問求見之因。至堂，沂公與諸相具諸生禮列拜，旦長揖而坐。中書堂宰相治事之地，表儀百辟者在是，外臣乞對，送中書引問，自有公禮，何暇講師生之私敬？旦於都堂巍然受諸相之拜而不辭，決無此理。

一字師

《南唐野史》載張迥《寄遠》詩：「蟬鬢彫將盡，虬髭白也無。」齊已改爲「虬髭黑在無」。迥拜爲一字師。陶岳《五代史補》，齊已携詩詣鄭谷，詠早梅云：「前村深雪裏，昨夜數枝開。」谷曰：「數枝，非早也。未若一枝。」齊已拜谷爲一字師。一謂張迥禮齊已，一謂齊已禮鄭谷，豈一事訛爲兩人，將齊已以其師人者還爲人師耶？然改「白也」爲「黑在」，則是兩字師也。陳輔之詩話云：蕭楚才知溧陽，乖崖作牧，有一絶云：「獨恨太平無一事，江南閑殺老尚書。」蕭改「恨」作「幸」，一字師也。此却用前故事。

温公申公議論

司馬温公與吕申公友善，同召試知制誥，温公試而申公辭，改天章閣待制。温公以爲不及，命下力巽，謂同召而獨就，是公著廉遜而臣無恥，遂亦除此職。予意温公借此以辭寵耳。士大夫立身行己，各有規繩。一進一退，惟心之安，豈在苟同？范景仁與温公爲異姓兄弟，心未嘗不合。元祐出處，各行其志，不失爲同也。人安得議其優劣？

中涓

今人通竿牘言典籤，王府官也，記府掌記，幕府官也，已難用之。書吏中涓之稱，尤更爲僭。漢石奮爲中涓，受書謁，此豈臣下之所宜用？

桂玉

馬存子長游，謂子游京師，薪如束桂，膏肉如玉。世以桂、玉之地爲京師。按：《戰國策》，蘇秦曰：楚國食貴於玉，薪貴於桂，謁者難見如鬼，王難見如天帝。乃楚國故事。

家道

聖賢言家道，如齊家、御家、閑有家，皆有肅然不犯之意。嬀汭之嬪虞，必曰「刑于二女」。文王之於大姒，必曰「刑于寡妻」。齊御閑刑，皆以嚴爲主。《易》家人卦：「家人嗃嗃，婦子嘻嘻，終吝。」治家之道，與其失於寬，寧過於嚴。嚴雖覺防範太過，無寬裕氣象，終則吉；寬則縱溢放肆，綱紀蕩然矣。故家之將興，父子、夫婦，濟濟有禮，於肅正之中，自然雍穆。一失治家之節，則寬縱太過，父不父、子不子、夫婦不成夫婦，亂倫敗度，靡所不有，乖争凌犯之風，反自此起。故曰：王假有家，假亦正也。

橄欖詩【四】

東坡《橄欖》詩云：「待得微甘回齒頰，已輸崖蜜十分甜。」注引杜詩「崖蜜松花落」。《本草》「崖蜜蜂，黑色，作房於巖崖高峻處」。然坡詩與橄欖對説，非真蜜也。鬼谷子曰：崖蜜，櫻桃也。它無經見。予讀《南海志》：崖蜜子小而黄，殻薄味甘。增城、惠陽山間有之。雖不知與櫻桃爲一物與否，要其類也。注坡詩者引小説橄欖與棗争，棗曰：待你回味我已甜。特坡公换崖蜜作對耳。山谷《詠橄欖》云：「想共餘甘有瓜葛，苦中真味晚方回。」坡公取其味相反，山谷取其味相投。李義山《蜂》詩「紅壁寂寥崖蜜盡」。此

【四】橄欖詩　諸本均無「詩」字。

但作蜜用，非是。

寓錢

《法苑珠林》載：紙錢起於殷長史。《唐・王璵傳》載：漢來皆有瘞錢，後里俗稍以紙寓錢，王璵乃用於祠祭。今儒家以爲釋氏法，於喪祭皆屏去。予謂不然。之死而致死之，不仁，之死而致生之，不知。謂之明器，神明之也。漢之瘞錢，近於之死而致生。以紙寓錢，亦明器也。與塗車芻靈何以異？俗謂果資於冥塗，則可笑。

恩科

《聞見録》載：至和間，富公當國，立一舉三十年推恩法。蓋公與段希元、魏升平同場屋相善，不欲私之，故爲天下之制。世以推恩法始於富公，予謂不然。仁宗開天章閣，召范、富條當世務，方以止僥倖、澄汰不才吏爲説，無緣以私意創此科。攷本朝開寶三年，詔禮部閲進士十五年以上司馬浦等賜出身。祥符八年，詔進士六舉以上，雖不合格，並奏賜特奏名七十八人。天聖二年，以特奏名李道宗等爲匠簿。四年，詔進士實應三舉免取解。景祐元年，詔進士五舉，年五十，雖試不合格，以名聞。自此率以爲常。寶元元年，被恩賜者九百八十四人。至和中，李柬之以校年累舉不責詞藝，謂之恩澤四五百人，欲革之，孫汴等條具將上。嘉祐元年，詔罷特奏名，時公正當國也。嘉祐二年，復賜特奏名及諸科二百十四人，恐一時詔罷特奏，廟堂因行裁減耳。然嘉祐三年再詳定科舉條制，亦不該載一舉三十年法，何也？

獬豸

吴薛綜謂孫權曰：「日南男女倮體，可謂蟲豸。」五代盧程罵任圜曰：「爾何蟲豸！」按《爾雅》：「有足謂之蟲，無足謂之豸。」「豸」字合丈尒反。十二獬韻「豸」字下亦云：蟲無足。侯思止曰：獬豸但能觸邪？按《説文》獬，廌獸也。古者決訟，令觸不直。廌字合丈蟹反。然四帋韻「廌」字下亦注獬豸，獸名。然則「廌」與「豸」義本互通，若有「獬」字，下雖丈尒切，亦獸也。如止一字，縱丈蟹反，亦蟲也。今人見御史舊有獬豸冠，單呼爲豸。可笑。

正衙常參

唐文武職事：官九品以上望朔朝；文官五品以上及兩省供奉、監察御史、員外、太常博士日朝，爲常參；武官三品以上三日一朝，爲九參；五品以上及折衝當番五日一朝，爲六參；三日不赴常參，即横行參假。時多御宣政正衙，立仗廊廡而退。開元以朔望上宗廟牙盤，避正殿，移御紫宸，即唤仗及俟正衙者自東上閤門入，謂之入閤。唐末亂離，既不常御外朝，入閤亦廢。常參官赴正衙對立，宰臣押班，傳不坐即退。後唐明宗令五日一度赴内殿起居。自此宣政不御。省臺寺監應在京釐務官以妨職事求免，宰臣内朝奏事，中書聚廳，無暇押班，不廢正衙，獨待次及辭謝官、武班諸衛無本品，攝以使臣十員。元豐間，始罷常參，日參則左右史及尚書、侍郎、御史大夫以上；六參則三省及御史臺官、寺監、長貳以上；兩參則寺監丞、大理評事以上；月參則寄禄官通直郎以上；除朔望參外，每以初五、十一、廿一、廿五爲參日。渡江後，雖有日參官，正衙既不日御，又無入閤之制，内殿廢起居之禮。四參日分或大暑、祈寒、風雨沾濕及假故，向車駕詣德壽，或國卹中行宫中之儀，多免常朝，參日無幾。嘉定末年，臣僚申嚴此制，寄禄官、通直郎以上既不比承平之時，一入國門即破白直及馬。雖欲趍赴朔望不可得，參日多免，猶前日也。

陳東伏闕

靖康孫覿論太學生陳東誘衆伏闕爲亂，建炎黄潛善輩寘東極刑。覿、潛善不足道也。張魏公亦奏胡珵筆削東書，欲使布衣挾進退大臣之權，幾至召亂，遂以諷諭狂生，規摇國是，將珵追勒編置。或謂魏公乃潛善客，珵則李綱客也，因借此去之。公爲一代人物宗主，亦復有此失。所言六賊及薦李綱去潛善輩，乃天下之公言，珵果筆削之，其心皆止於愛君。乃不論所言之是非，以草萊之士挾權爲罪，瞽誦工諫，何所逃譴？使建炎果用東言，必無渡淮航海之事。然高宗特以靖康之閧爲懼，不欲伏闕，却不以言罪人。它日贈東官，祭東墓，瞻其家而官其後，以生前布衣爲身後法從，於東亦無憾。嘗曰：朕即位，聽用非人，至今痛恨之，贈官推恩，未足稱朕悔過之意，死者不可復生，追痛無已。聖心惻怛如此，予深爲魏公惜之。

十五國風二雅三頌

風雅之正變，以治言，自邶至曹，治固多變；鄘、衛、鄭、秦，有美有刺；太王治豳，風化所基，何皆言變風？《節南山》至《魚藻》，治固變矣；《六月》、《車攻》、《斯干》諸詩，何以言變小雅？《民勞》至《桑柔》，治固變矣；《崧高》、《韓奕》、《烝民》、《江漢》諸詩，何以言變大雅？或曰：衛、鄭與秦，皆國人私美其君，不合於治之正。豳以周公遭變，宣王功業不終，悉難曰正風、正雅，然《六月》序言：「小雅盡廢，四夷交侵，中國微矣。」宣王出而周道粲然復興，變雅不始於厲王而始於宣王，何也？若專以治言，則溢美其君，豈得爲詩？夫子安得存之？《周禮·籥章》歌豳詩、豳雅、豳頌，豳治未純於正，胡用之於樂章？況《七月》陳王業與《公劉》戒民事無以異，一繫正雅，一繫變風，何也？《詩》大、小雅以治言，則受命作。周代商繼伐，爲政之大，燕羣臣嘉賓、燕兄弟朋友，爲政之小。《嘉魚》、《山臺》、《菁莪》、《卷阿》、《棫樸》，均爲養才、用才之詩，何以分政之小大？《六月》、《采芑》、《車攻》、《江漢》、《常武》，均爲宣王中興之詩，何以分政之小大？自周、魯、商三頌以盛德成功爲主，則周頌之薦宗廟、告神明、稱述祖宗功業，極其形容。稱曰惟予小子、閔予小子、曾孫篤之，皆謙沖退托。而商頌言假祖之孝曰「湯孫奏假」、言赫赫之功，曰「於赫湯孫」、言奉祀之誠，曰「湯孫之將」、言天命之久，曰「在武丁孫子」，言不過頌美主祭之君。周頌簡嚴，商頌敷暢，已非一體。魯頌稱美之辭益侈，以衰微不振之魯，奔走於霸主之號令，惴惴自保不暇，乃謂其懲荆舒、服戎狄、修復伯禽之法度，與經傳大率相戾。聖人合商、周與魯，並以頌稱，又何也？謂言天下之事，形四方之風，則豳何以有雅？謂美盛德、告成功，則豳何以有頌？予謂求詩於詩，不若求詩於樂。夫子自衛反魯，然後樂正，雅、頌各得其所。及言《關雎》之亂，洋洋盈耳。以樂正《詩》，則風、雅與頌以聲而别。古者詩存於樂。延陵季子觀樂於魯，使工爲之歌，乃於五聲和，八風平，節有度，守有常。《禮記》言鄭、宋、衛、齊之音【五】，與聲淫及商，知非武音【六】，歌頌、大小雅以爲聲歌，各有所宜。《書》：「詩言志，歌永言，聲依永，律和聲。」《周禮》：教六詩以六律爲之音。《左傳》：晉得楚囚，問其族，曰伶人也。與之琴，操南音。文子曰：樂操土風，不忘舊也。有娀之北音、塗山之南音、夏之東音、周之西音，專以音樂爲主，聲相形，故生變。五音，樂之正也。應鍾爲變宫，蕤賓爲變祉，樂之變也。後之言樂，有三宫、二十一

【五】禮記言鄭宋衛齊之音　「禮記」原作「記禮」，據叢書本乙正。

【六】知非武音　「知」原作「和」，據叢書本改。

變。樂有正聲，必有變聲。夫子正《詩》於樂，豈獨風、雅有正聲而無變聲哉？故國風，十五國之土歌。土歌之正爲正風，土歌之變爲變風，採諸者以聲别之。列國非無正音，散而不傳耳。《豳風》、《王風》【七】，周之變音，《周南》、《召南》，周之正音。其雅樂之正變也亦然。瞽誦工歌，既别其聲之正變，復析爲小雅、大雅，亦不過雅音之大者爲大樂章，大燕享用之，雅音之小者爲小樂章，小燕享用之。《春秋》、穆子如晉，晉侯享之，金奏《肆夏》，歌《文王》，俱不拜，歌《鹿鳴》而後拜。韓子以捨其大拜其細爲問，對曰：《三夏》，天子所以享元侯，《文王》，兩君相見之樂，皆不敢當。《鹿鳴》，所以嘉寡君，敢不拜嘉？足見雅音小大，即樂章之小大也。以言於頌，周頌雖簡，商、魯之頌雖繁，周頌雖敬懼而謙恭，商、魯之頌雖侈麗而誇大，其音苟合，何往非頌。人不以言求《詩》而以樂求《詩》，始知風雅之正變、小大與三頌之殊塗同歸矣。孔潁達云：取大雅之音，歌其政事之變者，謂之變；小雅言政而參以音。其論得之矣。蓋樂與政通，謂無關於政固不可，悉以政事解之，則有不可解者。今之樂章至不足道，猶有正調、轉調、大曲、小曲之異，風、雅、頌既欲被之絃歌，播之金石，安得不别其聲之小大、正變哉？

王儉紅蓮

庾杲之爲王儉衛將軍，長史蕭緬與儉書曰：「盛府元僚，實難其選，庾景行汎緑水，

【七】王風 「王」字原脱，據《四庫全書》（文淵閣本，以下簡稱四庫本）補。

公開府，豈汎常僚屬可比，用之樞、宰、掾，則其類也。不然，則用於諸戎之幹官却無害。

依芙蓉，何其麗也？」今臺郡幕客多用紅蓮故事始此。按：齊衛將軍實預朝政，猶漢三

廟議

本朝以太祖、太宗開基，真宗、仁宗、神宗配古三宗，非英宗則裕陵無自而繼，高宗又有中興之功，於義皆百世不遷廟祧，未可輕議。寶慶廟議，竟無定論。予考鄭康成、王肅輩議論雖詳，朱震惟取劉歆之説，謂天子三昭三穆，與太祖之廟而七。七者，其正法可常數也。宗不在此數，宗變也。苟有功德則宗之，不可預爲設數。於商，太甲爲太宗，太戊爲中宗，武丁爲高宗，《無逸》舉商三宗，宗無數也。勸帝者之德博矣。《禮》：功施於民則祀之，以勞定國則祀之，能救大菑則祀之。異姓有功德，猶且特祀，况先祖乎？又説：中宗、高宗，宗其道而毁其廟，名與實異，非尊德貴功之意也。以歆議觀之，太祖廟固在七廟之内，而三宗廟則在七廟之外，不然，則商祖契而宗湯。今太甲、太戊、武丁已爲五廟，豈有身爲天子而祀不及曾祖者？前漢守祖有功宗有德之説，凡尊之爲宗則萬世不毁，不待集議於遷易之時而尊謚之。始其論已定。光武既爲中興之祖，其後宗名世爲陵寢號，廟制不可行矣。蔡邕以和帝而下功德無殊，不應爲宗，及餘非宗者皆奏毁。是既宗其功德則不可祧，欲祧則當如邕議，省去其號方可。本朝聖明相繼，宗以虚名而復毁其廟，於

理未允。

鬻熊孟嘗

鬻熊年九十見周文王，曰：「老矣。」鬻子曰：「捕虎逐麋，臣已老矣。使坐而策國事，尚少也。」孟嘗謂楚丘：「先生春秋高，多遺忘矣。」楚丘曰：「使拔距投石，追車赴馬，何暇見老；深謀遠計，役精神而決嫌疑，吾始壯矣。」周家尊事黄耇，不過乞言，非勞其筋力，强之以事也。大夫七十致仕，禮之常也。間有特異之賢，尊而禮之，任其德而不任其力也。使鞭鈍策朽，以盡瘁於羣有司，何補於其國哉？

姓氏改易

世之改姓氏如莊爲嚴、殷爲戴、恒爲元、奭爲盛，以義改也。理爲李、求爲仇、舅爲咎、籍爲席、弘爲洪、朝爲晁，以音改也。棘爲棗、踈爲束、仲爲种、槩爲曁、熊爲能、鄫爲曾、慎爲真、劉爲金、胙爲作、敬爲文爲苟，以字改也。蔓、落、姒、莘、橋、邾、郳、鄶、鄣、鄿、郕、邵、隨、藤，爲萬、洛、似、辛、喬、朱、兒、會、章、背、成、召、隋、滕，合音與字而改也。亦有因一事爲萬世不易之姓：田千秋乘小車，改爲車；謝服出征，改射；氏儀以民無上，改爲是；劉遵考以忠諫比伍員，改爲員。猶有源流可考，逃難山谷，强氏曰潛，遂失本姓。一姓改爲數姓者：如昚横四子，守墳墓者改爲是，居徐者爲昚，居幽者爲桂，居華陰者爲炷，此四姓同一「昚」也。勾姓本避高宗諱，勾濤則仍字更音，鈎光祖則加金，絇紡則加絲，苟諶則加草，句思則易字，勾龍如淵則加龍，此六姓同一「勾」也。後世昏姻，何自而辨？又有因二音而訛者：員音運；俞，勑救反；葉音攝，今從正音；甄音堅，宣和唱名以堅呼之，不應，訛爲真矣；繆或爲穆，遂成二姓。豈源流之固異耶？複姓多北人，而中國望族不可以義通者，乃因所居而增。諸葛則諸縣之葛，申屠則屠原之申，母胡則母丘之胡，閭丘則頓丘之閭，所謂同門而異户也。

楮券源流

券書聽稱責以傳別，特民間私相稱責，以爲符驗，公家未嘗爲之。漢皮幣，王侯貴人用相朝覲，遇聘享載以薦璧，民間未用。唐憲宗時，商賈至京，委錢諸道，輕裝趍四方，合券取之。裴武欲禁，盧坦請於三司飛錢給據，更相兑爲鈔。祥符中，張詠鎮蜀，患鐵錢之重，設質劑法，一交一緡，以三年爲界，使富民十六户主之，資産寖耗，不能即償。薛田請官爲置務。天聖元年，寇瑊守益，置益州交子務。紹興間，錢端禮議令榷貨務給降諸軍見錢，公據關子三百萬，及以分數給朝士俸。於市肆要鬧處置五場，同見錢收换，每一千别輸錢十，以爲吏卒用，緫不過四百餘萬。商賈入納，外郡綱運，悉同見錢，無欠數貼償脚乘之費，競欲得之，有不止用官價者。其後所造稍多，價漸虧損。乾道三年，出内庫銀二百萬兩易楮幣焚之。孝宗謂：朕以會子十年睡不着。淳熙間，至二千四百萬，令宰相葉衡用錢收換，曰：會子少則重，多則輕。可謂講究本末，詳且悉也。慶元後，券日增。開禧所出益夥，第十一界三千六百三十二萬六千二百，第十二界四千七百五十八萬九百，第十三界五千五百四十八萬，幾及一億四千萬，其價浸損。朝廷始詔江浙諸道，必以七百七十行用，終非令之所能禁。嘉定初，頓損其半，法禁并行，令既嚴而價未定，持空楮於市，無有肯售者，公私大弊。旱、蝗求言，用太學生吴幼存等封事，還籍没富室之産，悉弛其禁，楮價反增。雖七百、六百，諸處不等，不至十分折閲，以楮稍損於開禧，自然而然也。後無以爲廩給忠義及慶寶之費，且謂青、齊皆可通用，遂廣行印造。盱、楚、江、閩用兵所費日廣，十四界十一千二百六十三萬，十五界十一千六百九十八萬，幾及二億三千萬，蓋溢開禧之數。鬱攸爲災，土木費多，所印第十六界本爲换易之用，不免權宜出之。至紹定癸巳，歲用過九千四百餘萬一界，計一億十三千三百五十五萬，止三千九百萬未支出。以三億二千萬之數，欲强以七百七十之價，人知其難。孟冬易相，懲創兩貫换一之非，高折金銀及以官誥度牒與第十七界新券貼换，徒據榷貨務舊數紐筭，都不知十四、十五兩界舊多破損，屢嘗换易，積於封樁，未及焚毁，又復移用，其數遂不可計。僞造者不與焉。雖可易舊爲新，而换兩界舊券者，止第十七界及用物貼换，不能悉償。凡州郡樁積與七月所納之券悉爲乾没，設有水旱盜賊，縣官既已無備，且有兵事，悉取辦於楮。兩界之用於東南已踰二億，所造日增，常患不給，乃以州郡不能秤提爲病。予謂錢與楮猶權衡也，有輕重則有低昂，分毫之力不與焉。蓋錢與楮皆本無用，可以貿有用之物，則人用之。使如古所謂粟易械器，械器易粟，有無可以相易，則何資於錢？如古所謂治田百畝，歲用千五百之類，小大粗足於日用，何資於楮？自物貨難以阜通，於是假圜法以流轉，故言錢則曰平準，所以見有是錢，必有是物，而後可準平也。錢多易得，則物價貴踊。此漢、唐以後議論也。自商賈憚於般挈，於是利交子之兑换，故言楮則曰秤提，所以見有是楮，必有是錢，以秤提之也。楮多易得，則金錢貴重。此紹興以後議論也。準平秤提，皆以權衡取義，而低昂有在於重輕明矣。陸贄謂錢多則輕，必作法以斂之。趙開謂楮多則輕，必用錢以收之。今日病在楮多，不在錢少，如欲錢與楮俱多，則物益重矣。且未有楮之時，諸物皆賤，楮愈多則物愈貴，計以實錢，猶增一倍。蓋古貿通有無止錢耳，錢難得則以物售錢而錢重，錢易得，則以錢售物而錢輕，復添楮以佐錢，則爲貿通之用者愈多，而物愈貴。古人惟重本政，穀、粟、桑、麻及諸用物、食物，食物，本也；錢，末也；楮又末之末。楮惟便於商賈，今乃强之收藏，價必用七百三十。使刑禁可行，則慶元、開禧、嘉定嘗用之既無驗，而復効尤焉。且曰：姦民銷毁也，蓄商般販也。吁！此敝久矣。固所當禁，而不足以救目前之急。蓋自王安石罷銅禁，奸民銷錢爲器，邊防海舶不復議錢之出，非特今日。今之所慮在楮日益而不知止耳。柳宗元言平衡曰：增之銖兩則俯，反是則仰，此秤提大術也。今日悉欲取法孝宗，獨楮幣一事與孝宗議論相反，何耶？

無恙

《戰國策》趙威后問齊使：歲無恙耶？王亦無恙耶？晉顧愷之《與殷仲堪牋》：行人安穩，布帆無恙。隋日本遣使稱：日出處天子致書日没處天子，無恙。《風俗通》云：恙，毒蟲也。喜傷人。古人草居露宿，相勞問曰無恙。《神異經》：去北大荒中有獸，咋人則病，名曰㺊。㺊，恙也。常入人室屋，黃帝殺之。北人無憂病謂無恙，《蘇氏演義》亦以無憂病爲無恙【八】。恙之字同，或以爲蟲，或以爲獸，或謂無憂病。《廣干禄書》兼取憂及蟲。《事物紀原》兼取憂及獸。予看《廣韻》，其義極明，於「恙」字下云：憂也，病也。又噬蟲，善食人心也。於「㺊」字下云：㺊獸，如師子，食虎豹及人。是「㺊」與「恙」爲二字，合而一之，《神異經》誕矣。

前席

前席事不止賈誼。誼之前，則商鞅見孝公，與語，不自知厀之前席。誼之後，則蘇綽見周文帝，陳申、韓之道，帝不覺膝之前席。鞅、綽言雜霸，賈誼言鬼神，感動主聽則均，今

【八】蘇氏演義亦以無憂病爲無恙　「無恙」原脱「無」字，據四庫本補。

獨取宣室事，何耶？

佽飛廟

《四明舊圖經》稱：佽飛廟昔有碑，今亡。神姓氏無傳。《淮南子》云：荆佽飛渡江，兩蛟夾撓，拔劍斷蛟。金翊《纂異記》：唐開元改鄞爲明，郡名奉化，軍號佽飛。考此蓋軍將有功而人祠之。《九域志》引《淮南子》事，乃「非是」之「非」，非「飛走」之「飛」。今廟榜稱荆佽飛侯，豈好事者附會以荆字歟？《新志》注：有蛟池，鎮以廟。又云：唐末，刺史黄晟初爲佽飛都副兵馬使，保護鄉井，設而祠之。是新、舊圖、志皆無定論。佽非事始見於《吕春秋》。按：《漢·百官表》：武帝更左弋射爲佽飛。注：周時渡江，越人在船下將覆之，佽飛入水殺之。與《吕春秋》、《淮南子》人與蛟小異。以「非」爲「飛」，則已久矣。古字初未嘗拘，《隸釋》載《稾長蔡君頌》曰：飛陶唐其孰能？「非」與「飛」其義自通，何必有「是非」、「飛走」之疑？漢軍號既取荆佽飛之武勇，如宣帝發飛射士詣金城，元帝發佽飛射者擊羌，隋大業改左右衛所領軍士名佽飛，唐建佽飛軍於明，節鎮之號，乃遣衛士留屯，若今飛虎，虎翼軍耳。郡有城隍，軍有主宰，當時佽飛屯軍於明，必建本軍香火，以荆佽飛侯王爲額，如今東三班之祠關王，祕書省之祠蒼史王及各建天王堂之類。軍廢，此祠遂存，廟碑無攷。所信者額及《九域志》耳。《舊志》指額爲附會，又以名字不同，疑《九域志》，遂有軍將之説；《新志》因刺史黄晟嘗爲兵馬使，又訛爲晟自建軍。爲使凡幾人，安知爲晟？何不言黄刺史而言荆佽飛侯王？廟額已久，既以侯王爲稱，決難遷就。又自蛟池立説，尤爲臆度。既立佽飛之廟，必鑿池以象其事，或舊有池因廟而訛，若因池建廟。古之斬蛟如周處、許旌陽之類甚多，何獨取於佽飛，人與軍名相合耶？

發人私柬

唐穆宗時，錢徽掌貢舉，段文昌、李紳以書屬所善士，不從，言於上曰：今歲禮部不公，皆關節得之。乃貶徽刺江州。或勸徽奏所屬書，徽曰：苟無愧心，得喪一致，柰何奏人私書？取而焚之。本朝皇祐元年六月，臺諫李兑等言：比歲臣寮有繳交親往還簡尺，遂成告訐之俗。自今非情涉不順，毋得繳簡尺以聞。從之。繳奏私書，非特士君子不爲，亦法令所禁。

教官稱冷官

唐玄宗愛鄭虔之才，以不事事，爲置廣文舘，以虔爲博士而無曹司。杜甫詩：「諸公衮衮登臺省，廣文先生官獨冷。」非以學舘爲冷，及以登臺省爲進用。蓋言諸公日趍局，獨廣文無職掌耳。今以教導之職爲冷官，意正相反。廣文舘與四門太學、國子並列，亦郡文學之職。

巾箱本

今之刊印小册謂巾箱本，起於南齊衡陽王鈞手寫五經置巾箱中。賀玠曰：家有墳素，何須蠅頭細書。答曰：檢閲既易，且手寫不忘。諸王從而效之。古未有刊本，雖親王亦手自抄録。今巾箱刊本無所不備。嘉定間，從學官楊璘之奏禁毁小板，近又盛行。第挾書，非備巾箱之藏也。

抑之詩序

《詩》序以《抑》爲衛武公刺厲王，亦以自警。予考《史記·諸侯年表》：宣王十六年，衛武公共和元年，在位五十五年，平王十四年卒。《衛世家》：釐侯二十八年，周宣王立，四十二年，武公立。犬戎殺幽王，武公將兵佐平戎，命爲公，五十五年卒。温公《稽古録》悉用《史記》紀年，劉恕《通鑑外紀》用《汲冢》紀年，以爲武公宣王十五年立，平王十三年卒。前後止差一年，以此攷武公即位，宣王之十三年。中間又有共和之十四年，是厲王之後二十七年公即位也。《國語》云：武公年九十五，猶箴於國，作《懿》詩以自警。注曰：《懿》詩，《大雅·抑》篇也。武公之自警在於耄年，去厲王之世幾九十載，謂此詩爲刺厲王，深所未曉。

世事未嘗無對

《唐宋遺史》載：張崇帥廬州不法，民苦之。既入覲，人謂渠伊必不來，崇計口率渠伊錢。再入覲，人不敢言，捋鬚相慶。崇率捋鬚錢。《五代史補》載：趙在禮自宋移永興，人曰眼中拔却釘矣。在禮乞還，每日率拔釘錢。方鎮不法，信非一處，此二事雅可爲對。

唐進士貶官

唐以進士爲重，入仕爲輕。《緗素雜記》及禹錫《嘉話》載賈島事，一謂累舉不第，文宗時坐飛謗貶長江簿；一謂島爲僧，居法乾寺，宣宗微行，於案上取詩卷覽之，島攘臂奪去，帝慙恧，遂除島長江簿。《唐宋遺史》所載略同。程錡有「奪卷忤宣宗」之句。《摭言》載開成中，温庭筠以文爲貨，執政惡其攪擾場屋，黜隨州方城尉，裴坦爲責詞，有澤畔長沙之比。《北夢瑣言》載制辭：「孔門以德行爲先，文章爲末。徒負不羈之才，罕有適時之用。」夫士子起布衣爲簿尉，今爲異恩矣，時則爲貶黜，何唐士之貴且重也？《盧氏雜説》云：文宗言進士之盛，時宰對舉場中云：鄉貢進士，不博上州刺史。此實録也。

燕巢詩

《雲溪友議》載：元和下第士人多爲詩刺主司，獨章孝標爲《歸燕》詩留獻侍郎庾承宣，云：「舊累危巢泥已落，今年故向社前歸。連雲大厦無棲處，更望誰家門户飛。」承宣吟諷恨遺才，及重典禮闈，孝標擢第。《青瑣高議》載：唐僖宗時，干化成依中丞蔡授門館，一日告去，作《燕離巢》詩，主人復留之，與前章一同，但改「落」字爲「墜」。豈化成竊孝標之舊什，將《青瑣》所傳之繆耶。

蓄米

古窖藏多粟，次以穀，未嘗蓄米，載於經史可攷。武王發巨橋之粟，廩人掌九穀之數，倉人掌粟之藏，廩人繼粟。晉飢，秦輸之粟。李斯入倉，見鼠食積粟。太倉之粟陳陳相因。敖倉藏粟甚多。趙充國日月用糧穀十九萬九千六百三十斛。鄭吉田渠犂積穀。魏太祖許下屯田，所在積穀，以太倉穀千斛，垣下穀千斛賜袁涣家。《晉·天文志》：胃三星天厨，主藏廩五穀也。南四星天庾，積厨粟所也。雖穀、粟言其大槩，然藏米絶少。唐太宗置常平令，粟藏九年，米藏五年。下濕之地，粟五年，米三年。吴會並海，卑濕尤甚，且蓋藏無法，不一二載即爲黑腐。三年之令，不復舉行。何耶？

御屏隔座

今人用御屏隔座之事【九】，以吴尚書令紀亮與子中書令隲朝會，以御屏隔座。然隔座不始於亮。後漢鄭弘爲太尉，舉第五倫爲司空，班次在下，每朝見，弘曲躬自卑，上遂聽置雲母屏分隔其座，由此爲故事。是隔座發端於門生座主也。

【九】御屏隔座 「座」原作「坐」，據四庫本改。下同。

唐進士無恥

《唐摭言》載：裴思謙從仇士良求狀頭，高鍇庭譴之。次年，鍇知舉，誡門下不得受書題。思謙懷士良一緘，易紫衣趍階下，曰：「軍容有狀薦裴思謙，書中與求巍峩。」鍇欲略見之，思謙曰：「卑吏便是。」思謙人物堂堂，鍇見，改容，從之。《集異録》載：王維文章、音律爲岐王所重，時公主已薦張九臯爲解頭。王令維衣錦繡，齎琵琶，同詣主第。諸伶旅進，維妙年都美。主顧問，王答曰知音者也。令獨奏新曲。主詢名，維曰《鬱輪袍》。大奇之。王曰：此生詞學無出其右。維獻詩卷，主驚曰：皆我所習。常謂古人佳作，乃子之爲乎？因令更衣，升之客右。召試官至第，遣宫婢傳教維作解頭，一舉登第。此二事無廉恥甚矣。雖得一名，何足爲重？紀載以爲盛事，何耶？

左右

漢以右爲尊，謂貶秩爲左遷，仕諸侯爲左官，居高位爲右職。周昌相趙高，帝曰：吾極知其左遷。陳平以右丞相遜周勃，位第一，平爲左丞相，位第二。謂「左戚右賢」、「居客之右」、「朝廷無出其右」，皆此意也。本朝官制如左右僕射、左右丞相、左右丞、左右司、左右曹、左右諫議、左右司諫、正言，皆不以右爲尊，猶以「右文」爲祕省殿名，何耶？

程蘇爭致齋

《東坡年譜》載程、蘇當致齋，厨稟造食葷素，蘇令辦葷，程令辦素。蘇謂致齋在心，豈拘葷素？爲劉者左袒。時舘中附蘇者令辦葷；附程者令辦素。予謂不然。齋之禁葷見於法令，乃禁五辛，慮耗散人之氣，間其精誠。與禁飲酒、聽樂、嗜慾、悲哀一同。欲其致一之妙，通於神明耳。二公未免以葷爲魚肉，徒有是非之辨。《莊子》載顔回不飲酒，不茹葷。謂祭祀之齋是也。

桃符

《風俗通》曰：黄帝書稱上古之時，有兄弟二人荼與鬱，用度朔上桃樹以制百鬼。於是縣官以臘除飾桃人，垂葦索。《歲時記》：桃者五行之精。壓伏邪氣，制百鬼。《本草經》曰：梟桃在樹不落，殺百鬼。《山海經》云：東海度朔山有大桃樹，蟠屈三千里，其東北曰鬼門，萬鬼出入也。有二神，曰神荼、曰鬱壘。黄帝象之，立桃版於户。《淮南子》曰：羿死於桃棓。注云：棓，大杖。以擊煞羿，由是鬼畏桃。今人以桃梗作代，歲旦植門以辟鬼。《後漢·禮儀志》曰：代有所尚。周人木德，以桃爲更，言氣相梗。梗，更也。《莊子》曰：「插桃枝於户，童子不畏而鬼畏之。」桃之制鬼見於傳記者不一，而六經亦自可考。《檀弓》曰：君臨臣喪，以巫祝桃茢。傳曰：楚人使公視襚，公使巫以桃茢先祓殯。《周禮》：戎右賛牛弭桃茢。鄭司農於喪祝云：喪祝與巫以桃厲執戈在王前，以桃茇除。雖聖人不廢，例以巫家之説而鄙之，可乎？

艾子

世傳《艾子》爲坡仙所作，皆一時戲語，亦有所本。其説一蟹不如一蟹，出《聖宋掇遺》。陶穀奉使吴越，因食蝤蛑，詢其族類。忠懿命自蝤蛑至蟹凡十餘種以進。穀曰：真所謂一代不如一代也。

令甲

漢令甲、令乙、令丙，乃篇次也。宣帝詔，令甲：死者不可生。《江充傳》注：令乙：騎乘車馬行馳道中。章帝詔曰：令丙：箠長有數。當時各分篇次，在甲言甲，在乙言乙，在丙言丙。今例以法律爲令甲，非也。此與言「乙夜之覽」不同。古人雖以更數爲甲、乙、丙、丁之分，却有唐太宗甲夜觀事，乙夜觀書出處，可用。

東閤

今人以宰相子爲東閤。按：公孫弘爲丞相，開東閤。不過招延賓客之地，於子弟初無預。今之引用，乃李商隱《九日》詩「郎君官貴施行馬，東閤無由再得窺」。上言郎君乃令狐綯，下言東閤猶是令狐楚之舊館。東坡《九日》詩因引此事合而言之，「聞道郎君閉東閤，且容老子上南樓」。此雖使令狐綯絶義山故事，然東閤之開閉於郎君何預？又云：「南屏老宿閑相過，東閤郎君懶重尋。」以郎君加於東閤下，猶言宰相子也。與汪龍溪云「東閤郎君之未有」，用之皆無病。今竟以東閤呼郎君，豈爲父者不能顓招賢之責，子得以盜其權耶？

嚴更

《西都賦》「衛以嚴更之署」。注「嚴更，督夜行鼓也」。此鹵部中所謂嚴更警長也。嚴與發嚴及中嚴外辦同。唐制：日未明七刻槌一鼓爲一嚴，侍中奏開宫門、城門；五刻槌二鼓爲再嚴，侍中版奏請中嚴，群臣五品以上俱集朝堂；未明一刻槌三鼓爲三嚴，侍中中書令以下俱詣西閤奉迎。嚴即嚴肅之義。今以辦嚴爲辦裝，因諱而改，恐難例論。

鼫鼠五技

《本草》謂螻蛄爲鼫鼠，即《荀子》鼫鼠五技而窮者，謂之鼫鼠，而引鼫鼠事，全不可曉。《荀子》注稱：鼫能飛不能上屋，能游不能渡谷，能緣不能窮木，能走不能及人，能穴不能覆身。許氏《説文》言：今河東有碩鼠，大能人立，前兩脚於頭上跳舞，善鳴，食人禾黍，逐則走入空樹中，有五技。《本草》之論，其果然耶？《爾雅》於蠻曰天螻也，不聞有鼫、鼫之説。疏曰：一名碩鼠。疏作於本朝諸公，非正文也。於鼫鼠注雖引蔡邕螻蛄之説，郭璞以爲形大如鼠，頭似兔，尾有毛，青黄色，好在田中食粟豆，關中呼爲鼩鼠，則與蔡説不同。於鼫鼠夷岫注云：似蝙蝠，肉翅，飛且乳。亦名飛生，音如人，食火煙。又與蠻不類。郭璞《鼫鼠贊》曰：「鼫之爲鼠，食煙栖林，載飛載乳，乍獸乍禽，反藉孕婦，人爲大任。」《鼯鼠贊》曰：「五能之鼠，伎無能執，應氣而化，翻飛駕集。詩人歌之，無食我粒。」是鼯、鼫判然二物，非螚明矣。前輩詩用鼯處極多。韓愈詩「猿呼鼯嘯鷓鴣啼」，「蛟龍出没猩鼯號」。李白詩「鼯啼桂方秋」，飢鼯嚬呻。杜甫詩「抨弓落獻鼯，飢鼯訴落藤」。蘇詩「饜鼯號古戍，飢鼯嗅空案」。俱不及於五技。黄詩雖云「五技鼯鼠笑鳩拙」，亦不以爲螚。前輩嘗以蔡説爲非，《本草》必因邕而附益之。不然則螻蛄之五技偶與鼯鼫同，因以名之。若鼠頭、兔尾、人立、跳舞與飛乳、人音，決非螻蛄，明矣。

樊遲學稼

樊遲學稼學圃，子曰：不如老農老圃。且謂小人哉，樊須也。有大人之事，有小人之事，夫子固以須無志於大而鄙之。然夫子所謂不如農圃，則是真實之辭。古者人各有業，一事一物皆有傳授。問樂必須夔，問刑必須皐，農事非后稷不可，禾、麻、菽、麥、秬、秠、穈、芑，各有土地之宜。方芑種褎，發秀顈粟，各有前後之序，本末源流，特槩見於《生民》、《七月》。《周禮》攷職事曰：稼、穡、樹、蓺及任農以耕事，任圃以樹事，是各有職。老農老圃，蓋習聞其故家遺俗，窮耕植之理者也，此許行所以學農家。今以所傳《齊民要術》，亦可想農圃之梗槩。《管子·地員》一篇載土地所宜，比《禹貢》尤詳悉。《亢倉子》説農道，大有意義，稼容足，耨容櫌，耘容手，謂之耕道。人耨以旱，使地肥而土緩。稼欲產於塵而殖於堅，其種勿使數，亦無使疎；施土無使不足，亦無使有餘。甽欲深而端，畝欲沃以平，下得陰，上得陽，然後盛生。吾苗有行，故速長；强弱不相害，故速大。苗其弱也欲孤，其長也欲相與居，其熟也欲相扶，其耨也，長其兄而去其弟。樹肥無扶疎，樹墝不欲專生而獨居。肥而扶疎則多粃，墝而專居則多死。其説禾、黍、稻、麻、菽、麥，得時失時，尤詳且悉，與《吕氏春秋》大槩略同。昔李斯請史官非《秦紀》皆燒，所不去者醫藥、卜筮、種樹之書。《藝文志》：神農二十篇、野老十七篇、宰氏十七篇、董安國十六篇、尹都尉十四篇、趙氏五篇、氾勝之十八篇、王氏六篇、蔡葵一篇，九家百十四篇。要之各有傳授，不可例以夫子鄙須，遂謂無此學也。

倚門

俗説母之望子曰倚門。按：《戰國策》：王孫賈事閔王，王走，失王之處。其母曰：「女朝出晚而來，則吾倚門望女；女暮出而不還，吾倚閭望女。」朝暮之出入，固可言倚門，若出稍久，當言倚閭。蓋門不可久倚故也。今人但用倚門事，豈以暮出不還爲俗忌耶？

張范議論仁恕

唐裴伷先得罪，張嘉正請杖之【一〇】。張説曰：「刑不上大夫。爲其近於君，故士可殺不可辱。」嘉貞不説。説曰：「若國之大臣皆可笞辱，但恐行及吾輩。」慶曆中，晁仲約得罪，富公議欲誅之。范公曰：「事有可恕，戮之非法意也。」富公愠，范曰：「輕導人主以誅戮，它日手滑，雖吾輩未敢保。」張、范二公可謂仁人君子之言。然謂「恐及吾輩」與「吾輩未敢保」，意借以開釋同列耳。若預爲己計而故縱，則不可。昔豫讓報國士之知【一一】，曰將以愧後世爲臣懷二心者。高允不欺於君，曰恐負翟黑子。事上以忠，臣之節也。由己由人乎哉？如唐武宗欲誅楊嗣復、李珏，杜悰見李德裕曰：「天子年少，不宜手滑。」此語却無病。

臨安金魚

坡公《百斛明珠》載：舊讀蘇子美《六和塔寺》詩：「沿橋待金鯽，竟日獨遲留。」初不諭此語，及倅錢塘，乃知寺後池中有此魚如金色，投餅餌久之略出，不食復入。自子美至今四十年，已有遲留之語，苟非難進易退不妄食，安得如此壽？觀此則金鯽始於錢塘，惟六和寺有之，未若今之盛。南渡駐蹕，王公貴人園池競建，豢養之法出焉。有金、銀兩

【一〇】張嘉正請杖之　「正」原作「貞」，作者避仁宗諱改。

【一一】豫讓　原作「豫遜」，作者避宋濮王諱改。

種鯽魚，金鰍時有之，金餐爲難得。魚子多自吐吞，往往以萍草置池上，待其放子，撈起曝乾，復换水，復生魚，黑而白，始能成紅。或謂因所食紅蟲而變。然投之餅餌無有不出，能不食復入者蓋寡。豈習俗移人，雖潛鱗猶不能免耶？

蠶馬同本

唐《乘異集》載：蜀中寺觀多塑女人披馬皮，謂馬頭娘，以祈蠶。《搜神記》載：女思父，語所養馬，若得父歸，吾將嫁女。馬迎得父，見女輒怒，父殺馬曝皮於苞中，皮忽卷女飛去桑間，俱爲蠶。俗謂蠶神爲馬明菩薩以此。然《周禮》馬質「禁原蠶」，注：天文：辰爲馬。《蠶書》：蠶爲龍精，月直大火，蠶馬同氣，物不能兩大，禁再蠶者爲傷馬。舊祀先蠶與馬同祖，亦未可知。

盬鹽

《西漢》中《食貨志》「猗頓用盬鹽」。注：盬，鹽池也。於盬造鹽，故盬音古。予觀《采薇》注：王事靡盬，盬，不堅固也。頡羽注：鹽不攻緻。《周禮》鹽人，共其苦鹽。杜子春讀爲盬，謂鹽盬直用不湅治。以《詩》、《禮》注觀之，則盬爲不攻緻及不湅治；以《食貨志》注觀之，則盬乃鹽池，二説似異。然海鹽湅治後成，其爲鹽也難壞；池盬出水即成，其爲鹽也易壞。其理一也。

傳注

《藝文志》：《易經》二十九篇，《傳》四十一篇；《毛詩》三十九篇，《毛詩故訓傳》三十卷；《周官經》六篇，《周官傳》四篇；《春秋經》十一卷，《左氏傳》三十卷，《公羊傳》十一卷，《穀梁傳》十一卷。先漢經自爲經，傳自爲傳。自馬融注《周禮》，省學士之兩讀，以傳連經。杜預爲《經傳集解》，亦合爲一，然於一年之首，必以一字別之，讀者固知其彼爲經，而此爲傳也。《易》有文王、周公、孔子之辭，初未嘗亂，乾之卦，首篇繇辭，次以爻與彖象。它卦以彖係於繇辭下，以象係於逐爻之下，均爲聖人之言，一之猶可。歐陽公以「十翼」非夫子所作，及言「有何謂也」與「子曰」，乃講師對答之辭。所謂元、亨、利、貞四句，魯穆姜之言，必講師引以伸其説。《詩》序，舊以爲夫子、子夏所作，然鄭康成解《詩》於經謂箋。箋，重也。以經文既有毛注，鄭則重爲發明，於序則直注之。使序非毛公之文，則毛公豈得無注？毛苟有注，則鄭亦必言箋。《緇衣》序云高子曰靈星之尸也，與《定之方中》注云仲梁子曰初立楚宫也，《閟宫》注云孟仲子曰媒宫也，無以異。一繫之序，一見之注，講師附益可見。《十月之交》、《雨無正》、《小宛》、《小旻》四詩序謂刺幽王，鄭謂刺厲王之詩。序謂衛莊姜送歸妾，鄭於《禮》之《坊記》爲定姜之詩。使序出於夫子、子夏，康成其敢爲異同之論乎？經、傳既混而爲一，其間或有夫子及子夏之辭，亦不可辨。晦庵解《詩》純用正經，蓋有見於此。

温公蜀公議樂律

予觀范蜀公《與司馬温公議樂律書》，蜀公謂房庶赤法，古本《漢書》，度起於黄鍾之長。以子穀秬黍中者，一黍之起，積一千二百黍之廣，度之九十分，黄鍾之長，一爲一分。今文脱「之起積一千二百黍」八字，故累黍爲赤，縱置太長，横置太短，新赤横置之，不能容一千二百黍，則大其空，徑四釐六毫，是以樂聲太高，皆由談以一黍一分，不若以一千二百黍實管中，隨其長短斷之爲黄鍾九寸之管，九十分其長，一分取三分，以度空徑，數合則律正，是度由量起。温公據《漢書》正本，謂律法以一黍之廣，定爲度之九十分，得黄鍾之長，是度由律起。予謂先王吹嶰竹以聽鳳鳴，六律六吕生焉。天地未嘗無自然之中聲，復懼其中聲之不傳，於是因十二筩以制律而驗之於氣，氣之應有淺深，管之入地有長短，驗子於黄鍾，驗未於林鍾，驗寅於太簇，氣至則灰飛，管差則不驗，律建而天地之中聲有所攷。復起於黄鍾之長，取子穀秬黍中者一黍之廣度之，凡十分黄鍾之長，一爲一分，寸尺丈引定而度生焉。度立而黍之長短有所攷。復起於黄鍾之龠，以子穀秬黍中者千有二百實其龠，以井水準其槩，合升、斗、斛定而量生焉，量立而黍之小大有所攷。復起於黄鍾之重，一龠容千二百黍，重十二銖，兩、斤、鈞、石定而衡生焉，衡立而黍之輕重有所攷。四者具存，或自源而徂流，如先王以律起度、量、衡，可也；或自流尋源，因度、量、衡以起律，亦可也。四者既亡，周、漢之議已爲不同，司馬遷、劉歆、班固以爲一上一下，劉安、京房、鄭康成以蕤賓爲重上生，吕不韋以大吕爲重下生。或代律以準，或代律以鍾，或代律以笛，卒無一定之論，況二公當漢、唐、五代之後，欲爭《律曆志》之全脱，以定一代之制，人固知其爲難。然主蜀公之説者但當辨子穀秬中者一黍之廣度之九十分，黄鍾之長一爲一分之有合於度與否，不必曰度之起律非也。主温公之説者但當辨一千二百黍積實管中爲九寸，取其三分以爲空徑，果有合於量與否，不必曰量之起度非也。天文局觀天而驗曆，太史局筭曆以測天，所得苟精，未嘗不合。倘温公因《律曆志》之元本取爲度以作律，驗之於氣，灰飛苟應，則度可爲律。蜀公因《律曆志》之古本取爲量以作律，驗之於氣，灰飛苟應，則量可爲律。蓋有天地之中土則有天地之中氣，而中聲應焉。律、度、量、衡者起於黄鍾，《月令》於中央土有律中黄鍾宫之説，是律吕之出於自然。豈有古今之殊，不能求律於人，而求律於天？氣驗則律驗，度、量、衡亦於是而論定矣。正不待較古本、今本之異同也。

義役

今之義役，朝臣以爲便，奏欲通行之。予謂此法在民則爲義，在官則大不義。義役莫如周，比長察奇衺，閭師、縣師征賦貢，皆以上中下士爲之，不以役名也。秦、漢三老掌教化，有秩；嗇夫收税賦，游徼巡盗賊，無秩。無秩則以非義徒役之矣。元魏取鄉之强謹爲三長，皆有復。漢、唐胥吏有公廨錢，加役者免租調，民猶樂於趨義。本朝以鄉户爲胥役，不堪衙前之破蕩。熙寧令出錢助役，雇吏正長復除。然當時計物力差耆長曰「役法」，以收税賦。計户藉差正長曰「保甲法」，以巡盗賊。後廢縣之五等而都爲之等，以正長收税，而兩法俱弊。紹興取雇役錢封樁之，隸經總司，胥吏多無緣，始虐正長代輸追捕，與官吏往來科配供給之費皆取辦焉。正長有破蕩之患，於是衆鳩金買田以供役，蓋出於大不得已。不咎官吏以非義虐正長，乃謂率錢以飽溪壑之欲者，可通行於天下，可乎？夫力役之出庸，併於兩税，繼有徭役之雇錢，以隸經總司，復使率錢爲義役，是三出錢而不免役，以爲義，未見其爲義也。

性善惡

世之論性者二：善、惡而已，人往往取孟而闢荀。予合二書觀之，孟子自天性見所謂善，必指其正大者，欲加持養之功，《大學》誠其意之謂也。荀卿自氣性見所謂惡，必指其繆戾者，欲加修治之功，《中庸》强哉矯之謂也。氣性與天性不同。苟非上聖，得無過與不及之病。荀卿於是名之爲惡，曰柔膽猛戾也。曰齊給便利也。曰庸衆駑散也。或柔之以調和，或一之以易良，或輔或節，或抗或刼，力指其用力之要。然則孟子之學，澄其清而滓自去；荀子之學，去其滓而水自清。有補於後覺則一。

瓜戍

今人到官，賀謝語必言「瓜戍」。按：齊侯使連稱、管至父戍葵丘【一二】，瓜時而往，及瓜而代。期戍，公問不至；請代，弗許，遂作亂，弑齊侯。此豈好出處？矧戍役比之官則爲猥賤，尤難用之於慶賀。

太公六韜

武王問周公曰：諸侯攻天子，勝之，有道乎？公曰：攻禮爲賊，攻義爲殘，失民爲匹夫。王攻失民者也，何天子乎？此即誅獨夫紂，未聞弑君之説。雖出傳記，於理無害。孟子説至仁伐不仁，何至血流漂杵。於《武成》取二三策，蓋恐失武王征伐之初意。《六韜》之書，凡文武反覆問難，無非由姦詐以傾覆人國。如言養其亂臣以迷之，近美女淫聲

【一二】齊侯使連稱管至父戍葵丘　「父」原作「之」，據四庫本、叢書本改。

以惑之，親其所愛以分其威，賂其左右以得其性【一三】。八符陰祕，三部分書，詭伏設奇，遠張誑誘。少知道者不爲，文、武、太公其爲之乎？果爾，則文、武豈爲仁義之師？太公豈爲王者之佐？劉恕作《通鑑外紀》亦惑之，至謂文王與太公陰謀以傾商政，其事多兵權奇計。然《漢書·藝文志》注謂呂望爲周尚父，本有道者，或有近世以太公術者所增加。漢時已嘗疑之，今反使右科習爲正經，可耶？

麥秀黍離之歌

箕子過故殷墟，感宮室生禾黍，作《麥秀》歌，曰：「麥秀漸漸兮，禾黍油油。彼狡僮兮，不與我好兮。」周大夫過故宗廟，宮室盡爲禾黍，閔其顛覆，作《黍離》詩，曰：「彼黍離離，彼稷之苗。悠悠蒼天，此何人哉。」所以咎亡國之君與言狡僮無以異，第箕子之歌簡而直，周人之詩微而婉，體有不同耳。舊傳靖康淵聖狩虜營，有人作《憶君王》辭，云：「依依宮柳拂宮牆，宮殿無人春晝長。燕子歸來依舊忙。憶君王，獨立黄昏人斷腸。」語意悲淒，讀之令人淚墮。真愛君憂國之語也。

高帝封雍齒

高帝未封諸將，往往坐沙中語。留侯欲帝封平生所憎以安之，遂封雍齒爲什方侯。

【一三】略其左右以得其性　「性」原作「情」，據四庫本、叢書本改。

羣臣喜曰：「雍齒尚侯，我屬無患矣。」留侯此策亦有所本。古史載：晉文公過曹，里鳧須盜其資而亡。公餒，介子推割股以食之。至是，里鳧須請見曰：「君去國久，民臣多過自危，鳧須爲賊大矣。君誠使驂乘游於國中，百姓見之自安。」文公説而從之。民臣皆曰：「里鳧須不誅，吾何懼也？」豈留侯之策與此暗合耶？

鹽法

前輩謂歐陽公作罷茶鹽法詔，言私藏盜販，實繁有徒，嚴刑重誅，情所不忍。是於江湖外數千里設陷阱而陷吾民也。每嘆息以爲真王言，是時雖未至設陷阱以陷民，其弊必至於此。自崇寧初，蔡京作茶鹽鈔，初俾商人先輸錢請鈔，赴産鹽郡授鹽，已而變易對數，買新鈔帶給舊鈔之半。季年又變爲循環法，未幾，復令貼錢給鹽。凡三輸錢始獲一直之貨，民無貲更鈔，已納錢悉乾没。商賈破蕩，盜販者多，追捕日繁而盜賊熾矣，皆老姦之誤國也。後之議臣乃祖述其説，對折帶發，更易不常，近因易楮，令貼納錢，越次打發，非惟商賈無可貼納者，多鈔鹽貴，則私販行。不免嚴追捕之令，利之所趍，何所顧藉，數十爲群，易至生變。予嘗詢之亭丁，謂倉臺給降本錢，以一萬緡計之，使司退三千緡爲敖底鹽錢，二千緡爲官吏費，止有五千緡到場，移借侵用之餘，散及亭户者無幾。每斤必雙秤，所請本錢，莫償澄滷買薪之費，非藉私鬻，破家蕩産，豈足供官？惟有逃竄而已。鹽賈鹽丁窘困如此，不思救其本而欲禁私販，祇生事以激變耳。紹興間，何溥請禁科賣倉鹽。高宗曰：「鹽雖居民間常用之物，科賣則爲大害。朕在京東目擊之，其後盜賊此起，今當嚴禁之。」大哉！王言也。

封章

俗謂章奏爲囊封，本於漢。凡章奏皆啓封，至言密事，不敢宣泄，則用皁囊重封以進，若州縣之紫袋。劉向懼恭、顯之傾危上，乃上封章以諫，其末云：臣謹重封昧死上。漢漏泄之法極重，師丹使吏書奏，丁傅得其草，以告廷尉，劾治策免。本朝於章奏凡論治大體及有關於聖躬者，往往留中不出。太宗得田錫諫疏，悉類聚於禁中是也。今例從内降付中書，雖泛言敬天修德之類，往往批依以入報。非故事也。

東宫東朝

今以太后爲東朝，蓋用《叔孫通傳》惠帝東朝長樂事。然顔延年詩曰：「君彼東朝，金昭玉粹。」東朝則太子朝也。今以太子爲東宫，蓋用《班彪傳》東宫初建事。然成帝報許后曰：「皇后其孝東宫，母闕朔望。」東宫則太后宫也。此皆隨地以言，初無定論。後世以東朝爲太后，以東宫爲太子，可謂拘泥。

萱堂

俗謂母爲萱堂。考之《詩》云：「焉得諼草，言樹之背。願言思伯，使我心痗。」注云：背，北堂也。箋云：憂以生疾，恐將危身，欲忘之。是詩既以「君子行役，爲王前驅」而作，以忘憂解之極通，於母有何干預？坡詩「我非兒女萱」，却是鄙之之辭。或引用樹萱事，則不可用《詩》注之「北堂」。

柳子厚文

柳子厚文壇之雄師，世謂以作《河間傳》不入館閣，然亦有所本。《漢書·原涉傳》涉曰：「子獨不見家人寡婦耶？始自約敕之時，意乲慕宋伯姬及陳孝婦，不幸壹爲盜賊所汙，遂行淫行。知其非禮，然不能自還。吾猶此矣。」其意正相類。

月令

《月令》，陸德明以爲《吕氏春秋》後人删爲此記，蔡邕、王肅以爲周公所作。先儒以贊桀俊、遂賢良、舉長大、行爵出禄，非太尉之職。太尉秦官。決非周公之書。予謂不然。《月令》之書，自大撓作甲子，占斗所建，伶倫制十二律以節四時之度。堯命羲和敬授人時，分四仲以定中星，析因夷隩，驗之於人；孳尾希革、毛毨氄毛，占之於鳥獸。東作南訛、西成朔易，應之於事。終之以允釐百工，庶績咸熙。此夏時之所由起。《夏小正》之書辭簡理明，固已備《月令》之體。周以農開國，猶以時令爲先務，大槩具見《七月》。周公制禮作樂，得無一代之成書？使此書盡出不韋之手，不應以十二令爲紀，各以數篇解釋於後，合爲六十一篇。太尉固秦官，所命冢宰、司徒、司空，司徒與太史、樂正、樂師、澤人、虞人、四监之類皆周官也。予意不韋不過改司馬爲太尉耳。蓋賛桀俊、遂賢良與行爵出禄，雖非太尉之職，而設儀辨位、進賢興功，制畿分封，則大司馬之任也。大率周公增益《夏小正》，不韋增益周公之書，其間豈得無改竄？《淮南・時則訓》比吕氏十二紀，又有異同，此可爲證。

椒房

應劭《漢官儀》，曰皇后稱椒房，取其實蔓盈升。予攷之《江充傳》，先治甘泉宫，轉至未央椒房。《上官桀傳》：將軍有椒房中宫之重。《劉輔傳》：於是減省椒房掖廷用度。及馬援以椒房不預雲臺之次，椒房殿爲后所居固分明。師古注：椒房謂以椒和泥塗，取其温而芳。却有此理。《詩》曰「貽我握椒」。注：椒，芬香也。男女相説，交情好也。其義恐出此。《離騷經》云：「播椒房兮成堂」，與石崇塗屋以椒，不過取其芬香，於蔓行盈升初無關涉。成帝寵趙昭儀，復建椒風殿以居之。今例以椒風爲皇后事，非是。

宣帝憲宗厲精

宣帝厲精而漢中興，卒任許、史、恭、顯輩，以基讒佞用權之禍。憲宗厲精而唐中興，卒任梁守謙、王守澄、陳志玄輩，肇大和甘露之變。自昔英主，政自己出，雖不任群臣，耳目必有所寄，宫闈之内，非在外戚，則在官寺，勢所必至。要之人主之職，在論一相，如挈裘振領，但當選擇賢德以任之。本朝托股肱於宰執，付耳目於臺諫，寄心膂喉舌於侍從百執事，所以通下情，絶壅蔽，其紀綱極正。委任一偏，猶有弄權於廊廟之上者，況宦寺外戚乎？

士氣

本朝南渡後，宰相得政最久且專者二：一以威權劫制天下士，誅竄愈多而士氣愈振，無異東漢之季；一以爵禄豢養天下士，容受愈廣而士氣愈衰，無異西漢之季。紹興易相之後，一時人才彬彬輩出，天下猶可爲。不至舉一世之人團揉如綿，悉入籠絡駕馭之中，委靡成風，如燈消膏，浸微浸滅，精神氣焰索然無餘也。於此時欲振起之以致厲精之治，可乎？

袁張相術

唐《定命録》：李嶠昆弟皆年三十卒，母憂之，問天綱。答曰：「神氣清秀，壽苦不永。」又請連榻而寢，視嶠睡無喘息，候其出入在耳中，遂賀曰：「必大貴壽，是龜息也。」《廣異記》云：魏元忠謁張冏藏，待之甚薄，質通塞不答，公怒拂衣去。冏藏遽曰：「君相在怒中，當位極人臣。」袁、張天下奇術也。袁非得之睡，將以壽爲夭；張非得之怒，將以貴爲賤。見人於目睫間，欲斷平生禍福，誠難。又有因人事而變者，如《芝田録》載葫蘆生始不許白中令之貴，後因還婦人所遺寶帶，謂近種陰德，位極人臣。《遯齋閑覽》載胡僧始言：大宋不失甲科，後因渡蟻，謂丰神頓異，如活數百萬命，小宋今歲首捷，公不出其下。今人盡以禍福委之定命，可乎？

金縢

觀書不可先立議論，只當平平看去。金縢，孔謂請命之書，藏於匱，緘以金石，不欲人開，二公倡王啓之，故見此書。伊川亦謂二公導之如此，欲成王悟周公也。予反覆讀之，二公初不知周公有此事，自武王疾，二公始欲穆卜。周公有代武王之説，只得自以爲功。史乃册祝以命于元龜，乃卜三龜，一習吉，啓籥見書，入并是告。啓籥即啓金縢之籥也。

太史占筮之書，藏於金匱，既取此書以觀筮文而未緘，迨公歸，乃納册于金縢。以「公歸」二字細味之，則諸史自將所祀册與所占書並藏於匱，公亦未知其併藏此册也。既云「自以爲功」，二公安得而知？至群叔流言，周公但告二公以「我之弗辟，無以告我先王」，亦不言此舉以明其心，至天大雷電以風，王與大夫盡弁，命史開籥取占書以觀災祥，忽見「周公所自爲功代武王」之説。二公及王乃始問諸史與執事，對曰：「信有此册。公命我勿敢言。」古人質直，無緣二公知之，詐以問諸史。諸史嘗以告二公詐言「我勿敢言」也。王執書以泣曰：始欲卜天變之災祥，今不必穆卜。周公勤勞如此，而我不及知，此固天大動威以彰公之德。於是翻然悔悟，天應昭格。大抵君臣不交則爲否，君臣交則爲泰。精祲既孚，呼召和氣，在一念之間。使成王非自然而感悟，豈能致天應如此其速？前後本末，分明如此。首尾以二公爲辭，蓋言周公不令二公知我之心。二公亦不知周公有此舉也。成王之知公，天實啓之。使二公果知周公有此事，何必遲遲二年之後，待至天災，巧爲設計，啓王開之。雖先儒有此説，予不敢信。

東坡非武王

坡公《志林》以武王非聖人，且謂孔子曰：大哉！堯、舜。禹無間然，蓋不足於湯、武，曰：武盡美矣，未盡善也。又曰：三分天下服事殷，可謂至德。夷、齊謂武王爲弑君，夫子予之。其罪武王甚矣。周公作《無逸》，上不及湯，下不及武王，亦有以哉。坡公藉是立萬世訓則可，所取證據則非也。子曰：湯有天下，選於衆，舉伊尹，不仁者遠矣。使夫子以放桀罪湯，則伊尹不仁之尤者，何以取之？《堯曰》載二帝三王之道，皆孔子所常言。自三聖及湯、武，歷述昭告之辭，有《湯誓》所不載者。復摭《泰誓》、《武成》語以頌美之，可見堯、舜咨命，湯、武誓師，同歸一道。夫子得邦家猶是也。衛公孫朝問仲尼學於賜，賜以文、武之道爲答。蓋夫子平日以此自任，門弟子之所熟聞，未始有文、武之別。其言三分事殷，蓋明周家之應天順人，出於不得已耳。其説武盡美矣，未盡善也，則傳注之訛。《樂記》載孔子與賓牟賈言武之聲淫，及商，對曰：非武音，有司失其傳也。若非失傳，武王之志荒矣。夫子謂萇弘亦有是言。賓牟賈却問武遲之又久，子曰：樂象成者也。總干山立，武王之事也。發揚蹈厲，太公之志也。武亂皆坐，周公之治也。以及周道四達，禮樂交通，無非稱美武王之德業。夫子特謂韶樂美矣，而音聲不失，又爲盡善；武樂固美，而音聲失傳，未爲盡善。使有慙德而象之，武豈得爲盡美耶？夫子稱夷、齊，蓋以二子棄其國封，與不食周粟而死。視景公有馬千駟，貧富不同，而民之所稱，則在此不在彼。它日言不降其志，不辱其身，必終之以我則異於是，無可無不可。因夫子予夷、齊，便謂加罪於武王，可乎？周公之作《無逸》，大抵以享國之久長爲言。中宗七十五年，高宗五十九年，祖甲三十三年，文王五十年，皆享國之久者。成湯即天子位止十三年，武王在位止十一年，所以終篇不及湯、武。公之告君奭，以成湯受命，則伊尹格于皇天，武王誕將天威，惟四人昭武王，冒丕單稱德，言伊尹四人之功，則湯、武可知。《立政》之告嗣王及成湯丕釐，帝命武王，率惟敉功，不敢替厥義德，且欲揚武王之大烈。周公之告成王，果不及湯、武乎？興滅國，繼絶世，此天下所以歸心。坡公乃以立武庚非武王本意，謂武庚之必叛，不待知者而後知，復引弃父事鯀爲證。如此則舜之殛鯀用禹，亦有可議者矣。

權行守試

本朝職事官，並以寄禄官品高下爲權行守試。侍郎、尚書始必除權，即真後始除試守行。予考之漢，試守即權也。年紀令吏二百石以上滿秩如真。如淳曰：諸官吏初除，皆試守，一歲爲真，食全俸。趙廣漢守京兆、韓延壽守馮翊、尹翁歸守扶風，皆滿歲爲真。是守試即權，未得爲真也。「權」字唐始用之。韓愈權知國子博士，三歲爲真。今以權與守試分真假，全無意義。

◎趙　溍撰

養疴漫筆

儲玲玲　整理

點校説明

《養疴漫筆》一卷，趙溍撰。趙溍，字元晉，號冰壺，潭州衡山(今屬湖南)人。度宗咸淳間(一二六五—一二七四)爲沿江制置使兼建康知府，恭帝德祐元年元兵至，棄城遁。端宗景炎時(一二七六—一二七七)爲江西制置使。

是書雜記宋代朝野瑣事，末附醫方數條。全書僅寥寥數頁，内容多捃摭他書而成。間注出處，如《坦齋筆衡》、《鶴林玉露》等。《四庫全書總目提要》言此「殆非完書，亦書賈從説部録出託爲舊本者也」。

本次整理，以明嘉靖年間刻《古今説海》本爲底本，以《説郛》(宛委山堂本)、《學海類編》本爲校本。

靖康之變，中原爲虜地，當時高人勝士陷没者不少。紹興庚申、辛酉，河南關陝暫復。有自關中驛舍壁間得詩二絶，云：「鼙鼓轟轟聲徹天，中原廬井半蕭然。鶯花不管興亡事，妝點春光似去年。」又云：「渭平沙淺鴈來棲，渭漲沙移鴈不歸。江海一身多少事，清風明月淚霑衣。」

張南軒晚得奇疾，虚陽不秘。每歎曰：「養心莫善於寡欲，吾平生理會何事而心失所養乎？」竟莫能治，踰年而卒。就歛，通身透明，腑臟筋骨歷歷可數，瑩徹如水晶。自昔醫書不載此疾之症。《坦齋筆衡》。

翟欽甫者，金人也。衆飲清菴，欽甫偶至，衆不之識，俾賦清菴詩。欽甫故拙，起句云【一】：「爲問清菴何以清？」衆拍手大笑。及賦第二句「霜天明月照蓬瀛」，衆失色。連賦「廣寒宫裏琴三弄，白玉樓頭笛一聲。金井玉壺秋水冷，石田茅屋暮雲平。夜來一枕遊仙夢，十二瑶臺獨自行」。衆愧謝，延之上坐。《瑞桂堂暇録》。

嘉泰間，内臣李大謙於行都九里松玉泉寺側建功德寺，役工數内有漆匠張某者，天台人。偶春夜出浴回，於道中遇一老嫗，挽入小門，暗中以手捫壁，隨嫗而行，但覺是布幙，

校勘記

【一】起句云　「起」原作「其」，據《説郛》（宛委山堂本，以下簡稱説郛本）改。

轉經數曲至一室中，使就物坐，此嫗乃去。繼有一尼攜燈至，又見四壁皆有青赤衣帷遮護，終不知是何地。此尼又引經數曲，及至一室，燈燭、酒殽、器皿，一一畢備，俱非中下人家所有。張見之驚異，亦不敢問其所以，且疑且喜。尼往，頃時復至，後有一婦人隨來，容美非常，惟不冠飾。張殊畏懼，尼逼使坐，遂召前嫗，命酒殽數盤。此婦人更不一語。尼云：「已晚矣。」張但懇尼云：「匠者，無錢。」尼終不顧。遂令就寢【二】，尼執燈扃户而去。張屢詢所來及姓名，而婦人竟無一語，疑爲瘖疾。至鐘動，尼復至，啟鑰喚張起，如前令嫗引出，亦摸布壁行，覺至一門，非先來所經，此嫗令出街可至役所。張如夢寐中，行至一街，迨曉即離役所二里許。後循路歸，其董役者責之。及聞此事，使人徧訪，終不得其原所入門域。衆皆謂遇鬼物，而有一木匠云：固寵借種耳。《葦航紀談》。

建隆中，曹彬、潘美伐江南，城既破，李煜白衫紗帽見二公。先見潘，設拜，潘答之；次見曹，設拜，曹使人明語之曰：「介冑在身，拜不及答。」識者善之。二公先登舟，召煜飲茶，船前獨設一木脚道。煜嚮之國主儀衛甚盛，一旦獨登舟，徘徊不能進。曹命左右掖而登焉。既一啜，曹謂李歸辦裝，詰旦會于此，同赴京師，未曉，如期而赴焉。潘始甚惑之，曰：「詎可放歸？」曹曰：「適來獨木版尚不能前【三】，畏死甚也。既許其生赴中國矣，焉能取死。」衆皆服其識量。《譚淵》。

太祖一日小宴，顧李煜曰：「聞卿能詩，可舉一首？」煜思久之乃舉《詠扇》詩，云：

【二】遂令就寢　「就寢」原作「寢就」，據説郛本、《學海類編》本乙正。

【三】適來獨木版尚不能前　「尚不」原作「不尚」，據説郛本、《學海類編》本乙正。

「揖讓月在手，動摇風滿懷。」太祖曰：「滿懷之風，何足尚？」侍臣莫不嘆服。《譚淵》。

太原王仁裕家遠祖母，約二百餘歲，形質纔三四尺，兩眼白睛皆碧，飲啗甚少，夜多不睡。每月餘忽不見，數日復至，亦不知其來往之迹。牀頭有一柳箱可尺餘，封鎖甚密，人未嘗得見其中物【四】。常戒諸孫曰：「如我出，慎勿開此箱，開則我不回也。」諸孫中有一無賴者，一日，醉酒而歸，祖母不在，徑詣牀頭取封鎖柳箱開之，其中止有一小鐵篦子，餘無他物。自此祖母竟不回矣。《譚淵》。

竹之異品頗多。《成都古今記》云：對青竹，黄而溝青，故每節若間出。云此竹今浙中亦有之，惟會稽頗多，彼人呼爲黄金間碧玉。辰州有一種小竹曰龍絲竹，生山谷間，高不盈尺，細僅如針。前輩詩有「小竹如針能具體」，即此也。武陵桃源山有方竹，四面平整如削，堅勁可以爲杖。予頃在湖湘間見有以竹爲桶者，其徑幾二尺。《羅浮山記》云：第三峯有竹大徑七尺圍，節長丈二，葉若芭蕉，謂之龍公竹。《松窻雜録》有異竹，箴長二百餘尺。《玉篇》云：䉤竹，可爲舟。但未親見耳。云實有之。

陳同甫名亮，號龍川。始聞辛稼軒名，訪之，將至門，遇小橋，三躍而馬三却。同甫怒，拔劍揮馬首，推馬仆地，徒步而進。稼軒適倚樓，望見之，大驚異，遣人詢之，則已及門，遂定交。稼軒帥淮時，同甫與時落落，家甚貧。訪稼軒于治所，相與談天下事。酒酣，稼軒言南北之利害，南之可以并北者，如此；北之可以并南者，如此。且言錢唐非帝王

【四】人未嘗得見其中物　「嘗」原作「常」，據説郛本、《學海類編》本改。

居，斷牛頭之山，天下無援兵，決西湖之水，滿城皆魚鼈。飲罷，宿同甫于齋中。同甫夜思：稼軒沉重寡言，醒必思其誤，將殺我以滅口。遂盜其駿馬而逃。月餘，同甫致書稼軒，假十萬緡以濟貧。稼軒如數與之。

孝宗幸天竺及靈隱，有輝僧相隨。見飛來峯，問輝曰：「既飛來，如何不飛去？」對曰：「一動不如一靜。」又看觀音像，手持數珠。問曰：「何用？」曰：「念觀音經。」問：「自念則甚？」曰：「求人不如求己。」孝宗大喜。

本朝四帝，亦有吉符。真宗即來和天尊，出楊礪之《夢紀》，載諸國史。祥符崇尚道教，建立宮觀，專尚祥瑞。王欽若獻芝草八千一百三十九本，丁謂獻芝草三萬七千餘本，獨孫奭不然其事。真宗久無嗣，用方士拜章至上帝所，有赤脚大仙微笑，上帝即遣大仙爲嗣，大仙辭之。帝曰：當遣箇好人去相輔贊。仁宗在禁中，未嘗鞋，惟坐殿方御鞋韈，下扆即去之。徽宗即江南李主。神祖幸秘書省，閱江南李主像，見其人物儼雅，再三歎訝而徽宗生。生時夢李主來謁，所以文采風流過李主百倍。及北狩，女真用江南李主見藝祖故事。高宗，韋后生。徽宗夢錢王再三乞還兩浙，夢覺與鄭后言：「朕夜被錢王取兩浙甚急。」鄭后奏云：「昨夜，妾夢亦然。」須臾，報韋后誕高宗。及建炎渡江，今都錢唐百有餘年，豈非應乞兩浙之夢乎？《夷門志》載：宣和間，禁中有物曰貓，音來。塊然一物，無頭眼，手足有毛如漆，中夜有聲如雷。禁中人皆云貓來，諸閤皆扃户，徽廟亦避之。甚至登亢金坐移時，或往諸嬪妃榻中睡。以手撫之，亦温暖。曉則自榻袞下而去，罔知所在。後宮嬪妃夢中有與同寢者，即此猫也。或云朱温之厲所化。《左傳》云：「豕人立而啼。」未必誣也。

紹興初，楊存中在建康有雙勝交環，謂之「二勝環」，取兩宮北還之意。因得美玉琢成帽環進。高廟日尚御冕，偶有一伶人者在傍。高宗指環示之，「此環楊太尉進來，名『二勝環』」。伶人接奏云：「可惜二勝環，且放在腦後。」高宗亦爲之改色。此所謂執藝事以諫也。

王黼宅與一寺爲鄰，有一僧每日於黼宅旁溝中漉取流出雪色飯，洗淨曬乾，數年積成一囷。靖康城破，黼宅骨肉絶食，此僧即用所積乾飯，復用水浸蒸熟送入黼宅，老幼賴之無餒。

真定大歷寺有藏，雖小精巧，藏經皆唐宮人所書，經尾題名氏，極可觀。佛龕上有一匣，藉匣古錦儼然，有開元賜藏經勑書及會昌間賜免拆殿勑書。有塗金匣藏經一卷，字體尤婉麗，其後題曰「善女人楊氏爲大唐皇帝李三郎書」。

士之窮通出處，蓋有命焉，非人所能爲也。元祐中，東坡知貢舉，李方叔就試，將鎖院，坡緘封一簡，令叔黨持與方叔。值方叔出，其僕受簡置几上。有頃，章子厚二子曰持、曰援者來，取簡竊觀【五】，乃《揚雄優於劉向論》一篇。二章驚喜，攜之以去。方叔歸，求

【五】取簡竊觀　「簡」原作「間」，據《學海類編》本改。

簡不得，知爲二章所竊，悵惋不敢言。已而，果出此題。二章皆模倣坡作，方叔幾於閣筆。及拆號，坡意魁必方叔也，乃章援，第十名文意與魁相似，乃章持。坡失色。二十名間一卷頗奇，坡謂同列曰：「此必方叔。」視之乃葛敏修。時山谷亦與校文，曰：「可賀内翰得人。此乃僕宰泰和時一學子相從者也。」而方叔竟下第。坡出院，聞其故，大嘆恨，作詩送其歸。所謂「平生漫説古戰場，過眼空迷日五色」者是也。其母嘆曰：「蘇學士知貢舉，而汝不成名，復何望哉！」抑鬱而卒。余謂坡拳拳於方叔如此，真盛德事，然卒不能增益其命之所無，反使二章得竊之以發身，而子厚小人，將以坡爲有私有黨，而無以大服其心，豈不重可惜哉。

淯熙中，王季海爲相，奏起汪玉山爲大宗伯知貢舉，且以書速其來。玉山將就道，有一布衣之友平生極相得，屢黜于禮部，心甚念之，乃以書約其胥會于富陽一蕭寺，與之對榻。夜分，密語之曰：「某此行，或者典貢舉，當特相牢籠。省試程文《易》義，冒子中可用三『古』字以爲驗。」其人感喜。玉山既知貢舉，搜《易》卷中果有冒子用三「古」字者，遂徑批上置之前列。及拆號，乃非其友人也，竊怪之。數日，友人來見，玉山怒責之曰：「此必足下輕名重利，售之他人。何相負乃如此！」友人指天誓曰：「某以暴疾幾死，不能就試，何敢漏泄于他人？」玉山終不釋。未幾，以「古」字得者來謁，玉山因問之曰：「老兄頭場冒子中用三『古』字，何也？」其人泯默久之，對曰：「兹事甚怪。先生既問，不敢不以實對。某之來就試也，假宿於富陽某寺中，與寺僧閒步廡下，見室下一棺，塵埃漶漫。僧曰：『此一官員女也。殯于此十年矣，杳無骨肉來問，又不敢自葬之。』因相與默然。是夕，夢一女子行廡下，謂某曰：『官人赴省試，妾有一語相告：此去頭場冒子中可用三「古」字，必登高科。但幸勿相忘使妾枯骨早得入土。』既覺，甚恠之，遂用其言，果叨前列。近已往寺中葬其女矣。」玉山驚嘆。《鶴林玉露》。

臨安中瓦在御街上，士大夫必游之地，天下術士皆聚焉。凡挾術者易得厚獲。而近來數十年間，向之行術者多不驗；惟後進者術皆奇中。有老於談命者下問後進：「汝今之術，即我向之術。何汝驗，我若何不驗？」後進者云：「向年士大夫之命，占得禄貴生旺，皆是貴人；今日士大夫之命，多帶刑殺衝擊，方是貴人。汝不見今日爲監司、郡守、閫帥者，日以殺人爲事邪？」老師歎服。

《狒狒讃》曰：「狒狒恠萌，被髮操竹。獲人則笑，唇掩其目。終亦號跳，反爲我戮。」《物類相感志》曰：狒狒出西南蠻。宋建武中，安昌縣進雌雄二頭。帝曰：「吾聞狒狒能負千斤，既力若此，何能致之？」對曰：「狒狒見人輒笑，笑則下唇掩其額，故可以釘之。髮可爲朱纓，血可染衣。似獼猴，人面而紅，作人言、鳥聲，善知人生死。飲其血，使人見鬼。」帝命工圖之。元稹詩：「狒狒穿筒格，猩猩置屐馴。」狒，房沸切。

凡人溺死者及服金屑未死者，以鴨血灌之，可活。耳暴聾者，用全蝎去毒爲末，酒調滴耳中，聞水聲即聾愈。枸杞子榨油點燈，觀書能益目力。金瘡、刀斧傷，用獨殼大粟研爲乾末傅之，立止。或倉卒，用生嚼傅亦驗。喉痺，并乳鵝、蝦蟆衣、鳳毛草擂細，入鹽霜、梅肉、煑酒各少許和再研，細布絞汁，鵝毛刷患處，隨手吐痰即消。癰疽、惡瘡初腫起，當歸、次黃、蘗皮、羌活爲細末，生鷺鷥膝擂汁，調傅瘡之四圍，自然收毒聚作小頭即破。切不可併瘡頭傅之，恐毒氣四攻，不可收也。

新昌徐氏婦病産，有名醫陸某在二百里外，輿致之，及門，婦已死，但胸膈間猶微熱。陸入，診之良久，曰：「此血悶也。得紅花數十斤則可活。」主人亟購如數。陸乃爲大鍋煑之，候湯沸，遂以三木桶盛湯於中，取窗格藉婦人寢其上，湯氣微復進之，有頃，婦人指動，半日遂蘇。

四明延慶寺一僧，自頂至踵平分寒熱。醫無識者。有一道人曰：「此生偏腸毒也。」藥之，一夕而愈。

骨鯁用犬涎。穀芒用鵝涎。無弗愈者，皆以意推也。

孝宗嘗患痢，衆醫不効。德壽憂之，過宮，偶見小藥肆，遣中使詢之曰：「汝能治痢否？」對曰：「專科。」遂宣之。至，請問得病之由，語以食湖蟹多，故致此疾。遂令診脉，曰：「此冷痢也。其法用新采藕節細研，以熱酒調服。」如其法，杵細酒調數服，即愈。德壽大喜，就以杵藥金杵臼賜之。至今呼爲「金杵臼嚴防禦家」，可謂不世之遇。

病眼生赤瘴者，取田螺一枚，去掩，以黄連末糝之，置于露中，曉取則肉化爲水，以之滴目，赤瘴自消。

治嗽方甚多。余得一方甚簡：但用香櫞去核，薄切作細片，以時酒同入砂瓶内，煑令熟爛，自昏至五更爲度。用蜜拌匀，當睡中喚起，用匙挑服，甚効。又越州某學録云：少時苦嗽，百藥不療。或教用向南柔桑條一束，每條寸折，内鍋中，大約用水五碗，煎至一碗，於盛暑中遇渴飲之，服一月而愈。象山縣村民有患水腫者，以爲鬼禍，訊之卜者。卜者授之方，用田螺、大蒜、車前草和研爲膏，作大餅覆臍上，水從便出，數日遂愈。

◉施清臣撰

東洲几上語

湯勤福　整理

點校説明

《東洲几上語》又稱《几上語》,《東洲枕上語》又稱《枕上語》,各爲一卷,施清臣撰。施清臣生平不詳,書成於理宗淳祐四年、五年間。

《千頃堂書目》卷十二著録兩書,《四庫全書》列入「雜家類存目」。提要説:「是書皆宗二氏之旨,而以儒理附會之,詞多儷偶,明人小品,濫觴於斯。其謂《易》可通修煉之旨,亦魏伯陽等之緒餘,無足採録也。」而作者自序中亦説:「恰若干則合老釋,以非三融精粗而爲一,聊自警也。」實際爲作者讀毛《經》的體會心得,内容多格言、警語。清末民初的目録學家孫毓修於《涵芬樓秘籍》跋中稱兩書「清辭名理,引人入勝,亦晁文元公《法藏碎金》之流亞。《四庫》取彼而舍此,何歟?宋人遺編,傳世日少,今據寫本付刊,闕誤處苦無别本可校,兹仍其舊。」這次整理以《涵芬樓秘籍》本爲底本,校以相關史籍。

校勘記

僕癖嗜書，昔貪今懶。中年幽憂之疾，沉沉兀兀，殊欠排遣。胸中追憶。舊多碎語在藁册間，收拾删改，恰若干則合老釋，以非三融精粗而爲一，聊自警也。時淳祐甲辰十月，且題之曰《几上語》。

天運無一息之停，而萬化與之俱生；　人心無一息之停，而萬緒與之俱役。故物歸其根，心反其源，由動復静，所以最難。

過去、見在、未來爲三際，豈容把玩于流光；　少長、壯大、衰老爲百齡，誰解度量于歲數？　人生宇宙間亦一瞬爾，要當進德業以及時，窮理盡性以至命，無負此身之託。

精神昭徹之極，可以造微；　理義涵育之久，可以知化。

心廣則與天地以同量，體胖則與萬物以同體。非自致也，由力廣充之也。

道在一箇「積」字，真積力久，所造資深逢原之功；　學在一箇「習」字，慣習自然，可入欲不踰矩之奥。

辨信，心則不疑貳，辨肯，心則不因循。惟信爲肯，爲學入道之基地。

窗明窗暗，虚閲一世之光陰；誰弱誰强，枉費千年之調度。自古有死，無忝爾生！

倚杖没中洲，起于細微流注之初。回頭錯應人，因于對境轉移之後。

燈炷之與膏油並消，刀刃之與砥礪俱□，精神之與事物偕亡。

事寡心泰，情忘累薄，此遣于外者之言也。事來必能名其事，而我爲萬事之主；情接必能性其情，而我非七情之役。

涉歷既久，閲理既深，回視一世無一事可樂，回視一身無一事可樂。但澄念反照而遣諸妄，隨緣自適而處見存。

人不蓄懷利之心，隨時酬酢，多則寬使，少則窄使，絶無僅有，則□使擇，故多藏則厚亡。

道家浮黎之珠，佛家須彌之芥，仙家□□之粟，亦如儒家勺水之蛟龍，拳石之寶藏。斂之則微而無外，充之則大而無間，皆吾心之全體妙用也。

至人之心，静則常寂，寂則常存；動則常應，應則常周。

人生斯世，倚伏皆有氣數，不可逆天而躐進；賦予皆有分劑，不可逆地以倖求。境有逆順，處之以理，則逆順不吾移；事有是非，決之以理，則是非不吾撓。蓋理者，此心之宗主，所以酬酢萬變，與物推移而無窮也。

性理之學，儒家歷等級而有持循，老釋掀窠臼而有超詣，大率在究竟踐履而積工夫爾。

富貴是人之所欲，各有分量，各有時節。其來也不可禦，其去也不可追，其多也不可損，其少也不可益。所以君子在知時以安分。

東坡論修養，寄子由書尾云：「任性逍遥，隨緣放曠，但盡凡心，别無勝解。以我觀之，凡心盡處，勝解卓然。但此勝解不屬有無，不通言語，故祖師教人到此便住。」余謂此段亦甚簡明。

《語》云：「七十而從心所欲，不踰矩。」莊子云：「不義之所適，猖狂妄行而蹈大方。」《圓覺》云：君一切時不起妄念，于諸妄心亦不熄滅，住妄想境，不加了知，不辯真實，三者所説盡參看。

惟天地裕于萬物，雖□必容，待人者以天地萬物爲心；惟陰陽行于四時，少差必戾，律己者以陰陽四序爲則。

柳子厚書：「悠悠人世，越不過三十年爲客耳【一】，前過三十年，與瞬息無異。後所得者，不足把玩，亦足審矣。」讀此良有動于余懷。

柔情易緡而難斷，疑慮難泮而易凝；機巧先事以爭功，一作工。揣摩隨泒以求售。人有是心也，皆不足以進道。

不得起妄想心，不得起計着心，不得起慕樂心，不得起厭離心。當常在一真平實

【一】三十年爲客耳　「年爲」原無，「耳」原作「日」，據《柳河東集》卷三十《與李翰林書》改補。

境界。

靜之則無包羅大有，動之則無森羅萬象。此所以不無而無，不有而有。

心兼所有，用既千變萬化之不齊，故心知所見，亦千差萬變而不正。信乎信爲甚。

「不食豆羹」，推而上之，禄之天下而不懌；「不顧墮甑」，推而上之，臨之威武而不屈。

辯義利在毫釐，審死生如平昔，但積謹于細微，豈勇爲于朝夕。

隱則求志以自養，如霽月光風之涵遠；達則得志以禄養，如春風夏雨之及時。

富貴功名，是皮膚外事；智巧才藝，是意根下事；奉養聲色，是革囊邊事；古今典籍，是故蹟中事；兒女家珍，是火宅中事；在世種種，是輪迴裏事。惟一大事是切己極事。

燭理徹則中無所動，御物輕則中有所主。能燭理斯可以御物。

人生于世均夢境也。日間夢眼爲夢【二】，若實而亦虚；夜間閉眼爲夢，尤虚而非實。彼汩没真念，追逐世紛，日夜忘反，溘然不省，豈不大可哀乎！

一暴十寒則物不生，一事二志則物靡就，況希聖超賢之學，要當皮裏渾化，如麴糵之爲酒，冰澌之爲水。此身甚小，此心甚大，能識心大，則天地事物非大。昧者心爲形役，遂失其所以大。

傀儡下棚，線索俱停；雜劇散場，倡優皆寂。人生之形骸亦然。

【二】夢眼　據文意，當作「開眼」。

花裏蝶，花裏休；　蓼中蟲，蓼中死。人生甘苦皆是緣法，只可隨順應之。莊子曰：其生也若浮，故浮萍視身世，浮雲視富貴，浮家視生緣，何者不浮虛耶？　此乃外得，于内則惟有真實在。

四時代謝，無一息之停留；　萬彙變遷，無一形之堅固。不知是間却，有個長留獨固者在。

儒家之氣習，偏處克令全，所以善其生；　釋氏之結習，生處□令熟，所以善其死。

塵去則鑑明，煙去則火明，波去則水明，鑛去則金明，氛霧去則三光明，虛幻去則一性明。

爲形器拘，則眇畦之私隔；　爲利欲熾，則溪壑之貪開；　爲恩愛纏，則枕席之蠱深；　爲業境移，則塵根之蔽固。如是，則宜乎「舉世盡從愁裏老，誰人肯向死前休！」

天地運行，有數者能測；　鬼神杳冥，有識者能測。吾心猶太虛，雖天地鬼神亦不能測。

賢者之樂其樂也，内性適天全；　昧者之樂其樂也，外境移地變。故學顔子之學，樂顔子之樂。

交必以正交無雜交，則悔悋消；　好必以正好無雜好，則流蕩窒。

衆人之心如輕舟入巨浪，掀舞不停；　如弱水被暴風，傾側俱靡。至人之身有時或動，至人之心無時可動。心非絶于物也，其動也天。

念去則不萌，念來則不助，念過則不追。所謂不怕念起，惟恐覺遲。

人之一性，本精微，本廣大。以幻逐幻則蔽于紛華，以身認身則逐于形氣。六根内盲，則失其精微；一形外藩，則失其廣大。

過去莫思量，未來休計較，見在付隨緣。所謂昨日、今日、後日，即吾身之三世也。故前修有言：未至不迎，已過不續，當機即應，如響答谷。

外惑幻境，則萬塵超滅皆隨業緣；内超實際，則萬物森羅皆歸真諦。只在一覺之頃。

存心養性既得之，儒釋均也。以仁義禮智養于内，以應于外。吾儒之學則發乎用，以視動言聽主于内，而忘于外；釋氏之學則泯乎用，初若同，後乃異。

老氏之言，超形數而禁物先；莊子之言，翻窠臼而破愚見。

天地交而生萬物。由天一地二之水火；心腎交而成内丹，由心一腎二之坎離。

知命者不行險而立巖牆，知足者不懷金而溺海賈。

豪傑英明之士，雖精神聚而不散，猶滯于物，則爲仙爲神。通達玄素之士，皆不滯于物，故精神無聚亦無散，則博大真人。涅槃妙心，歷萬古以常存。

積善之家必有餘慶，積非一時，亦非一事，終日終身與善同流。如天之運，如日之升，積既無形，善非責報。

去就輕，則患得患失不戰于中；進退正，則不詭不隨可應于外。

精神早嗇出，不貽身之戕；財貨戒悖入，不貽家之戚。

累減則緣輕，念消則事化。人生脆弱而不久，人世變遷而不常，人事汩没而不已，也須回首。

天之稟賦者，才也；天之付度者，命也。才可以充于賦，命只當安于壽。才不充于所賦，是自棄；命不安于所受，是自暴。自棄自暴，皆逆天也。

力反初心，忌隨俗眼。如梵志翻着之襪，勿循外觀；如少室密傳之衣，當思内續。

有心避數，數豈能逃，心常戚戚；無心任理，理從所之，心常休休。亦曰盡其在我者，以聽在彼者。《滕王閣記》云：「天高地迥，覺宇宙之無窮；樂極悲來，識盈虚之有數。」《赤壁賦》云：「哀吾生之須臾，羨長江之無窮。」合二者而觀之，人間世不滿一嘆！

讀書貴義味之浹洽，而後貫一理以同歸；讀史貴智局之超詣，而後合羣策以折衷。

殺身奉權要者，溺于聲利，視恬澹爲戲論；我少即多難者，稔于憂患，悟空寂爲良方。

撒手捨萬仞崖之身，跨足進百尺竿之步，昔人禪學勇進有如此者。然助長揠苗，易失太過，要在寬着程，緊着步。

經傳之學，義理無終。窮探賾，有深旨。知之爲知之，當知者精思之，則所言者通；不知以不知者臆度之，則所言者鑿。

君子于功名，遇事而行之，無妄心；小人于功名，生事而行之，有欺心。此所□關□理亂。

口聖賢而心盜跖，家儒者而行市人，似剛强而政羅刹，衒聰明而術鈎距，或者安而爲之，良亦可懼！

雨虹光燭，斷滅倏空；紙鳶飛揚，偏側易墮。此可省悟聲榮之非久。

浮漚闖水，瞥眼非堅；浪箭别弦，脱手不反。此可警戒幻境之非實。

逃儒墨起殺之場，究黄老全生之福。此遯居者事也，尚□口奚爲？

「觀志遊神三奇靈，行間無事心太平。」《黄庭外景》語也，修真者所佩。

「長生至慎房中急，何爲死作令人泣。」《黄庭内景》語也，好内者所當戒。

「爲學日益，爲道日損」，由損而益，則至理有歸宿。多聞守約，多見守卓，由約而卓，則羣言無混淆。

南山之豹，豹變成虎，變則元質改革，蔚然以成其文；北海之鯤，鯤化爲鵬，化則元質超脱，豁然以全其道。

管子云：「思之，思之，又思之，思之不通，鬼神將通之。」非鬼神之力也，精神之極也。蓋思以作聖，審思乃通語之門。

元凱云：「優而柔之，使自得之；厭而沃之，使自趨之；涣然冰釋，怡然理順。」蓋爲之在熟，成熟乃藴奥之閫。

感律以律，則蕤賓之鐵躍；召氣以氣，則緹室之葭噓。大而一國理亂係才品，小而一家善惡由好尚，皆因感召而來。

人生五十以前爲進數，用世之學當一日章如一日；五十以後爲退數，垂世之學當一日積如一日。

人之血氣精神受于生者，有虧無增。

東洲枕上語

◉施清臣撰

湯勤福　整理

校勘記

【一】刪摸　「摸」，《皕宋樓藏書志》卷六四作「模」。

僕向丙戌歲，臥痁六閱月，幾失其生。病枕光陰，無可排遣，攝之以善念。厥後追録于册，凡若干則，近獲前藁，又略刪摸留爲家庭之警訓【一】。時淳祐乙巳人日。

日伏于夜，曉而升東，星光盡晦而黑，故能大明煜乎天；陽伏于東，臘而回冬，寒氣極嚴而變，故能大和育乎物。天地尚爾，吾身豈可不導養、保育而有所輕用乎？

履后土，戴皇天，惟至誠，則俯仰無愧；踐薄冰，待白日，惟浮僞，則須臾皆亡。

踐履正，雖挽之以萬牛而不回首；識見明，雖驟之以萬馬而可駐足。

剛毅勇敢之氣，養之以居仁由義，則不麄；精悍整辨之才，養之以正心誠意，則不俗。

至人之心，定于一而必如于一，不如于一則窒礙而無靈；涉于萬而不流于萬，流于萬則跌宕而無制。蓋一即萬，萬即一。

心反于先天之先，則超于形數之外，出入生死不爲形氣所拘；心原于後天之後，則囿于形數之内，出入生死爲形數所拘。

鶩榮途而老不知止，如蝸牛粘高壁而槁死；投貪壑而滿不知足，如飛蛾慕明燈而喪生。

性則天付之，無不該；心則人用之，無不具。心者，七情之所自出，偏于人心則情蕩而性滅。故乾道之剛粹，方能性其情。

闇虧，日月之食也；利欲，人心之食也。日月之食，有時而更，則人皆仰之；人心之食，無時而更。其更耶？其不更耶？

愚公移山，生固不休；精衛填海，死而未已。使立志如此，何事不辦？

成者挽强，敗者墮甑。已過者逝水，未來者抹漆。世事往往皆然，亦可以悟矣。

通徹有工夫，純熟無間斷。浹洽有超詣，透脱無粘□。此進道之要。

不汲汲富貴，不戚戚貧賤；不炎炎羨慕，不逐逐苟求。此宅身之要。

學問在一箇新字，新則不自晝于中道；進退在一箇時字，時則不自昧于知幾。

漂摇世故之風雨，棲遲羈路之冰霜，也須要經歷，視豢養者有間。故蒹葭蒼蒼必在白露爲霜之後；鷄鳴不已必在風雨如晦之時。

汪彦章謫居零陵，爲《玩鷗亭記》云：「我與物同見于天地之間者以形，而我之知物、物之知我者以心。使吾心有以勝物，則李廣之石可使爲虎；使吾心爲物所勝，則樂令之弓亦能爲蛇。是二者，無情之木石也，徒以人心故使之若出于有情如此。苟吾心反如木石而無所示焉，鷗莫得而窺矣，何爲而不可玩哉！」余讀之，愛其事理俱到，以此處世，何往而不可，豈止所用于鷗哉！

《南史》顧凱之云：「命有定分，非智力所移，應恭己守道，信天任運。而暗者不達，妄意僥倖，使傷雅道，無關得喪。」達哉斯言，必不乍賢乍佞，患得患失于中，反靈源在退藏之密，聚夜氣在未交物之餘，自己求之，所立卓爾。

天與水違行，訟，訟六爻皆凶；地中有山，謙，謙六爻皆吉。君子可以決擇矣。

「將心比心」，此雖俗語，極有理。世間視己不視人者皆是也，推而上之，即顔子之「己所不欲，勿施于人。」

樂天知命則不憂，窮理盡心則不昧。

讀《華嚴經》，萬理由一性而出。讀《楞嚴經》，羣疑究一性而空。人之一生，役于塵勞，汩于貪嗔，沉于聲利，戰于血氣。過眼光陰，迅逾抹電，急急符到，噬臍不可及矣。

聖人之心，虛而應，靈而存，大包無外，細入無間，無在無不在也。

讀《觀音靈感集》書此。兼山，艮，止也，止中有動焉。兼山之中，有坎有震，坎水在下，震雷也在上。水之動，動于地也；雷之動，動于天也。水動不止則爲澇，雷動不止則爲灾。動之時者也。艮止爲靜，坎震爲動，故云：時止則止，時行則行。然後動靜不失于正，豈止虛寂無所用耶！

夫士生斯世，當先植立，毋負所學。倘或苟以從時，殆恐浮沉無定，始爲風裏之楊花；湮没無聞，終作霜餘之菅草。

子思言性，孟子只言心。蓋性無所致力，惟求之心，心治則性得，心出于性故也。孟子爲盡其心，所以知其性，如云「求放心」，曰「養心」，曰「存心」，曰「操心」，曰「盡心」之類，治心甚嚴，乃率性之謂道也。子思、孟子相表裏。

蓮花不著水，透頂絲竅皆玲瓏；修竹上干天，貫身枝幹皆虛徹。故瞿曇氏之跏趺□，普陀岩之旃檀林，取其似道也，可不如一草一木乎！

「分從一定始終有，事要十全今古無。」此古語也，明白理到。

作文不可有矜心，則追逐時好，失自得邁往之氣；不可有欺心，則泛應時用，失精神行遠之功。

人之心當敬以直内，義以方外。内不主于敬直，則縱肆而邪曲；外不主于義方，則流蕩而昏迷。天理滅矣，烏得不入禽犢！

釋氏云：不離文字，不即文字。此二語用文字之活法。不離文字，如杜牧之喻珠，横斜曲直，不出走盤之間；不即文字，如九方皋之相馬，驪黄牝牡，獨出天機之外。

天無停運，學無止法。故天無停運，四時之景光新，學無止法，羣聖之藴奥傳。是以君子學以聚之，問心辨之。夫子發明于乾之初九。

人物九等，表氏名，入鬼録，以皆空丙丁。四庫書篇目載陳言而何在？時俯仰于今古，所慨嘆于乾坤，逝者如斯，老之將至。此余題書目也。

近世説《易》者，大抵能説《易》之理，以推人事，不能究之數，以推造化。僅有康節一家而已，所傳者亦糟粕也。《易》有神仙修煉之旨，皆出于卦數：以《大易》六十四卦，除乾、坤爲鼎器，坎、離爲藥物，餘六十卦布爲火候，每一日兩卦，自初一日屯、蒙至三十既、未濟。一卦六爻，兩卦十二爻，以應一日十二辰。一月六十卦，有三百六十爻，以象一年三百六十日，一月三百六十時，亦象一年。除息符沐浴，實計十箇月。六百卦，故曰《火記》六百篇。于一時内奪得一百二十年正氣，滋生藥物，十月三百日奪得一百萬八千年神陽正氣，以成神晶。如《參同契》等書，至今有傳，但秘而不輕出爾。孰謂《易》數不可傳哉！

繼之者善，乃天命之正。惟善惡相混，乃氣質之偏。性，先儒謂性兼氣質而論，自伊洛發明。余讀《禮運》：「故人者，具天地之德【二】，陰陽之交，鬼神之會，五行之秀也。」鄭氏注云：「言人兼此氣性純也。」又云：「故人者，天地之心也，五行之端也，食味、別聲、被色而生者也。」鄭氏注云：「此言兼氣性之効也。」「氣性」二字本此。然則《漢書》傳注未易輕視。

【二】具天地之德　「具」，《十三經注疏》作「其」。

持財以愚，持酒以禮。持財不以愚則蕩，持酒不以禮則亂。

命有分劑，安得人人相似；時有早晚，安得物物相同。

古今澆灌胸次，則鄙悋潛消；講貫喚醒聰明，則塵凡俱屏。

曉色四達，宿禽先鳴，陽升也；春風一動，凍木先透，陽回也。人生陽氣盛則少疾，道家陽氣純則爲□。

一日方册是究，則此心正；一夕善念是存，則此心活。

境空，則禍福之繩兩解；心空，則光明之境四周。所囿者空，則所超者大。

念慮正，則清宵魂魄亦安；念慮邪，則白日魑魅同處。

陽之晝奇，陰之晝耦，一與二不相敵。宜乎小而人身，逆境多于順境；大而家國，亂日多于治日。

日月天地之光明，理義人心之光明。天心無日月，則如漆如墨；人心無理義，則如鬼如蜮。一□可以根萬善，寧早無晚，故易取其不遠，而戒其迷復也。

斷固事之利，需乃事之賊。勇于斷而不反顧，則敗；安于需而不用明，則亦敗。一疾一徐，見高于是者能之。

花果之遲速，受天地之一氣，氣盡則落。人生之壽夭，受父母之一氣，氣盡則殂。氣稟乎初，雖不可益，能保養之，不夭其天賦。

鷄知晨昏，鵲知太歲，巢穴知風雨【三】，爲君子豈可不識時之進退存亡哉！《易》三百八十四爻，蔽之一言，時而已。能知時則知易。

立志自强弱，猶乘之要。當以聖賢爲標的，取上駟僅得中駟，取中駟僅得下駟。朝三暮四，暮四朝三【四】，何特狙公之賦芧。天公仾昂斯世，政用此理鼓舞闔闢，行之無迹，人自不覺爾。

人世光陰，不堪把玩。稚川喻牽牛之步迫庖丁，瞿曇氏喻養魚之日減水澤。合二喻而觀之，生不滿百，憂懷千歲，果何爲者耶！

以晦養明，以嗇養精，以退養安，以慵養齡，此達者事。

酒隱可以玩世，要非攝生之具；文陣可以娱世，要非養心之原。不若退觀坐進此道。

聖人以《易》洗心，自與天理同流；君子以心體《易》，當知天理同本。

棲神澹泊，必不埋没于酒盃歌舞；傳家簡素，必不習尚于侈費驕矜。

有不自止之心，力填貪壑而無已；有好求勝之心，冥行險轍而不顧。終亦盆成括而已。

養以道義，則氣不餒于晚年；習以正大，則身不屈于他日。

腹内呑王弘數百輩，胸次推員榮期五千人。此以大丈夫緒餘土苴爾。

【三】巢穴知風雨　「穴」，原作「冗」，據文意改。

【四】暮四朝三　「暮」原作「墓」，據文意改。

釋氏謂：衆生貪而不滿則生嗔，嗔而不已則生癡。所以對證拯治之者，戒則能定，定則能慧，慧性照了，萬法不虚，一真長在。則前日貪者、嗔者、癡者，掃蕩無餘矣。

名利若羽毛之輕，衆人視猶太山之重；名義若太山之重，衆人視猶羽毛之輕。

丈夫得志逢辰，豈爲恩讐地。一飯之惠必酬，則可；睚眦之怨必償，則不可。

居無常居，居之安，則蓬蓽猶千門萬户，不過一席之寧；味無正味，味之適，則藜藿猶八珍九鼎，不過一飽之甘。

天地大德生字，盡之聖人；至德好生，盡之君子。處世豈可萌一不仁之心，甚而暴殄天物乎？

儒者禮經五百，威儀三千，違禮必入于刑。釋氏大戒三百，細行三千，犯戒必抵于罪。是知人心管攝在是，猶御馬之啣勒，捍水之隄防，不可頃刻廢也。

陰陽之氣，潛移于晷刻之微；老壯之氣，暗鑠于事爲之末。要當反本原于精微，不可弊精神于蹇淺。

「玩人喪德，玩物喪志」，召公有是言矣。「古之好古也聚道，今之好古也聚財」，文中子亦有是言矣。棲沙沉陸之珍，瘞墟窖墓之器，前賢遺玩斷則留蹤，陳之几案則愛惜關心，藏之篋笥，與無相若。正自徒擾天真，不必爾也。

前輩當官，處大事如小事，做小事如大事。然常思之，視大如小則無懼心，視小如大則無忽心。

康節云：「迅雷過後山川裂，甘露零時草木香。」可以識喜怒之變。紙帳地爐，夜窗聞雪，松坡屋午枕聽風，脱聲利之樊籠，都忘所著，超清虛之境界，惟適所安。亦居山一樂也，吾何求于外哉！

東嘉鄭龍圖景望銘枕屏云：「即鹿從禽，太山横前而弗見。愛親者不輕其身，愛身者臨深戰兢。」每讀之，惻然于中，真仁人之言也。

靈均之蘭【五】，子猷之竹，淵明之菊，和靖之梅，濂溪之蓮，非意于物也，感其物之適相似也。

莆田葉丞相云：「好官易做，好人難做。」因是説考之前代，好人未必到好官，好官未必皆好人。雖然，要不可以彼易此也。

排難解紛，必須順理而行之。如披敗絮行于荆棘中，亟步則多觸；如抽亂絲在無頭緒内，併内則愈堅牢。

樂天詩：「眼前際斷處，一念不生時。」又，「未悟病時須去病，已知空後莫依空。」「一蓑一笠一孤舟，萬里江山獨自遊。有人問我紅塵事，笑入蘆花不點頭。」

【五】靈均之蘭「均」，原作「筠」，據文意改。

跋

右《几上語》一卷、《枕上語》一卷，宋施清臣撰。清臣事蹟不可攷，自署「赤城散吏」。書名上均有「東洲」二字。自序謂作於淳祐甲辰、乙巳間，蓋宋理宗時人，號東洲也。既云「赤城散吏」，則或是台州人歟。俞樾《茶香室叢抄》謂其取名與岳珂《桯史》同。《四庫》以施氏此書宗釋道之旨，而以儒家傅會之，明季小品濫觴於此，故不予著録。然清辭名理，引人入勝，亦晁文元公《法藏碎金》之流亞。《四庫》取彼而舍此，何歟？宋人遺編，傳世日少，今據寫本付刊，闕誤處苦無別本可校，兹仍其舊。己未春日無錫孫毓修跋。

◎陳　昉撰

潁川語小

湯勤福　整理

點校説明

《潁川語小》，今存二卷，陳昉撰。陳昉字叔方，號節齋，温州平陽人，中書舍人陳峴子，以父蔭補官。理宗紹定中由閩縣丞遷浦城令。端平元年（一二三四）真德秀薦之於朝，與劉克莊等號「端平八士」。淳祐十二年（一二五二）知福州兼福建安撫使。景定初知建寧府，累除吏部尚書、端明殿學士，度宗即位後致仕，卒謚清惠。民國《平陽縣志》有傳。

《潁川語小》原佚，清乾隆修《四庫全書》時，據《永樂大典》輯爲二卷。《四庫全書總目》稱：「其考究典籍異同，朝廷掌故，酷似洪邁《容齋隨筆》。其論文多辨别經史句法，又頗似陳騤《文則》……較之志俳諧，述神怪者，有益多矣。」顯然，《潁川語小》有一定的學術價值。

是書《守山閣叢書》本沿襲《四庫全書》本，文中「原注」當爲作者自注，「攷證」則是四庫館臣所爲，《守山閣叢書》將其併入書中作注釋。這次整理以《守山閣叢書》爲底本，參校《四庫全書》本和《叢書集成》本。

卷上

古文《孝經》罕有「也」字，今人所讀乃明皇本，用「也」字頗多。《漢書》賈誼《鵬賦》罕有「兮」字，《史記》本則多有之。《楚狂接輿歌》，《史記》作「往者不可諫兮，來者猶可追也」，比《論語》多二字，宛是《楚辭》句法。《莊子》所載亦有「也」字，無「兮」字，漢石經本同。

古文《孝經》云：「子曰：『閨門之内，具禮矣乎！嚴父嚴兄，妻子臣妾，猶百姓徒役也。』」司馬温公《指解》謂：「刑於寡妻，至於兄弟，以御於家邦，與此章何以異。」唐明皇時，國子博士司馬貞議曰：「案其文，是比妻子於徒役，文句凡鄙，不合經典，必非宣尼正説。」二者之論不同。愚謂賤百姓，輕徒役，乃後世庸暴之君耳。古人未嘗不以民爲貴，以徒役爲重事。妻子臣妾雖下於我，而其理有不可忽者存。如待百姓徒役，得其心則順，失其心則違，玆顧可不謹耶？

諸經皆有緯，尚矣。先儒謂讖緯起漢哀、平間，然曹褒、何休、鄭康成、樊英之徒好之甚篤。康成之解經，褒之定禮，皆引以爲據。今日至有不識其名者，況復傳誦。且如《易》之緯有六種：曰《稽覽圖》、曰《乾鑿度》、曰《坤靈圖》、曰《通卦驗》、曰《是類謀》、曰《辨終備》。《隋志》所載乃有八卷，鄭氏注。今傳於世者，《稽覽圖》二卷，《是類謀》一卷，《辨終備》一卷，《坤靈圖》一卷，《通卦驗》二卷。又有《乾元序制記》一卷，却無《乾鑿度》，當俟識者。諸書引孔子之語，亦多見於緯文。

文有以一字自爲經緯者，如《詩序》「所美非美然」，《論語》「其然豈其然乎」，句法最嚴潔。亦有一字自經緯於數句之間者，「誨女知之乎！知之爲知之，不知爲不知，是知也」，又云：「施於有政，是亦爲政，奚其爲爲政」，又「政者，正也。子帥以正，孰敢不正」，「獨樂樂，與人樂樂，孰樂」是也。「道可道，非常道」，「上德不德，是以有德」，「子治天下，天下既已治也」【一】，語亦近是。有以兩字自爲經緯者，「祭如在，祭神如神在」，此語複而成章。若「天一地二，天三地四，天五地六，天七地八，天九地十」，則旁無一語之助，而經緯井然。又有以句之「上下」兩字聯屬者，「訟，上剛下險，險而健訟。訟有孚窒惕中吉」。又云：「兼三才而兩之【二】，故曰六【三】。六者非他也，三才之道也。道有變動，故曰爻。爻有等，故曰物。物相雜，故曰文。文不當，故吉凶生焉。」又《老子》：「道生一，一生二，二生三，三生萬物，萬物負陰而抱陽。」又曰：「知常容，容乃公，公乃王，王乃天，天乃道，道乃久。」《莊子》：「正則靜，靜則明，明則虛，虛則無爲而無不爲也。」有以兩字錯綜而成之者，如「天保，下報上也。君能下下以成其政，臣能歸美以報其上焉」。只用「君臣」二字爲經，以「上下」二字爲緯，似對不對，以盡其義。大抵作文之法，變化無窮，

【一】天下既已治也　「也」，《四庫》作「矣」。

【二】而兩之　「兩」，原作「用」，據《四庫》改。

【三】故曰六　「曰」，《四庫》無。

布在方策，讀而不玩其辭，則其義不能盡見，摭此數者，餘可以例通矣。

作文語法，渾渾正正，怪怪奇奇，前輩評之詳矣。洪文敏公聚經子諸史句，目曰「法語」、「精語」者，採擷尤密。却未有考論文句之或長或短，標之爲後作準程者。因摭諸書之語，叙其大略於後。凡句之短者，二字三字爲奇；其長，有引而至於十五六字至二十字者，亦爲奇。讀之不覺其長，而損其一字則不成句，不可讀，此古人至妙之法。如「南宫縚之妻之姑之喪」之類，恐洪氏諸語未必盡收。且如二字三字之嚴者，曰「敷賁」、「肇禋」、「才難」是也；曰「天行健」、「朋盍簪」、「弔由靈」、「胥鼓南」、「乘乘黄」是也。其稍寬者，曰「弗弔」、「何居」、「無違」是也；曰「揚之水」、「怨有同」、「利艱貞」、「美反正」、「從夏南」、「莫春者」、「身中清」是也。潘子真《詩話》論《檀弓》云：「『進使者而問故』，夫子之所以問使者，使者之所以答夫子，一『進』字足矣，約不失一辭。」可謂至確。愚觀約而理到固難，若豐而不餘者尤難。如《詩大序》云：「詠歌之不足，不知手之舞之，足之蹈之也。」亦一字不可損。《檀弓》云：「所舉於晉國管庫之士，七十有餘家。」《中庸》云：「得一善則拳拳服膺，而弗失之矣。」《詩·晉無衣序》云：「其大夫爲之請命乎天子之使，而作是詩也。」《家語》云：「徒謂以子之所能，而加之以學問，豈可及乎？」《老子》云：「江海所以能爲百谷王者，以其善下之。」此數語者雖長，而猶有句讀可析，未見其爲奇也。有一句而長不可去一字者，如《孝經》云：「非至德，其孰能順民如此其大者乎？」《内則》云：「必求其寬裕、慈惠、温良、恭敬、慎而寡言者，使爲子師。」《穀梁傳・昭公四年》云：「有若楚公子圍弒其兄之子，而代之爲君者乎？」《説苑》稱：「子曰：魯國之以衆相凌，以兵相暴之日久也。」又《易・繫辭》云：「其出入以度，外内使知懼。」此雖十字，而立言森密，望之使人敬畏，可謂法語。《易》有兩句皆長而奇甚者，曰：「夫易彰往而察來，而微顯闡幽。開而當名，辨物正言，斷辭則備矣。」《論語》未嘗以奇稱，而語奇尤甚。如曰「豈若匹夫匹婦之爲諒也，自經於溝瀆而莫之知也」，又曰「且而與其從辟人之士也，豈若從辟世之士哉」，此亦兩句俱長之法。在《史記》多有之，《吕不韋傳》云：「則子無幾得與長子及諸子旦暮在前者爭爲太子矣。」《豫讓傳》云：「然所以爲此者，將以愧天下後世之爲人臣懷二心以事其君也。」《魯仲連傳》云：「吾始以君爲天下之賢公子也，吾乃今然後知君非天下之賢公子也。」韓文公深達此意，其文雅尚奇崛，至《上宰相第三書》頗用長句，如曰「天下之所謂禮樂刑政教化之具皆已修理」，又曰「豈復有所計議能補於周公之化者哉」，又曰「設使其時輔理承化之功未盡章章如是」，又曰「山林者，士之所獨善自養而不憂天下者之所能安也」，又曰「惴惴然惟恐不得出大賢之門下是懼」。此篇布置宏闊，如長江大河，非此句法則不相稱，韓之所以爲奇也。又有兩長句而語合者，如前所謂「辟人之士」、「辟世之士」、「爲賢公子」、「非賢公子」，僅一二不同，此其句法尤不易得。《孟子》乃有數句皆長而語復合者，「我豈若處畎畝之中，由是以樂堯、舜之道哉」，繼之曰：「與我處畎畝之中，由是以樂堯、舜之道，吾豈若使是君爲堯、舜之君哉？吾豈若使是民爲堯、舜之民哉？吾豈若於吾身親見之哉？天之生此民也，使先知覺後知，使先覺覺後覺也。予天民之先覺者也，予將以斯道覺斯民也，非予覺之而誰也？」雖然，以《論語》較之，則又有大不侔者，如云：「夫子之求之也，其諸異乎人之求之與？」譬猶一串白玉數珠，顆顆圓淨，連連而不雜，語法之清空精到，無以復加矣【四】。

女媧氏，古之女主也。傳言女媧補天，蓋補天道之闕，猶仲山甫補袞職之闕爾。傳云：「鍊五色石以補天，斷鼇足以立四極。」舉世然之。仲山甫之補袞，果補袞衣哉？陰之佐陽，柔之承剛，女之助男，此正補天立極之義也。原註：女媧，古天子，風姓，出《列子注》。

史家罕載簡牘之語。《趙壹傳》有《皇甫規與壹書》，其略曰：「蹉跌不面，企德懷風，虛心委質，爲日久矣。側聞仁者愍其區區，冀承清誨，以釋遥悚。」又云：「儻可原察，追修前好，則何福如之。謹遣主簿奉書。下筆氣結，汗流竟趾。」壹報曰：「君學成師範，縉紳歸慕，仰高希驥，歷年滋多。旋轅兼道，渴於言侍，沐浴晨興，昧旦守門，實望仁兄，昭其懸遲。以貴下賤，握髮垂接。」又云：「仁君忽一匹夫，於德何損？而遠辱手筆，追路相尋，誠足愧也。」其往復辭語，稍近於今，亦可見東漢時簡牘體製也。

史書非出一手，故其間多異同，亦有一事而重見者。如武后問狄仁傑薦宰相語，《仁傑傳》所載已詳，《張柬之傳》中復有之。《漢書》則不然，每云「語見某傳」，似不重複矣。

【四】無以復加矣　五字原脱，據《四庫》補。

至於酈食其見漢高祖輟洗事，既載之《高祖紀》，又載之《食其傳》，果何謂也？

揚子雲後於太史公者也，《史記・相如傳》乃引揚雄語，此後人續之，非遷筆明矣。

韓昌黎作《毛穎傳》，謂「結繩之代以及秦事，無不纂録」，蓋謂秦始皇時也。又曰：「及至浮圖、老子、外國之説，皆所詳悉。」浮圖之書，秦時未至中國，不知何所考而云。

跓蹕之地目爲天府，蓋尊君也。嘗考《周禮・春官》有天府之職，云「天者，尊所藏若天物」。然《莊子・齊物篇》「孰知不言之辯，不道之道？若有能知，此謂之天府」，《荀子・大略篇》「好士不倦，是天府也」，《史記・蘇秦傳》乃以燕爲天府，姑摭數處，惟《周禮》之説爲尊且美耳。

劒曰南劒，雄曰南雄，河曰西河，蓋郡有同名，以方別之。温爲永嘉郡，俚俗因西有嘉州，或稱永嘉爲東嘉。然《圖志》曰永嘉，《譜》曰永寧，遍攷前輩題識處【五】，未嘗用「東」字，爲傳記無有也。近時綸誥中或用「東嘉」二字，殆未詳考云。

尚書左右司謂之都司，都司官不重戴者有罰，所以嚴其人也。都曹乃刑部都官，古之司隸校尉，今稱都司爲都曹，非也。《攷證》案：《通典》「刑部都官郎中一人」，下云：「漢司隸校尉屬官有都官從事，掌中都官不法事。」是郎官乃司隸校尉之屬官，非即司隸也。疑原本或脱「屬官」二字。

檢正諸房文字，乃中書門下省，非尚書省，謂檢正爲都司之長，誤矣。《攷證》案，《宋史・職官志》：中書省檢正官，五房各一，掌糾正省務。至門下省不聞有檢正也。惟建炎中詔減尚書省左右司郎官二員，置中書門下檢正諸房公事二

【五】遍攷　原作「編及」，據《四庫》改。

員。次年復舊。是中書門下檢正官第一時之制，不可援以爲例。此似未核。詞翰引用處，當審其是。

本朝奏事時，雖宦者亦須遠避，而杜詩云「朱衣只在殿中間」，不知所指朱衣爲何官。今考朱衣者，乃臺省引班之小吏耳。《攷證》案：杜詩「朱衣」當指侍臣之賜緋者，此以宋制朱衣吏言之，所説殊誤。不知朱衣導引之吏，無出得至殿上也。「朱衣引馬黄金帶」，蓋詠宰相之貴也。今宰相出乘馬時，一人朱衣，而前趨者爲朱衣，一人紫衣而騎導者爲引馬，皆直省官也。唐宰相早朝，列炬甚盛，今馬前惟秉燭一枝，所謂「煌煌火城」安在哉！

亞飯、三飯、四飯，皆飯而作樂，王燕，飯食皆令奏鐘鼓。孔氏曰三飯，謂朝、夕、日中，此大夫之禮也。

今省部曰帖，皆公移也，惟帖俗以子稱。《攷證》案，沈括《夢溪筆談》：「唐中書指揮事謂之『堂帖子』，曾見唐人堂帖，宰相簽押，格如今之『堂帖子』也。」據此，則「帖子」之名自唐已然，此未詳攷。《文昌雜録》：「上司尋常追呼下司吏屬，只以片紙書所呼叫，因依差走吏勾集。」

姓氏之學，散漫久矣，世鮮習者。往往自幼至老，竟莫知其身從何來。且以陳姓言之，《左傳》稱爲神明之後，蓋自舜也。古者天子建德，因生以賜姓，胙之土而命之氏。如舜生姚墟，以姚爲姓，封於虞，即號有虞氏，其子孫更不得賜姓，即以虞爲氏。舜之後封於陳，則是陳與虞同姓而異氏，可以類推。《史記》稱「自黄帝至舜、禹，皆同姓而異其國號者」是也。許氏云：「族者，氏之别名也；姓者，所以統繫百世使不别也；氏者，所以

【六】世本之篇「之」，原作「支」，據《四庫》改。

別子孫之所自出也。故《世本》之篇【六】，言姓則在上，言氏則在下。」此論最爲明白。然觀《史記》之語，則有未喻者。其叙老子曰：「姓李氏」，注謂：「李氏女所生，因母姓。」則姓氏亦有出於母者何也？禹之母吞薏苡而生禹，因姓姒；契之母吞乙子而生契，因姓子，則又詭異之甚者。要是衆仲及許慎之語、柳芳之論爲可信，餘不必惑。大觀中，永嘉仰孝子忻，有富族求婚忻，忻辭之，著《同姓圖》曰：「姬周鄭江，與仰同姓，百世不通婚姻。」正緣後世論氏而不及姓，故忻特行之，其知本之君子歟？原註：朱文公解《周易參同契》，乃稱鄒訢，多不曉其義。蓋以鄒本春秋邾子之國，氤氳訢合，訢即熹也。司馬温公在洛，一日著深衣，散步洛水堤上，過邵康節天津之居，謁曰「程秀才」。既見，乃温公也。康節問其故，公笑曰：「司馬出程伯休父，故曰程也。」二公學問，無所不通，蓋詩所謂善戲云。

古者，名與字皆可相呼於朋友間。如曾子怒子夏曰：「商，汝何無罪」是也。後世惟相呼以字，而不相名矣，乃有以字自稱於人而不名者。昨見《觀風堂帖》所刊林和靖二詩，皆直書「君復奉呈某人秀才」。君復，乃和靖字也，而書之與名不異。因攷顔籀、高儉、房喬、封倫，皆隋末唐初人，其時惟稱師古、士廉、玄齡、德彝，而未嘗有名之者，此蓋以字行於時。故師古注《漢書》，直稱顔師古；玄齡注《管子》，亦直稱房玄齡也。但《舊唐書》既明言房喬，字玄齡，而《新唐書》乃謂房玄齡，字喬，又謂顔師古字籀，不知歐文忠公遂以字易其名，何謂也？後之覽者，何以辨其名與字之是非耶。劉子玄名知幾，以玄字諱嫌，故以字行；徐有功本名宏敏，避孝敬皇帝諱【七】，故以字行，無可疑者。《高儉傳》稱儉字士廉，《閻遜傳》稱遜字立德，《崔元翰傳》稱元翰名鵬，其傳中乃悉以士廉、立德、元翰爲稱，是竟以字作傳而不名，何也？封德彝既以字顯，而傳獨書名，又何謂也？若郭子儀字子儀，張嘉貞字嘉貞，李嗣業字嗣業，白元光字元光，侯仲莊字仲莊，其字與名混而爲一，甚簡便矣。

俗稱爺、爹，父也；孃、媽，母也。父母爲正名，猶言天地也。爺、爹、孃、媽，尊之愛之之聲，猶天之云高、高明，明不可得而名也。凡所尊所愛，而又敬之德之如父如母者，故亦以此稱之。姆者，女師也；娘者，少女之稱，非母也。爹本屠可切，亦陟斜切；又，爸，蒲可切；奢，之邪切，皆父之稱。郎罷者，爸之訛也。爺，古只作耶字。姐，亦母稱女之長者也。哥，本聲也，無其義，今人以配姐字，爲兄姊之稱云。

伯父、叔父，同姓尊長之稱，爲父之兄弟也。曰伯、曰叔者，長幼之序，非實指其人也。惟婦人稱其夫之兄弟，則曰伯、叔，蓋不可隨夫而兄之弟之矣，而又無他名，遂因長幼之序以爲之稱焉。伯舅、叔舅，異姓尊長之稱，爲母之兄弟也，妻之父曰外舅、妻之母曰外姑，此見於《爾雅》。蓋婦稱夫之父母曰舅、姑，則以此稱妻之父母爲甚正。俗呼丈人、丈母，意亦近之。然稱他人妻之父曰丈人，則未穩，惟曰「令外舅」可也。若云「令岳」，鄙謬甚矣。趙邠卿注《孟子》云：「禮謂妻父曰外舅。堯以女妻舜【八】，故謂舜甥。」此甥謂壻也。

【七】孝敬皇帝諱　「敬」，原脱，據《四庫》補。

【八】以女妻舜　「舜」，原脱，據《四庫》補。

《左傳》：楚文王過鄧，鄧祁侯曰：「吾甥也。」此甥謂姊妹之子也。謂我舅者，吾謂之甥，二者似可通，稱若加「外」字，則直爲姊妹之子矣。《史記》作「外生」，《晉史》亦作「外生」，惟《三國志》作「外甥」，其義一也。

姪，徒結切。《禮》：「大夫不名世臣姪娣。」姪是妻之兄女，娣是妻之妹。又《左傳》：「姪其從姑。」謂我姪者，我謂之姑是也。今謂兄弟之子爲姪，蓋取《字林音義》作丈乙切呼之。古史傳所未詳，自唐至本朝諸書稍見之。如狄仁傑諫武后云：「姑姪與母子孰親？」猶指武姓人爲姪也。此字惟可施之書問，以便人情，或有所著作，不若稱兄之子、弟之子、從子、族子之爲得也。

兄弟之子，猶子也。正如孔子謂「回視予猶父，予不得視猶子」之義，乃視之如子也。今人便以猶子爲稱，殆不可曉。凡文字中曰能、曰猶、曰果然，皆獸名，假借以爲義。猶即猶豫是也，豈可單用。《左傳》稱「内嬖如夫人者六人」，亦如二君之義，言待寵妾之過禮也。今有上僭之妾，便目爲如夫人，或呼爲側室，殊不知卿置側室乃衆子也，卿得以立此一官也。《禮》稱「妻將生子，居側室」，此又爲妻生子時所居之室，豈妾之稱哉！大抵世俗稱謂多失其義，惟以令尊呼父，以内稱妻尚可通。若謂閤正爲令政、令嗣爲令似、令女爲令愛，及僕、妾稱盛寵、盛綱之類，傳習已深，不覺其謬，亦不可得而革矣。惟立言之士，宜審其辭旨之雅馴者用之可也。

俗稱叔父之妻作式荏切，稱母兄弟之妻作巨禁切，其字則從審、從今，而加女於左，實無文義，而舉世用之，莫明其所從來。按，張太史《明道雜志》云：「嬸者，世母之聲；妗者，舅母之聲，蓋二合也。」如張所説，乃用梵音，二合則如《廣韻》「二十」爲「廿」，如捻切，俗作「念」之類耳。亦罔所稽據，今姑存之。《集韻》於嬸、妗字下注，但云俗呼叔母爲嬸，舅母爲妗而已。當俟博知者辯之。

丈人，蓋父行也，稱人之父曰丈者，所以父其父也。以某丈相呼者，尊之也。《史記·荆軻傳》云：「家丈人召高漸離擊筑。」《索隱》曰：「劉氏云：『謂主人翁。』」韋昭云：「古者名男子爲丈人，尊婦嫗爲丈人。」又《漢書·宣元六王傳》所云丈人，謂淮陽憲王外王母，即張博母也。古詩云「三日斷五匹，丈人故嫌遲」是也。《攷證》案：《玉臺新詠》載焦仲卿妻詩作「大人故嫌遲」，郭茂倩《樂府詩集》、左克明《古樂府》並同，此作「丈人」，未詳何據，或宋本如是也。據此所説，其尊特甚。自唐以來所稱猶可考，且以杜少陵詩觀之，或高官，或文人，或貴盛有地望者，皆以「丈」稱，如射洪李四丈、鄭十八著作丈、薛十二丈，《南史》李鄠縣丈人之類非一。其最敬仰者韋左丞丈人，又曰河南韋尹丈人，皆韋濟也。濟，嗣立子，嘗爲太原尹，文雅有政事，著《先德詩》四章，世服其典雅。三世居左轄，故少陵詩云「甚愧丈人厚，甚知丈人真」，則其人可知矣。李十丈，判官李曛也，曰「我丈時英特」。魏六丈，少府魏佑也，曰「鄭公四葉孫」。李大夫七十丈，李勉也，曰「王孫丈人行」。盧五丈，參謀盧琚也。又

《贈李十五丈秘書文嶷》云：「孤陋忝末親，等級敢比肩。」《沈八丈膳部東美》云「通家惟沈氏」，又云「禮同諸父長」。此云者，則以親戚或通家之舊，亦行輩之長者。惟《蘇州李二十五丈長史》云「星拆台衡地」，又曰「一毛生鳳穴」，乃貴家子弟耳，少陵亦以「丈」稱之，有所敬也。柳子厚《寄許京兆孟容書》稱「五丈座前」；韓昌黎作《扶風郡夫人盧氏墓誌》云「吾父友惟韓丈人」；宋朝富鄭公素以丈事范文正，一日取簿擇監司，范公以筆勾倒某人，富公呼范公曰「十二丈則是一筆」，此又見之書牘、見之銘墓、見之口談，皆可證也。又按，王岐公撰《光禄卿王師言罕墓誌銘》云「罕乃岐公之叔父，行也第六，既以年德尊，又其子弟多與公卿游，故自今丞相臨川公而下，皆稱爲六丈」，此最分曉。

趙盾比夏日，衰比冬日，此以人況日也。後有以月況人者，春月如美女，夏月如循吏，秋月如翰林，冬月如御史。

周人以諱事神，名終將諱之。蓋《禮》既卒哭而後諱，不敢斥言其名，故曰諱。則是未祔之前，猶以生事之，不曰諱也。生曰名，死曰諱，古今通義，典籍昭然。今世俗問人之名者，類曰諱某，而不曰名某，是其人未死而先加之以諱。儒冠縉紳亦且互相傳習，略不悟其爲謬者。況諱之爲言，避也，又忌也，隱也，不曰名某，而謂之避某忌某，又取何義？下俚之人遂有台諱之語，猶言台忌，尤爲可笑也。國之廟諱著於令甲，臣子所當謹避，凡作文者須易以他字，不必科場爲然。《禮》所謂「詩書不諱」者，謂教學之事恐失其本義；

「臨文不諱」者，謂臨禮文之事，行禮之時必有所妨者，非謂執筆作文也。《史記》及《前漢書》諸帝本記不書名諱，《後漢》而下皆異代人所述，始有諱秀、諱操之文，莊、嚴、徹、通，避之惟謹，此猶史之文也。如唐之以「治」爲「理」，不特《陸宣公奏議》爲多，而韓文公諸人應有所作亦曰「理亂」，蓋高宗諱也。國朝祖宗廟諱皆不難避，其習熟於文字間者不過數字。如聖祖名玄也。及嫌名第一字，垂也。仁廟嫌名第二字、正也。第六字，證也。英廟嫌名第八字、丕也。第十四字，孺也。神廟嫌名第一字、明也。第二字，勉也。欽廟嫌名第四字、全也。第五字，圓也。及舊諱三兩字耳。辭章之士往往易犯而不自知，却有書「治亂」爲「理亂」者，乃爲唐諱，何也？洪文敏公作《夷堅支志》，以「丙」爲「景」，此雖唐所諱，而洪公曾祖少保名炳，故借此字用之，非無謂而然也。

卷下

邵康節先生平生不爲訓解之學，嘗曰：「經意自明，苦人不知耳。屋下蓋屋，牀下安牀，滋惑矣。所謂陳言生活者也。有詩曰：『陳言生活不須矜，自是中才皆可了。』」沖晦處士徐復，平居以《太玄》授學者。人或勸復著書，復曰：「古聖諸書已具，顧學者不能求，吾復何爲以邀名後世哉。」晚取其所爲文章盡焚之。今其家有書十餘篇，皆出於門下故舊之家。或問陸文安公：「何不註釋諸經以垂世？」公曰：「六經乃註我者也，二三君子之言遠矣。」

君子小人之目，始於大禹誓師之辭，曰「君子在野，小人在位」，蓋謂廢仁哲、任姦佞也。自後諸篇，罕以君子小人對言。凡稱君子者，皆貴而有位之人，如曰「我西土君子」、「越庶伯君子」、「凡我有宫君子」是也。稱小人者，皆微而在下之人，如曰「無或敢伏小人之攸箴」【一】、「小人難保」「爰暨小人」、「不聞小人之勞」、「小人怨汝、詈汝」是也。《旅獒》云「狎侮君子，狎侮小人」，下文既謂「小人罔以盡其力」，則所謂君子亦有位之士也。《無逸》云「君子所其無逸，則知小人之依」，下文既云「相小人，厥父母勤勞稼穡」，則所謂君子亦貴盛之稱也。惟《秦誓》云「截截善諞言，俾君子易辭」，乃爲忠佞之分耳。其次

校勘記

【一】攸箴　「攸」，原作「依」，據《四庫》改。

則《周易》稱君子小人，又皆以卦體、爻位、吉凶而言者也。《論語》一書，首尾二章專論君子，其中凡言君子者雖各有不同，大抵二十篇之語，無非教人爲君子之道。「君子」二字，至此大明，「小人」情狀亦可見矣。如云「喻於義」、「喻於利」、「坦蕩蕩」、「長戚戚」、「上達」、「下達」、「固窮」、「窮斯濫」、「求諸己」、「求諸人」、「成人之美」、「成人之惡」，固若黑白之異。然視其所以，則碔砆似玉，或者迷焉。如云「小知」、「大受」、「有勇」、「無義」，皆不甚相遠。而況曰「周」與「比」，曰「和」與「同」，曰「泰」與「驕」，皆毫釐之差，千里斯謬，不特辨君子小人者之爲難。而學爲君子者，與小人同門而異户，亦未易别也。又況孔子於君子小人皆謂之儒，則「儒」之一字，君子小人實共之，豈不深可懼哉！惟孔子有一語點破此事最分曉：「君子而不仁者有矣夫，未有小人而仁者也。」但儒者於「仁」之一字，自是認識不確，既不知己之爲不仁，又何以知小人之爲不仁？世之治少亂多，其病根在此故也。傳稱彼爲善之小人，又有小人之中庸，若夫苟賤貪酷，無禮無義，此盜賊之靡不足爲小人，而世俗乃以此類與君子爲反對，大不然矣。

萬字自古用之，《書》之「惟億萬心」，《詩》之「千斯倉，萬斯箱」，《左氏傳》之「萬盈數」，《漢書》之「賀錢萬」，是真指爲十千之萬矣，未知始於誰也。按，《韻書》：萬，舞名、州名、蟲名、又姓也，非万也。佛胸之卍與此萬同。原註：《中興頌》書万旗、万年各不同。

句法有正有奇，有呼有應。呼應者，一唱一和，律吕相宣以成文也，在經史傳記之中，固有易見者。若簡嚴而奇，則爲難知。有三字居上而兩字下應者：「子絶四：毋意，毋必，毋固，毋我」，「樂驕樂，樂佚遊，樂宴樂，損矣」是也。有四字居上而三字下應者：「知者樂水，仁者樂山」，「知者動，仁者静。知者樂，仁者壽」，「先王以是經夫婦，成孝敬，厚人倫，美教化，移風俗」是也。有四字居上而兩字下應者：「天灾流行，國家代有。救灾恤鄰，道也。」有疊三字句而四字五字應者：「振振鷺，鷺于下。鼓咽咽，醉言舞。于胥樂兮」，「吾何執？執御乎？執射乎？吾執御矣」，「至虚極，守静篤，萬物並作，吾以觀其復。」有以三字自相呼應者：《曲禮》曰：「毋不敬，儼若思，安定辭，安民哉。」而又承之以四字四句，曰「敖不可長，欲不可縱，志不可滿，樂不可極」。有以兩字二句自相呼應者：「臣哉鄰哉，鄰哉臣哉。」有純用「也」字呼應者：「樂其可知也：始作，翕如也；縱之，純如也，皦如也，繹如也」，然後用「以成」二字以足其義。有數句純用「之」字呼應而不假他助者：「知及之，仁不能守之，雖得之，必失之。」又有甚簡而奇者，以是語呼，即以是語應，如「剥，剥也，剛變柔也」【二】，「風，風也，教也」。又如「觚不觚，觚哉！觚哉！」《荀子》云：「信信，信也，疑疑，亦信也。」《孟子》云：「卻之卻之爲不恭，何哉？」《郊特牲》云：「壻親御授綏，親之也。親之也者，親之也。」又云：「夫也者，夫也；夫也者，以知帥人者也。」《曲禮》云：「在朝言禮，問禮對以禮。」《左氏傳》云：「桓公之子七人，爲七大夫於楚。」其語稍長者，如「切切偲偲，怡怡如也，可謂士矣。朋友切切偲偲，兄弟怡

【二】剛變柔也 《周易·剥·象》作「柔變剛」。

怡。」又云：「君君，臣臣，父父，子子。公曰：善哉！信如君不君，臣不臣，父不父，子不子，雖有粟，吾得而食諸？」所協而用者不過三兩字，而昭晰塤篪，有不可得而名狀者，不亦奇乎？然又有奇於此者，如《易》云：九四，突如其來如，焚如，死如，棄如」，疊五「如」字。《老子》云：「道生之，德畜之，長之育之，成之熟之，養之覆之」，雖棄之之至，而未必終棄也，雖生之之至，而惟恐不生也，疊八「之」字，無窮之用，只在於用一助語中耳。諸書中惟《老子》、《荀子》作此奇語。如《老子》云：「故物或行或隨，或吻或吹【三】，或强或羸，或載或隳，是以聖人去甚，去泰，去奢。」《荀子》云：「其冠進，其衣逢，其容良，儼然，莊然，祺然，蕼然，恢恢然，廣廣然，昭昭然，蕩蕩然：是父兄之容也。其冠進，其衣逢，其容慤，儉然，侈然，輔然，端然，紫然，洞然，綴綴然，瞀瞀然：是子弟之容也。」《荀子》此類不一，雖有倡有應，而措辭近瑣，與孔子之言相去遠甚，不特理有醇疵，而辭氣亦然也。葉文定公制科進卷《君德篇》有云：「其於事天地，尊宗廟也，真見其肅恭誠一而不敢懈。而神祇祖考之來格也【四】，非貌爲之敬而意其不吾享也，而況於簡慢廢缺而不畏也。」此段用「真見其」三字凡十，其下句必兩用「也」字爲之應。昔無此體，惟《荀子》云：「孰知夫士出死要節之所以養生也，孰知夫出費用之所以養財也，孰知夫恭敬辭遜之所以養安也，孰知夫禮義文理之所以養情也。故人苟生之爲見，若者必死；苟利之爲見，若者必害；苟怠惰偷懦之爲安，若者必危；苟情悅之爲樂，若者必滅。故人一之於禮義，則兩

【三】或吻或吹　《老子》二十九章作「或歔或吹」，「歔」，一作「呴」。

【四】神祇祖考之來格也　「來」，原脱，據《四庫》、《歷代名臣奏議》卷五十四補。

得之矣；一之於情性，則兩失之矣。」「孰知夫」之語，即「真見其」類耳。荀僅用四，亟以六句應之，蓋未易用也。又《莊子》云：「與之配天乎？彼且乘人而無天，方且本身而異形，方且尊知而火馳，方且爲緒使，方且爲物絯，方且四顧而物應，方且應衆宜，方且與物化而未始有恒。夫何足以配天乎？雖然有族，有祖，可以爲衆父，而不可以爲衆父父。治，亂之率也，北面之禍也，南面之賊也。」此八用「且」字，而上下呼應則用兩「乎」字，語法尤緊。又用「雖然」二字，作轉摺以和之，亦此意也。原註：《荀子》「孰知夫」一段，又見《史記·禮書》。

字有不同而可通用者，《洪範》「曰雨曰霽」，《史記》霽作濟。曰暘曰燠，暘作陽，燠作奥。《荀子》「葷菜百疏」，疏與蔬同，用之皆雅。又有古通用而今不可通者，如舅犯、咎犯，今舅不可爲咎。女紅、女功【五】，今紅不可爲功。又有字不同而可互音者，如《禮記》何居音姬，《列子》何姬却音居，其意則一也。敬非恭，恭非祇，祇非欽，其義本殊，曰誠曰信曰忱曰孚亦然。《中庸》一篇「誠」字最切，皆不以忱信爲義。如此之類，古者未嘗互用也。後因程文帖體承襲互用，遂混無別，多失其指。然亦有可互用者，如種曰稼，斂曰穡，本自不同，《詩》《書》中「種」謂之「力穡」，「斂」謂之「納稼」，今但見其未嘗不通，而不知其用之自有意。又如聲與音，言與語，理與道，米與粟，水與泉【六】，過與失，疾與病，罪與戾等語，其義雖通，而用者自當審也。

【五】女紅女功　原作「小紅小功」，據《四庫》改。

【六】水與泉　三字原脱，據《四庫》補。

用事之誤，雖杜少陵不能免，而蘇文忠公頗多，前輩評之詳矣。止是不切之詩文，亦何所害，若告君之辭，豈容不謹！秦會之丞相請先至江上，諭諸帥招討，其劄子云：「德無常師，主善爲師；善無常主，協於克一。此伊尹相湯，《咸有一德》之言也。」又其末云：「臣言如不可行，即乞罷免，以明孔聖『陳力就列，不能者止』之義」，誤以告太甲爲相湯，孔子引周任之言，直指爲孔聖，此乃中書舍人張嵲代作，當時朝士作詩譏之，事見周益公《詩話》。然昔人更有可訝者。唐太宗問孔穎達曰：「孔子稱以能問於不能，以多問於寡，有若無，實若虛，何謂也？」對曰：「此聖人教人謙耳」云云。帝稱善，除國子司業。太宗以曾子爲孔子，容或有誤。穎達八歲就學，誦記日千餘言，闇記三《禮》義宗，及長，明《左氏春秋傳》、鄭氏《尚書》、《詩》、《禮記》、王氏《易》，能屬文，兼善算曆，一時老師宿儒出其下，質疑問辯，人畏服之。乃不省《論語》所載曾子之言，直以聖人教人爲對，何也？若告以曾子爲聖人，亦恐未允。蘇文忠公謂武王非聖人也，其《上皇帝書》有云：「未信而諫，聖人不與」，此《論語》所載子夏之言耳。公乃謂之聖人，何也？子夏可稱聖，而武王非歟。其《再上皇帝書》云：「孔子曰：『君子之過，如日月之食焉。過也，人皆見之；更也，人皆仰之。』聖賢舉動，明白正直，不當如是耶？」《論語》所載乃子貢之言，今直指爲孔子。書之再上，非孔穎達倉猝對之比，以東坡彊記之才，又嘗解註《論語》，是爲熟讀之書，何告君之際引用多誤如此？石建奏事下驚馬字不足，恐獲譴。建父子雖無文學，要不失爲謹重，後之有文學者宜加謹重可也。

作文者好摘兩字語，但取飾其説而已，遞相承襲，背其本義而不暇問也。且如「賀正旦」用「履端」二字，意謂歲首也，而不思乃是閏月事。《攷證》案：杜預《左氏傳》注曰：「步曆之始，以爲術之端首。」孔穎達疏曰：「曆之上元必以日月全數爲始，於前更無餘分，以此日爲術之端首，故言履端於始也。」《史記・曆書》注引韋昭曰：「謂正曆必先稱端始也。若十一月朔旦冬至也，皆指冬至而言。此云是閏月事，恐緣經文『閏三月』之文而誤會耳。」履者步之義，步曆之始以爲術之端，蓋推曆法，非王正謹始之事也。又如貨利，自一孔以上根括無遺，謂一穴之可取者無不取也，而不思所語一孔二孔三孔四孔者，乃人主之權分與不分耳。予之在君，奪之在君，貧之在君，富之在君，此所謂利出於一孔，故曰「其國無敵」，非特財利之利，凡慶賞刑威皆是也。四孔者，猶言政出多門，故曰「其國必亡」。《唐書・柳沖傳》解之尤詳。又如賀生子滿月，用「彌月」字亦近矣，而不思「彌月不遲」乃是滿十月而生，却非已生之後滿一月也。又如賀生辰用「慶誕」字，意謂慶生也，而不思《詩》《書》中凡云「誕」者，乃也、大也、闊也、欺也，《生民》詩上文明言「載生載育」，故於下文云「誕彌厥月」，「誕寘之隘巷」，誕皆訓大，非訓生育也。近世名公乃多用之。歐陽文忠公所草賜文彦博生日禮物詔云「適臨載誕之辰」，又賜宰臣以滿散乾元節道場香口宣云「式因誕節，祇率寀寮」，是直謂生辰爲誕節矣。曰載大、曰大節，不知何義，恐公必有所本。其賜陳執中生日禮物詔云「爰逢慶育之辰」，此語却雅而實也。又如公退之暇，類曰「退食」，意謂退而飲食也，而不思退者「減退」之義，節儉自公，不以食爲重，不以禄爲急，故也。范氏註文又謂「退而食於私家」，則是去官而家食者也，與今人所用之義絶不同。杜少陵詩云「退食從容出每遲」，自杜詩下此兩字，後人遂襲用之，未審杜少陵果用《羔羊》詩中語否也。又如「景行」二字，明皇《孝經序》云「景行先哲」，殊不思景者明也，「景行行止」，謂有明行則行之，非企慕之義。真文忠公初字景元，樓宣獻公謂明元無義，遂改爲希元。然洪文敏公博洽君子，亦字景盧而不自覺，何也？俞清老名軒曰「景陶」，黄山谷答書云：「景陶軒名差誤，遂相承謬耳。亦如謂郡守爲一麾也，輒爲公題爲今是軒。」山谷之語可謂明白，如郡守用一麾字，意謂「旌麾」之「麾」也，而不思顔延年詩「一麾乃出守」，是「麾去」之「麾」，非「旌麾」也。周益公《詩話》云：「後人誤用一麾出守，以爲起於杜牧之，然牧之自云『擬把一麾江海去』，實用『旌麾』之『麾』，未必本之顔詩，後人因此二字自誤用顔詩耳。」愚考顔延年爲永嘉太守，作《五君詠》，其一詠阮咸云「屢薦不入官，一麾乃出守」，蓋咸因議荀勗所造樂不合，遂左遷出守，言爲勗所麾而出也。延年出守永嘉，亦非其意，故借咸以自況。若啟劄中施此二字於他人，恐未爲穩。

善狀事物者，讀之如親見。韓昌黎作《薛公達墓志》：「君執弓，腰二矢，指一矢以興，揖其帥曰【七】：『請以爲君歡。』遂適射所，一座起隨之，三發連三中，的壞不可復射，

【七】其帥曰　「帥」，原作「師」，據《四庫》改。

中輒一軍大呼以笑，連三大呼笑。」前輩固評之矣。然又有甚善於此者：「仲尼居，曾子侍」，「曾子避席復坐」，「吾語汝」，此一段分明是畫出一時氣象，豈後世文筆所能形容者。

文之隱顯起伏皆由語助，雖西方之書猶或用之。蓋非假此以成聲，則不能盡意，其精微杳眇，惟在所用之確，而不問乎少多也。《毛詩》有一篇全用「兮」字者，如《猗嗟》是也。有全用「矣」字者，如《桑中》是也。亦有全用「也」字者，如《牆有茨》、《君子偕老》是也。然「也」字用多最難。韓文公《祭潮州大湖神文》一篇，全用「也」字，亦不過有韻脚而綴「也」字，若《毛詩》然。至歐陽文忠公作《醉翁亭記》，乃散文爾，首尾數百言，悉用「也」字，前此所未有。因見《論語》云：「吾見其居於位也，見其與先生並行也。非求益者也，欲速成者也。」又云：「回也，視予猶父也，予不得視猶子也。非我也，夫二三子也。」又云：「井有仁焉。其從之也？子曰：『何爲其然也？君子可逝也，不可陷也；可欺也，不可罔也。』」此已有逐句用「也」字之體矣。至荀、孟最盛，如云：「『我非愛其財而易之以羊也。宜乎百姓之謂我愛也。』曰：『無傷也，是乃仁術也，見牛未見羊也。君子之於禽獸也，見其生，不忍見其死；聞其聲，不忍食其肉。是以君子遠庖厨也。』王説，曰：『《詩》云：他人有心，予忖度之。夫子之謂也。』」《荀子·榮辱篇》全用「也」字，餘篇亦多，不若孔、孟之粹爾。

世以散語爲古文，四六爲今文，所以《唐書》不載詔令，以其多四六對偶不古也。宋景文公《摘粹》云【八】：「予修唐史，未嘗得一詔一令可録於傳，唯拾對偶之文近高古者，乃可著於篇。」愚謂宋公之説固是，但唐人制作自不古耳。若謂四六非古文則不可，文辭之起莫先於《尚書》，簡册號令【九】，論議之宗也。自《堯典》至《咸有一德》，率用四六語。如《堯典》「平章百姓」，對以「協和萬邦」，此四字語也。「曆象日月星辰，敬授人時」，「湯湯洪水方割，蕩蕩懷山襄陵，浩浩滔天，下民其咨」，此四六語也。《舜典》「納於大麓，烈風雷雨弗迷」，「三載考績，三考黜陟幽明」，此四六語也。「敷奏以言，明試以功」，「剛而無虐，簡而無傲」，此四字對也。「流共工於幽州，放驩兜於崇山」，此六字對也。《大禹謨》以後如云「罔違道以干百姓之譽，罔咈百姓以從己之欲」，「德惟善政，政在養民。水火金木土穀惟修，正德利用厚生惟和」，「人心惟危，道心惟微」，「無稽之言勿聽，弗詢之謀勿庸。可愛非君，可畏非民」，「肆予以爾衆士，奉辭罰罪，爾尚一乃心力，其克有勳」，「日宣三德，夙夜浚明有家，日嚴祗敬六德，亮采有邦」，「兢兢業業，一日二日萬幾。無曠庶官，天工人其代之」，「皋陶方祇厥叙，方施象刑，惟明」，「於予擊石拊石，百獸率舞」，「聖有謨訓，明徵定保。先王克謹天戒，臣人克有常憲」，「威克厥愛允濟，愛克厥威允罔功」，「天乃錫王勇智，表正萬邦」，「惟皇上帝，降衷于下民。若有恒性，克綏厥猷惟后」，「慄慄危懼，若將隕於深淵」，似此之類，皆用四六而成章者也。至如「立愛惟親，立敬惟長」，「奉先思孝，接下思恭，視遠惟明，聽德惟聰」，「無輕民事惟難，無安厥位惟危」，

【八】摘粹　原作「摘碎」，據《宋史·藝文志一》改。

【九】簡册號令　「簡」，原作「柬」，據《四庫》改。

「有言逆於汝心，必求諸道；有言遜於汝志，必求諸非道」，「克綏先王之禄，永底蒸民之生」【一〇】，「七世之廟，可以觀德；萬夫之長，可以觀政」，則又諧協通暢，漸有今體古之四六語，至是稍坦平矣。《盤庚》一變而爲詰屈聱牙，幾不可讀。此今之所謂古文者也。韓昌黎以此作唐人之氣，柳仲塗以此傳本朝之脈，文藝家遂指四六爲應用之學，愈習愈下，蠹蝕腐爛，非惟不可復古，而又併近世之體失之。掌辭命之官，若能以《典》、《謨》爲法，豈病四六之不古哉！

傳記中語自有確對，如《尹賞傳》「虎穴」可對「龍門」，《元結傳》「哀邱」可對「京觀」，峽州郭景純「爾雅臺」可對「文選閣」。陶淵明「策扶老以流憩」，「扶老」，策杖名也。李長源嘗取松樛枝以隱背，名曰「養和」，「養和」對「扶老」亦佳。

《容齋三筆》所聚四六名對，皆可人意，然止取比事警策而已。愚謂前輩四六，如勾龍田《成都提刑謝表》云：「愛民如愛身，恪謹髮膚之毁；議法若議曆，靡容毫黍之差」，辭旨深切，使人凜然。

父、輔、婦、道、抱，數字皆上聲也，而以去聲讀之，其杭浙之音歟？不字、只字、打字，世所常用。「不」，本音否，又平聲方鳩切。「只」，本音紙。「打」，本音頂，又都冷切。今所用者皆非本音矣。「打」字不經見，其義訓擊，「隔花催喚打魚人」，捕魚謂之「打」，義或近之。「安樂窩中好打乖」，打乖於擊之義絶無相沾，而皆謂之「打」，何也？「只」字

【一〇】永底蒸民之生　「底」，原作「厎」，據《四庫》改。

見《毛詩》，他無所出。《攷證》案：「只」字，《毛詩》之外，又見《楚辭·大招》，此云「他無所出」，非也。惟「不」字最多，諸經史盡作入聲讀。若用本音，當作平聲、上聲可也。及觀《孟子》有「否，不然」之語，注云：「否，不也。」於「否」字下更用「不然」字，則知「不」之與「否」，自昔非同音明矣。

作詞於《滿庭芳》換頭處第二字當押韻，如秦少游云「銷魂當此際」，周美成云「年年如社燕」。魂、年，韻也。《沁園春》亦然。

台，台星也，言台座、台光是已。鈞，鈞衡，鈞陶也，言鈞造、鈞範是已。乃因台墀、台照，而亦以鈞爲墀、爲照，便失其義。鈞翰、鈞眷，理尤不通，公私熟習既久，勢難痛革，當求稍近理者用之。

如上啟、啟上，古者通上下用之，而無申覆稟之語。蓋「申」與「覆」二字乃重審之義，而「稟」者受所命也，皆非「啟」「白」之謂也。今人有所啟白，乃例用申、覆、稟三字，失其本義矣。

今省部曰劄，皆移也。惟劄俗以子稱，而於劄則直書曰劄子。子字不古，乃吏文耳。今友朋交書亦間用劄子，又寖失之。

近年簡牘好用端拜、肅拜。端，冠也，端拜而議，乃冠其首而後拜，此非端人也之「端」。《周禮》鄭注「肅拜」云：「但俯下手」，今時「撎」是也。介者不拜，故曰「爲事故，敢肅使者」，此非恭作肅之「肅」。

俗言三平二滿，蓋三遇平，二遇滿，皆平穩得過之日。五角六張者，五遇角，六遇張，其日不穩多乖，故云乖、角，乖張也。

俗語皆有來處，《語本》、《常談》二書詳矣。「折閲」二字，蓋出《荀子》，閲者賣也。「知慧」、「布施」四字，非特佛書有之，《荀子》云「智慧甚明」，又云「布施天下而不病貧」，《莊子》亦云「生不布施，死何含珠」，爲逸詩詞也。江浙間居室不利，避寓他所，謂之「出爻」，妻妾不諧謂之「不相宜利【一二】」。《史記·呂不韋傳》云太后「詐卜當避，徙宮居雍」，此因卜而徙，即「出爻」也。《唐書》云顏思魯「與妻不相宜」，既不諧也。俗謂擊頭曰「虓」，《呂氏春秋》云「以楫虓其頭」。又謂去頭巾曰「科」，《史記》「科頭」。觀此則知雖猥細之語，未有無所本者。近士大夫好稱游兵爲「哨騎」，哨之爲義，《傳》所不載，有施於代言者，殊爲不雅。「平分」、「風月」，《傳》無所出，前輩名公啟牘未嘗用之，蓋曲句也。呂成公謂晉、宋間語及詩中語不典重者，不可入制誥。惟杜少陵詩「特進羣公表」，可用之特進制中。

有不假藥石，專以湯火治疾者。如建劍間村巫，使病人熏蒸沐浴而病自去。有以筋力治病者，唐之按摩博士是也。今市井間有爲人消息者，其按摩之餘術歟。

古者兵刃不以鐵而以銅，甲以革，矢以砮，或骨。農器却用鐵，而耕不以牛，「長沮、

【一二】不相宜利　「利」字疑衍。

桀溺耦而耕」是也。李巡註《爾雅》金矢云：「以金爲箭鏑。」庾公之斯，「抽矢扣輪去其金」，銀、銅皆謂之金。自漢以後，兵非鐵不利，耕非牛不力，人物之性與古異矣。鄭氏注《考工記》「矢人爲矢」，乃有「鐵莖」之説，其後世之鏃與？

士大夫多好棊，然名位稍高者，人每遜之不敢盡藝以敵，由是益自高。有一事堪比，唐莊宗喜優戲，善角抵，嘗詔王門開曰：「朕與作對，供養太后。」又先約之曰：「卿不可多讓。」門開退謝者數四，又謂之曰：「卿如一拳致朕倒者，與卿節度。」及出手，果一拳下而仆。尋除幽州節度。

花有瓶，非古也，蓋自釋道獻花始。今人遂取古鼎彝尊罍之範，强名而用之。

冬間花瓶多凍破，以爐灰置瓶底下則不凍，或用硫黄置瓶内亦得。

《邵氏聞見録》有叵羅，不知何物。《攷證》案：叵羅，酒器也，見《北史·祖珽傳》。又李白詩、岑參詩。此似未考。葉文定公《端午》詩云「立瓶叵羅銀價踴」，是直以沙羅爲叵羅。沙羅者，今之盥、古之洗也。當俟博古者。

齋名自號近忽尚之。朱文公最多，晚年自筮得遯，遂焚諫藁，更號遯齋而終焉。東萊乃吕成公之祖，非公自謂，而通國指成公爲東萊，非也。瑞安葉文定公，族本龍泉，凡公所題號皆曰龍泉葉某。後居永嘉水心寺側。水心，寺名也。趙蹈中序公遺文，直目爲《水心集》，當爲公辨之。

有馬者借人乘之，孟之反策其馬，皆謂車也。古者乘車不跨馬，「服牛乘馬」，引重致遠是也。跨馬乃北俗，後人便之，遂備韉鐙之用，朝士大夫皆跨馬矣。

思陵在維揚，雨中見扈從臣僚奔走泥淖甚苦，至杭州，令悉用肩輿。汪浮溪撰謝表云：「臣勞於下，宜無俟駕之行；君恤其私，至許肩輿之便。」又云：「懷塞翁折臂之憂，從漢相小車之佚。」朝士之得用轎自此始。唐武后時，王求禮爲監察御史，上書云：「自軒帝以來，服牛乘馬，今輦以人負，則人代畜。」張安道之父年九十餘，一生不乘轎擔，云：「豈可以人代畜！」司馬温公不喜肩輿，山中亦乘馬，路狹，策杖以行。王荆公辭相位，居鍾山，惟乘驢。或勸其令人肩輿，公正色曰：「自古王公雖不道，未嘗敢以人代畜！」今無貴賤盡肩輿矣。而武臣、軍帥亦用之，何也？

國朝之令，非婦女小兒不許衣純紅黄。唐制庶人服黄，繫銅鐵帶。非庶人不服黄，與本朝之制不同。岳陽有吕洞賓像，烏帽、革帶、麻履而服黄袍。或云御賜服，非也，其庶人之服乎。

「帊幞」之「幞」，音服，當如此寫，故《玉篇》與帊字相連。今通上下皆作複字，乃福音。如學士院，自祖宗時賜外蕃及羣臣進物，皆云「夾複全」。既云重複【一二】，不應又用「夾」字。

幞頭式範，與淳熙以前微有不同。秘閣奉藏藝祖御容，幞頭展脚倍今之長，其制所未

【一二】既云重複　「云」，原脱，據《四庫》補。

詳也。

笏以象，直者名正笏，詘者名側笏。所賜不同，亦有定制。

腰帶下垂，義取於順。唐制謂之「鉈尾」，字從金從它。《小説》云：黄幡綽以伶官無魚袋，插獺尾於腰，謂明皇曰：「賜緋毛魚袋。」或者不知鉈尾所出，遂指爲獺尾，非也。《攷證》案：《唐書·車服志》：「腰帶者，搢垂頭於下，名曰鉈尾，取順下之義。」又考王建詩「新衫一樣殿頭黄，銀帶排方撻尾長」。《中華古今注·文武品階腰帶》：蓋古革帶，六品以下用銀爲銙【一三】，向下插，垂頭而取順，合呼撻尾。《麈史》：「腰帶，唐高祖令，下插垂頭。」今謂之撻尾，是鉈尾本有稱撻尾者，後人呼爲獺尾，或緣撻音之誤，未必緣黄幡綽語也。

魚袋，古之魚契也，今虚設矣。其制：革囊而以木楦其中【一四】，銙束釘鈸凡二十四件，飾以魚十七。有終身佩之而莫之知者。

《詩》多識鳥獸草木之名，名或訛則實必亂，正其名可也。且如桂，《爾雅》名梫木，斫却月中桂，以月中之影似之。木犀乃巖桂。詩人便引木犀作月中桂，誤矣。趙紫芝詩：「巖前未有桂花開」，却下得好。芙蓉，蓮花也，又名芙蕖，其花菡萏。拒霜乃木芙蓉，因其映水而艶，直稱爲芙蓉，誤矣。沈元周詞云「湖上秋來蓮蕩空。年華都付與【一五】木芙蓉」，此最分曉。盧橘、枇杷，其名既異，實非一物。桄榔子可以爲麪，而麪不可稱桄榔。蘭有國香，澤蘭也，又云即零陵香也。《楚辭》所稱者，囊之可佩，湯之可浴，其氣正，可以

【一三】六品以下　「下」，《中華古今注》作「上」。

【一四】以木楦其中　「楦」，原脱，據《四庫》補。

【一五】年華都付與　「與」原脱，據《全宋詞》卷三十二、《永樂大典》卷二千二百六十五補。

祓不祥，故比君子。今之蘭花與牡丹花，唐以前皆未得見。愚觀《嘉祐本草》，凡草木諸品，多有莫辨其名，莫名所用者，至大觀重修，悉删去之，斯不惑矣。蕙至今莫辨。

花似葉而實，鳳巢其上者，梧桐也。

紫荷橐乃負荷之荷，非蓮荷也。或以「紅藥」對「紫荷」，誤矣。

鞠華作菊花，離支作荔枝。荔，草名，非木也。然字既雅潔，用之有自來。若以人葠爲人參，賜坊作櫃坊，則全失本字。又如十幹十二枝，術家以干支二字代之【一六】，從筆之便，甚可笑也，鷙蟄化爲京直矣。太一，數也，乃用甲乙之乙。至以務音戊，以貴音癸，久久成熟，不覺其訛。應與印，二音本殊，占者類寫「世應」爲「世印」，既失其字，又混其音。前輩詠子魚，一曰通印，言其巨也；一曰通應，謂所産之地也，詩家至今不能辨。

「草泥行郭索，雲木叫鈎輈」，乃用《本草》語。《攷證》案：郭索，見《揚子》；鈎輈，見李羣玉詩。此云《本草》，殊誤。《本草》中如黃精曰黃獨，山蕷曰玉延，蓮曰藕實，荷曰水芝，芋曰土芝，蟹曰擁劒之類，入詩文用之皆雅。馬蹄香似細辛，其名亦佳。《山海經》云：蛇谷「上多少辛」。少辛即細辛也，《本草》不載【一七】。

周益公啟：「濯濯祥麟，爲聖人而出也；鏘鏘鳴鳳，覽德輝而下之」，語甚新雅。

果有實於幹者，南海之波羅蜜也。迸出自幹，狀如大瓠，膚若佛髻而肉厚白，漬以蜜始可食。腹中子類芋栗，此果中之豪也。

【一六】干支二字代之　「干」，原作「千」，據《四庫》改。

【一七】本草不載　「本」，原作「木」，據《四庫》改。

嶺南七十二子，范石湖《桂海虞衡志》嘗取之，皆猿狙之所甘，强名曰果，如古買、鼠毛、粘、韶【一八】、火炭、斤斗，乃諸子中稍可名者。《攷證》案：《桂海虞衡志・果》云【一九】：「世傳南果以子名者百二十，半是山野間草木實，猿狙之所甘，人强名以果，故余不能盡識。録其可食者五十七種。」【二〇】今云七十二子，與原書之數不符。且志中止載有粘、韶、火炭，而古買、鼠毛、斤斗諸名無之，古買疑即古米之誤，韶子即志所云山韶子、藤韶子之類，餘皆未詳。疑叔方所據本或與今不同也。　然鄙澁已甚，惟餘甘子一種，其味比諫果則婉，比橄欖則清，此果中之君子也。

韓昌黎答柳州詩，以食蝦蟇爲怪。今海族怪者莫若鮀魚，其實非魚也。張華《博物志》云：「東海有魚，狀如凝血，其名曰鮀。」佛書曰：「鮀目蝦，蓋其形如笠覆纓絡，而繫以四襻，無目，得鰕則行，故曰鰕鮀。紅白明瑩，色如牒子，故曰海牒。海人膾之如絲，固之以礬，其色尤瑩，故曰水母線。沃之湯，則卷縮如活。若昌黎公見之，深歎驚矣。」

韓昌黎初南食詩云：「鱟實如惠文，骨眼相負行」，「章舉馬甲柱，鬬以怪自呈」。馬甲柱即江瑶也；章舉，今呼爲石拒，以其有力能附石拒人。取而脯之，火炙之則動，或謂之九尾魚。

鱟，雌常先雄，其子如積珠，毁殼而産。殼甚銛利，南人捲之爲杓，戛釜無餘瀝。吏之能席卷者，故戲指爲「鱟杓官人」云。

鰂魚，《本草》從魚從則。世俗見其能吐黑沫，且則、賊之音通，遂呼爲烏賊。

【一八】鼠毛粘韶　原作「鼠粘毛韶」，據《攷證》改。

【一九】桂海虞衡志果云　「衡」，原作「術」，據《攷證》改。

【二〇】五十七種　原作「五十五」，據《桂海虞衡志》改。

◎俞德鄰撰

佩韋齋輯聞

湯勤福 整理

點校説明

《佩韋齋輯聞》四卷，俞德鄰撰。德鄰（一二三二—一二九三）字宗大，自號太玉山人，原籍永嘉平陽（今屬浙江），父卓爲廬江令，僑居京口（今江蘇鎮江）。度宗咸淳九年（一二七三）浙江轉運司解試第一，未幾宋亡。入元，累受辟薦，皆不應。因性剛狷，名其齋爲佩韋。元世祖至元三十年卒，年六十二。遺著由其子庸輯爲《佩韋齋文集》十六卷，于元仁宗皇慶元年（一三一二）刊行，《佩韋齋輯聞》四卷，係文集卷十七至二十。《至順鎮江志》卷一九有傳。

《佩韋齋輯聞》多考論經史，間及於當代故實及典籍文藝，大抵皆詳核可據。如卷三記載永嘉林君奇識理宗於潛邸，楊簡之評價史彌遠「視其君如弈棊」，賈似道當政禁天下婦人戴珠翠爲飾事等等，都未見其他史書記載。卷四專論四書，頗出新意，然往往傷於穿鑿。如稱「九合諸侯」，謂自莊公十五年再會于鄄，齊桓始霸起，至葵邱之會共爲「九會」，故曰「九合」。其北杏及鄄之始會，齊桓霸業未成，皆不與焉，是猶可成一説。而謂「子聞韶，三月不知肉味」爲憂陳氏强而齊將亂；又引《衛風》及《莊子》爲證，稱匏瓠不食爲繫以濟涉等，則爲穿鑿矣。作爲宋末元初史料，該書亦有其一定價值。

此書有《四庫全書》本、《學海類編》本、《叢書集成》本、《讀書齋叢書》本。這次整理以《讀書齋叢書》本爲底本，校以文淵閣《四庫全書》本、《學海類編》本、《叢書集成》本及《四庫全書》本《佩韋齋集》等。

自序

余童丱讀書，粗能强記一二，至聞先生長者緒言餘論，雖曠日累月，猶在負劒珥時也。今老矣，神志衰耗，前後遺忘，間者追念舊聞，十忘八九，因竊自慨。炎暑重赫，友朋絶不往來。藜牀北牖，唫囈呻吟，兒輩濡筆録之，得數千言，雖埤汙庸俗，可厭可鄙。然疑疑信信，實區蓋之談，殆與玉巵亡當者異也。先儒有筆記，有漫録，有燕語，爲書不一，皆義出六經，事兼百氏，究帝王之則，啟聖賢之藴。余之繆學雜舉，臚傳風聽，何能信於是。不過從兒輩呫囁而已。雖然，詎不勝於飽食終日，無所用心，而從事於博弈者乎。序而藏之，因命曰《佩韋齋輯聞》，嗣有所得，又將續書。太玉山人俞德鄰宗大父。

卷一

堯、舜之臣，禹、稷、契、皋陶、益，皆有大功德于民者也。禹受禪爲夏，載祀四百。契之後生湯，革夏爲殷，載祀六百。后稷之後生武王，革殷爲周，載祀八百。天之報侈矣。皋陶與益，疑皆若是可也。然益之後生始皇，混一四海，不過二世。皋陶之後雖英、六、蓼，春秋之世，楚成大心滅六，公子歸心滅蓼。至漢九江英布，先黥而王，後叛而夷，視益又不逮焉，何哉？豈益焚山澤，不免戕物之命，淑問如皋陶，雖曰惟明克允，而刑實傷人之具。不然，造物者何嗇於此二臣之後也。嗚呼！爲皋陶尚爾，而況不爲皋陶者乎。

漢自元帝至平帝，禍亂皆起于宦官外戚。然召之者實宣帝也。弘恭、石顯，以明法進，宣帝用之，則宦官之禍始于宣帝矣。許史衰，有王氏，王氏衰，于丁傅，丁傅衰，莽繼之，則外戚之禍始于宣帝矣。東萊吕公謂宣帝雖中興之君，實基禍之主，有以夫。

曹操以鬼蜮之智，挾天子，弑伏后，勦皇子，戮貴人，害孔融，殺崔琰，誅荀彧，禮樂征伐出其手者十九年。傳至丕，卒移漢鼎，操疑得志于地下矣。然自操肇謀，迄于國亡，五六十載閒【一】，實與司馬氏相終始。方懿辭操辟，操之志猶未暴也，而其心已不下于操。未幾，把握魏政，殺楚王彪，置諸王公于鄴，至再世受遺，父子祖孫相繼秉國，師廢齊王，昭

校勘記

【一】六十　原作「十六」，據《四庫》、《學海》改。

弑高貴鄉公，不三四年易魏爲晉。視操之脅制漢室，殆有甚焉。恢恢天網，如此，世之懷姦孕逆竊、窺人宗社者，安知無典午氏之踵其後邪。

司馬懿爲魏上將，征伐四克，遂陰蓄不臣之志。及師、昭廢二主，弑一君，卒移魏祚。既然未再世，稱兵相屠，惠帝昏愚，食餅中毒，懷、愍身爲降虜。行酒執蓋，萬世有餘恥。既而中原板蕩，宗廟焚没，雖元帝再造，而石馬犧牛之讖，晉已非復典午氏矣。自武至愍僅四帝，都洛陽僅五十二年，中間亂離屈辱，前古所罕見。亂臣賊子亦何所利而爲之乎。

王莽女爲漢平帝后，莽篡漢，强欲嫁之，后不從。楊堅女爲周宣帝后，堅有異志，后憤惋形于辭色，及堅受禪，欲奪后志，后亦不許。天理民彝，雖婦人女子有不能自泯者，而其父乃甘心焉。賢不肖之相去，何大相遠哉。

古婦人書疏往來之儀，史不詳見。曹操卞夫人與楊太尉夫人袁氏書云：「卞頓首。」及楊夫人答書乃云：「彪袁氏頓首頓首。」豈以卑答尊，遂冠夫之名于某氏之上耶？

漢桓帝朝，陳蕃薦徐穉等五處士，皆屢徵不起。帝欲圖姜肱之形，肱臥闇室，卒不使畫工見之。他時竇憲薦楊喬，徵之及朝，帝愛其才貌，欲使尚主。喬固辭，至不食而卒。是亦可以廉頑立懦矣。

李密、王世充皆受學于徐文遠。及密起兵，使文遠坐南面，備弟子禮拜之。及文遠見世充，乃輒先拜。或云：君倨密而下王公，何也？答曰：密君子，能受酈生之揖。世充小人，無容故人義。相時而動可也。乃知李密之待故人，能謙下如是。君子之稱非溢美也。

《戰國策》：秦王欲見頓弱，頓弱曰：臣之義不參拜，王能使臣無拜，則可矣。不則不見也。乃知參拜之禮於古爲重。

蔡文姬云：臣父書割隸字八分取二分，割李篆二分取八分，故名八分。張懷瓘云：本楷字，漸若八字分散，故名八分。杜詩：蒼頡鳥跡既茫昧，字體變化如浮雲。陳倉石鼓又已訛【二】，大小二篆生八分。蓋八分必由大小二篆而出，正如文姬之言。若但類楷字而散分非古也【三】。

梁元帝時，有荆州放生亭碑，載《藝文類聚》。則放生非始於唐也。

醯，《釋名》：苦酒，即醋也。《魏名臣奏》曰：今官販苦酒，與百姓爭錐刀之利。則官司鬻醋，見于魏初。

士大夫飭身修行，固不求後世之知。然行同乎古人而名不聞於後世，亦尚論者之所深惜也。齊大饑，黔敖爲食于路，以待餓者而食之。有餓者蒙袂輯屨，貿貿然來，黔敖左奉食，右執飲，曰：嗟來食，揚其目而視之，曰：予唯不食嗟來之食，以至於斯也。從而謝焉。終不食而死。充其介、夷齊之流也。而氏名無傳焉。可慨也已。爰旌目事，亦與蒙袂輯屨者同，乃託《列子》以顯，其亦有幸不幸耶。

【二】又已訛　「又」，原作「名」，據《四庫》、《學海》改。

【三】散分　《四庫》作「分散」。

漢高祖經營之初，招亡納叛，既定天下，則崇節義以礪風俗，蓋知以馬上得之，不可以馬上治之也。赦季布，斬丁公，所以教天下之爲人臣者。然鄭君嘗事項籍，籍死屬漢，高祖悉令籍諸臣名籍，鄭君獨不奉詔。此正節義之士。高祖乃盡拜名籍者爲大夫，而逐鄭君，何其戾也。史稱高祖豁達大度，吾於此不無遺憾矣。《唐世系》載鄭君名榮，大司農當時蓋其後云。

楊寶當哀、平之世，隱居教授。及王莽居攝，與兩龔、蔣詡俱被徵，遂遯逃不知所之。光武高其節，建武中遣公車徵詣闕，老病不至，卒於家【四】。其後震生秉，秉生賜，賜生彪，四世太尉，德業相繼，爲東都顯族。胡廣六世祖剛，清高有志節，王莽居攝，剛亦解衣冠懸府門而去，亡命交趾，隱于屠肆之間。後廣仕漢，位公台者三十餘年，歷事六帝，是皆潛隱不耀，所以覃後昆之慶如此。蘇子曰：國之將興，必有世德之臣，厚施而不食其報，故其子孫能與守文太平之主共饗天下之福。蓋造物報施之理，誠然不誣也【五】。

《老學庵筆記》載：虞少崔言傳子駿云：《洪範》「無偏無黨，王道蕩蕩。無黨無偏，王道平平。無反無側，王道正直。會其有極，歸其有極」八句，蓋古帝王相傳以爲大訓，至曰皇極之敷言，乃箕子云。

秦始皇併吞六國，執敲朴以鞭笞天下，威震四海，欲帝萬世，其志大矣。然即位之年甲寅，漢高帝生焉，越十五年己巳，項籍又生焉。始皇南巡會稽，高帝時年二十有七，項籍

【四】卒於家　「於」，原作「其」，據《學海》改。

【五】誠然不誣也　「然」，《學海》無。

纔十二三耳，已有取而代之之意。造化倚伏，默寓于冥冥之間。嘻！可畏哉。

司馬公著《資治通鑑》，垂萬世法，獨以魏接漢統，疑蜀中主非中山靖王之後【六】。至諸葛亮伐魏，皆以入寇書，此不可曉。周小宗伯掌三族之别，以辨親疎。秦置宗正，漢因之以叙九族。平帝更名宗伯，五年又於郡國置宗師，以糾皇室親族世代。後漢置宗正卿，掌序録王國嫡庶之次，與宗室親屬近遠。安有漢室尚存，而玄德敢冒中山靖王之後者！孔明一代偉人，且生于漢世，安有不知玄德而輕于以身許之者？況操、丕之姦雄，使玄德而冒靖王之胤，其訐之亦久矣，顧豈待後人議之邪？晉史自帝魏，後賢盍更張【七】。世無魯連子，千載徒悲傷。文公此詩，其意微矣。

蜀譙周問杜瓊曰：《春秋讖》謂代漢者當塗高，而周徵君羣以爲魏者何也？瓊答曰：魏，闕名也。當塗而高，聖人取類焉爾。周因曰：古者名官職不言曹，自漢以來，吏言屬曹，卒言侍曹，此殆天意也。其後譙周緣瓊言，遂曰《春秋傳》著晉穆侯名太子曰仇，弟曰成師。師服曰：異哉！君之名子也。嘉耦曰妃，怨耦曰仇。今君名太子曰仇，弟曰成師，始兆亂矣。其後果如服言。及漢靈帝名二子曰史侯、董侯，既立爲帝，皆廢爲諸侯，與師服言相似也。先主諱備，其訓具也。嗣主名禪，其訓授也。如言劉已具矣，當授與人也。後景耀五年，宮中大樹無故自折，周深憂之，無所與言，乃書柱，衆而大，期之會，具而授，若復何言。釋曰：曹者，衆也。魏者，大也。衆而大，天下其當會也。言蜀之將歸

【六】蜀中主非中山靖王之後　「蜀中」，《四庫》、《學海》作「蜀先」。

【七】盍更張　「盍」，原作「合」，據《朱熹集》卷四改。

于魏也。蜀果亡【八】，悉如周言。予以辭考之，周不過因杜瓊之辭而推廣之，殊無意義。然而卒驗者，豈瓊亦有默授之者邪？雖然，以新造之蜀，先主已崩，武侯薨，禪以闇弱之資，而又惑于閹豎，使無此讖，其能與魏爭乎？

《三輔黄圖》載秦、漢宫室苑囿甚備，顔師古《漢書》新註多取焉，然不載作者名氏。《唐·藝文志》有《三輔黄圖》一卷，列地理類之首，亦不著何人作也，其間多用應劭《漢書集解》。劭，後漢建安時人，至魏人如淳注《漢書》復引此圖以爲據，故苗昌言以爲漢、魏閒人所作。今考此書，其載治所云：漢光武之後，扶風出治槐里，馮翊出治高陵。于神明臺云：魏文帝徙銅盤，盤折，聲聞數十里。書載光武、魏文帝，真漢、魏閒人作也。

先儒謂五代之君，周世宗爲上，唐明宗次之，至謂作史，欲起自梁之丁卯，訖于周之己未，止書甲子，不具建年，其意亦微矣。

真廟時，有百姓爭財，以狀投匭，輒比上德爲桀、紂。比奏御，上令宫人録所訴事付有司施行，而匿其狀，曰：百姓意在爭財，其實無他，若併其狀付有司，非惟所訴之事不得而直【九】，必先案其指斥乘輿之罪。愚民無知，亦可憐也。《書》曰：小人怨汝詈汝，則皇自敬德。真廟有焉。

仁宗一日問饔人折米幾分，對曰：折六分。訝其太過，旨折五分。次日供進，偶暴下，歎曰：「習使然也，」旨如舊。一日，太官進膳，飯有砂石，上含之，密示嬪御曰：「慎

【八】蜀果亡　「亡」原脱，據《四庫》、《學海》補。

【九】所訴之事不得而直　「之事」，原作「事之」，據《四庫》改。

勿語人。」又一日，思荔枝，有司奏供已盡。近侍曰：「市有鬻者。」上曰：「不可。來歲恐增上供之數。」又一夕，思燒羊頭，近侍乞宣取。上曰：「不可。今次宣取，後必泛殺以備，暴殄無窮矣。」其儉德如此。

嘉祐中，韓縡以司門郎中出知潁州【一〇】，時京西大饑，韓賑濟有方，郡人賴以全活，因揭榜鄰境，諭以救卹之意，使來就食。鄰境之民襁負而至者不可勝數，倉廩既竭，又乏寬閒之居以處之，因感疾疫死者相枕籍。韓亦以疾亡。其秋，郡一士人夢召至陰府，治韓司門賑濟獄，士人乞假治後事。及覺，得疾，旬日而卒。賑濟本仁者用心，務廣其聲而實不至，尚罹陰責。乃若老羸轉乎溝壑，壯者散而之四方，而君之倉廩實、府庫充，有司莫以告者，詎獨見赦于冥冥之閒邪？

昌陵初即位，誓不殺大臣、不殺功臣、不殺諫臣，折三矢藏之太廟，俾子孫世守之。徽宗北狩，懼祖訓之失墜也，以黄中單親書之，遣内侍勛閒道歸國，付之思陵，子孫罔敢踰越。周家忠厚，未必過之。

東坡一字仲和，《洗玉池銘》末云：「仲和甫銘之，維以識德。」仲和甫，僕也。僕，蘇軾子瞻也。

朱文公解《周易參同契》，而曰鄒訢，釋多不知其義。聞之先輩，謂鄒本春秋邾子之國，朱其後也，《樂記》讀訢爲熹，謂之鄒訢，實文公姓名也。司馬公在洛，一日衣深衣散

【一〇】韓縡以司門郎中出知潁州　「縡」，《四庫》作「忠」。

步過康節天津之居，語謁者曰：程秀才。康節出肅，則公也。怪而問其故，公笑曰：司馬氏非出程伯休父乎？文公或亦本諸此。

元豐五年，廷試進士有曁陶者，臚唱久不應，上顧左右，蘇丞相云：「恐當呼訖。吳有曁豔，造營府之論，恐其後也。」上命以訖音呼之，果出應。問其里，曰崇安人。上顧蘇曰：「亦吴人也。」

蘇丞相頌嘗曰：宋所以太平百三十餘年而内外無患者，宗室戚里不預政，后妃王姬無私謁，公族世禄之家無驕陵而守禮法。至神廟招駙馬，不許升行，此尤足以風勵天下矣。

《韓非子》載師曠鼓琴事，雖幾于誕，然或者有之。余里人郭楚望以善琴名淳、景閒。一日郡守資政趙公招飲凕浥閣，月夜鼓一再行，有物似魚非魚，跳躍于池中者數四。守怪之，莫測也。他日，復鼓前操，復跳躍如故。明日，涸池水索之，得無射律琯。蓋沈埋歲久，適鼓亦無射調，聲應氣求，故如此。然亦奇矣。

上官有忌用正五九月者，凡數説。或謂宋以火德王，寅午戌火，在人臣當避之。若然，則近代之戎，殊非古制。然以木德王者，不聞避亥卯未；以金德王者，不聞避巳酉丑。何也？或謂臣爲商，商屬金，寅午戌屬火，火能尅金，故避之。然則歲日時支干之屬火者，亦當避邪？何忌乎寅午戌月而已也。或謂正月爲少陽用事【一一】，萬物發生；五

【一一】或謂正月爲少陽用事　「謂」，原作「爲」，據《四庫》、《學海》改。

月爲太陽用事，萬物長養；九月爲太陰用事，萬物肅殺。當萬物推移之時，以此月舉事多忌，尤不可曉。惟竇苹《唐書音訓》、《高祖紀》註曰【一二】：正五九三月，不行死刑。且引釋氏《智度論》，謂天帝釋以大寶鏡照四大神洲，每月一移，察人善惡。正五九月照南瞻部洲，故此三月者省刑脩善。今之州郡，此三月不支羊肉錢，先儒遂以正五九月不上官政，沿襲唐家故事。案漢張敞爲山陽太守，奏曰：臣以地節三年九月視事，又《漢朔方太守碑》曰：延熹四年九月己酉，詔書遷衙，令五年正月到官。則兩漢以前未嘗忌此三月，疑若真始于唐者。及讀《齊書》高洋謀篡魏，其臣宋景業言宜以仲夏受禪。或曰：五月不可入官，犯之終于其位。景業曰：王爲天子，無復下期，豈得不終其位？則此忌自魏已有之，又非始于唐也。然唐《獨孤及集》有《舒州到任表》云：九月到州訖。則唐人亦有不忌九月者，又何邪？今之歷書多本于唐一行禪師，于此三月亦多禮上吉日，是知未嘗顓忌也。

鄒陽賦曰：清者爲酒，濁者爲醴。清者聖明，濁者愚騃。故魏人庾語亦曰清者聖，濁者賢。而徐邈又有頗復中聖人之説，然皇甫嵩作《醉鄉日月》曰：凡酒以色清味重而飴者爲聖，色濁如金而味醇且苦者爲賢，色黑而酸醨者爲愚，又以家醪糯觴醉人者爲君子，以家醪黍觴醉人者爲中庸，以巷醪麴觴醉人者爲小人。則酒之品目，又不止于聖賢矣。

杜子美詩曰：「人生幾何春又夏，不放香醪如蜜甜。」退之亦曰：「一尊春酒甘若飴，

【一二】竇苹唐書音訓　「苹」，《四庫》作「革」；「書」，《四庫》、《學海》作「詩」。

丈人此樂無人知。」後世遂以唐人好飲甜酒。然考退之詩，又自有「酒味冷洌」之語，而樂天曰：「甘露太甜非正味，醴泉雖潔不芳馨。」又曰：「户大嫌甜酒，才高笑小詩。」又曰：「揭甕開時香酷烈，封缾貯後味甘辛。」則甘辛苦烈乃酒味之至佳者，唐賢與今人之好大抵相類。所謂至於口，天下期于易牙者，蜜餳之喻，不過取其醇醲而已。

《典論》漢孝靈末年【一三】，百司湎酒，一斗直千文。楊松玠《談藪》記北齊盧道語，長安酒錢【一四】，斗價三百。《唐・食貨志》：德宗建中三年，禁民酤以佐軍費，置肆釀酒，斛收直三千。斛直三千，是史識酒價之貴也。白樂天《與劉夢得閒飲詩》曰：「共把十千沽一斗，相看七十欠三年。」李白詩：「金罍清酒價十千。」王維詩：「新豐美酒斗十千。」崔國輔詩：「與沽一斗酒，恰用十千錢。」許渾詩：「十千沽酒留君醉。」權德輿詩：「十千斗酒不知貴。」陸龜蒙詩：「若得奉君讙，十千沽一斗。」抑何酒價之不廉如此。先儒或謂此乃詩人寓言，不過取曹子建樂府中語。予以諸賢詩考之，似皆摭當時之實，非寓言比。然杜少陵詩：「街頭酒價常苦貴，坊外酒徒稀醉眠。速宜相就飲一斗，恰有三百青銅錢。」三百一斗，少陵猶以爲貴，而諸賢皆以一斗十千爲詠，又何貴賤懸絶如此。

蔡邕爲漢名臣而無後，雖有女傳業，而賢者傷之。後讀漢史，謂獻帝遷都長安，董卓賓客欲尊卓比太公，稱尚父。邕以爲宜，須關東平定然後議之。至《邕集》中乃有薦董卓表，謂卓功參周、霍，而止于三事，無異于衆，宜以爲相國，位在太傅上，劍履上殿，入朝不

【一三】漢孝靈末年　「靈」原脱，據《四庫》、《學海》補。

【一四】長安酒錢　「錢」，《四庫》作「賤」。

趨。則異時卓爲相國，正邕之所啟也。豈以是而獲戾冥冥者歟？鄧攸亦晉之賢者，世謂天道無知，使鄧伯道無兒。然攷之《晉史》，攸遭賊，欲全兄子，遂棄己子。其子追至【一五】，縛于道傍。夫追而不及，尚當憐之；追及矣，而縛于道傍，其絕滅天理甚矣！天之不祚伯道，亦豈以是歟。

古語云：知人固未易。未易之中，又有甚難者。然孔子曰：「視其所以，觀其所由，察其所安，人焉廋哉！人焉廋哉！」又曰：「遠使之而觀其忠，近使之而觀其敬，煩使之而觀其能，卒然問焉而觀其知，急與之期而觀其信，委之以財而觀其仁【一六】，告之以危而觀其節，醉之以酒而觀其則，雜之以處而觀其色。九徵至，不肖人得矣。」合二者而觀，人亦可以知其槩也已。

律禁殺牛，不知始何代。《南史》：梁傅昭性篤謹，子婦嘗得家餉牛肉以進。昭召其子曰：「食之則犯法，告之則不可。」取而埋之。疑殺牛之禁自梁始。案：《曲禮》：天子以犧牛，諸侯以肥牛，大夫以索牛。則古者天子、諸侯、大夫皆以牛祭也。《王制》又曰：祭天地之牛角繭栗，宗廟之牛角握，賓客之牛角尺。則不特用于祭祀，賓客燕饗亦或用之。雖未見用于士庶人之家，然《易》稱東鄰殺牛，不如西鄰之禴祭。泛言東鄰則又似不專主於天子、諸侯、大夫者，往往祭祀賓客或可通用。至于諸侯無故不殺牛，苟無故，諸侯亦不敢殺也。古之犯禮甚于犯法【一七】，正不待明著之律令也。東漢第五倫爲會稽太

【一五】追至　《四庫》、《學海》作「追及」。

【一六】觀其仁　「仁」，《學海》作「行」。

【一七】古之犯禮　「之」，《四庫》、《學海》作「人」。

守，俗多淫祀，民常以牛祭神。倫到官，移書屬縣，曉告百姓、巫祝，有妄屠牛者，吏輒行罰。則殺牛有罰自東漢已然矣。要知服田力穡，牛實有功於生人者，禁而勿殺，亦仁人君子之用心也。

燧人氏鑽火，至周四時變國火。蓋春取榆柳之火，夏取棗杏之火，夏季取桑柘之火，秋取柞楢之火，冬取槐檀之火，一歲而易火者五，疑若多事。及觀《洪範・五行傳》乃知古人之意，蓋火關於時政。火性炎上者也，老則愈烈，于是遇物輒然，若新火性柔，青光炯炯，乃無忽勝速熾之患，縱使延燎，亦易撲滅。是則古人鑽燧改火之意也。唐人詩：「日暮漢宮傳蠟燭，青煙散入五侯家。」不過爲節物之戲玩耳。

卷二

韓退之《聽穎師琴詩》模寫形容之妙，疑專於譽穎者。然於篇末曰：「推手遽止之，溼衣淚滂滂。穎乎爾誠能，無以冰炭置我腸」，其不足於穎多矣。《太學聽琴序》則曰：「有一儒生抱琴而來，歷階而升，坐于尊俎之傍，鼓有虞氏之南風，賡之以文王、宣父之操。優游怡愉，廣厚高明。追三代之遺音，想舞雩之詠歎。及莫而退，皆充然若有所得也。」何嘗有推手遽止之意。合詩與序而觀，其去取較然，抑又知琴者本以陶寫性情，而冰炭我腸，使淚滂而衣溼，殆非琴之正也。

陶淵明《止酒詩》，蓋不得已而欲止于酒，正猶「綿蠻黃鳥，止于丘隅」之止，非禁止之止也。居止城邑，坐止高蔭，步止蓽門，味止園葵，懽止稚子，皆止其所止也。而平生乃不能止于酒焉，暮止則寢不安，晨止則起不能，日日欲止之，則營衞不理，是豈溷世全身之道哉。今覺止酒爲善，雖止扶桑涘可也，又何獨止扶桑涘哉。雖千萬祀亦可也。其旨如此。東坡追和乃云：「微痾坐杯酌，止酒則瘳矣」，「從今東坡室，不立杜康祀」。是果淵明之意邪。

張司業《節婦吟》：「君知妾有夫，贈妾雙明珠。感君纏綿意，繫在紅羅襦【一】。妾家

校勘記

【一】紅羅襦　原作「羅裂襦」，據《學海》、《張司業集》卷二改。

高樓連苑起，良人執戟明光裏。知君用心如日月，事夫誓擬同生死。還君明珠雙淚垂，曷不相逢未嫁時。」禮：男女授受不親。婦人移天理，不應受他人之贈。今受明珠而繫襦【二】，還明珠而垂淚，其愧于秋胡之妻多矣，尚得謂之節婦乎！

東坡《秦穆公墓詩》：「槖泉在城東，墓在城西無百步，乃知昔未有此泉，秦人以泉識公墓。昔公生不誅孟明，豈有死之日，而忍用其良？乃知三子殉公意，亦如齊之二子從田橫。古人感一飯，尚能殺其身。今人不復見此等，乃以所見疑古人。古人不可望，今人益可傷！」及居海外，《和淵明詠三良》詩則云：「此生太山重，忽作鴻毛遺。三子死一言，所死良已微。賢哉晏平仲，事君不以私。我豈犬馬哉，從君求蓋帷。殺身固有道，大節要不虧。君爲社稷死，我則同其歸。顧命有治亂，臣子得從違。魏顆真孝愛，三良安足希？仕宦豈不榮，有時纏憂悲。所以靖節翁，服此黔婁衣。」與前詩意若大戾，雖老成之見與年少異，然可以死，可以無死，皆事君立身之大義。所謂道竝行而不相悖也。

《卷耳》，夫行役於外，其室家閔其勤勞而作也。正與《汝墳》、《殷其靁》之意同。故曰：「嗟我懷人」，曰「我馬瘏矣」、「我僕痡矣」，人曰「我懷」，馬曰「我馬【三】」，僕曰「我僕【四】」，豈后妃之言臣下哉。説者承《小序》之誤，故遷就而爲之辭耳。

《采葛》，懼讒也。一日不見而如三月、三秋之隔，其疑畏若太過者。然武安去咸陽七里，而應侯之譖已行，董仲舒遷膠西相，而幾不免于禍之及。姦鋒中人，瞬息閒事。此

【二】繫襦　原作「繫褁」，據《四庫》改。

【三】馬曰我馬　「馬曰」，《學海》作「瘏曰」。

【四】僕曰我僕　「僕曰」，《學海》作「痡曰」。

詩人所以深懼也。

《小弁》「鹿斯之奔」，喻太子被放而去也。奔宜亟而反伎伎然者，不忍去也。何不忍哉？雉之雊也，尚求其雌，王豈不念后乎？木之壞也，尚疾無枝，王豈不念太子乎？吾之憂如此，王寧莫知之乎？此人子之至孝，不敢以無天理人心者量其親也。

《四牡》五章四章，皆言王事靡盬，而末章獨無之，蓋王事畢而歸也。故曰將母來諗，以養親之志而來告於君也。不然，將驅馳之不暇，而暇遂其私乎【五】？於此詩可以見臣子之心矣。

《狡童序》謂刺鄭忽而作，諸家皆祖其説，惟岷隱戴氏謂《山有扶蘇》，指狡童爲在朝之小人，今此詩不當以爲昭公。意當時必有用事如董賢者，彼狡童耳，子與之狎，乃不與我言。子雖不我與，我維子之故，至不能食，不能餐，子獨不察我乎！詳味此説，則子正指昭公，而狡童則指用事者也。世子忽年既長矣，帥師救鄭，再卻齊侯之昏，不可以爲童子。況忽非有大罪者，國人特閔其微弱，無忠良爲之助耳。詩人主文而譎諫，安有斥其君爲狡童而聖人録之者。《褰裳》之詩亦然。「子惠思我」，言昭公而思我，我則褰裳而涉溱，「子不我思，豈無他人」？但不忍狂童之亂政耳。亦非斥其君爲狂童也。

《無衣》，由大夫言之，則美武公。由聖人言之，武公之罪大矣。武公自負彊大，不請命於天子，乃使其大夫風天子之使而取之，其志何如也？「豈曰無衣」，自詭以盛彊也。

【五】遂其私乎　「遂」，原作「逐」，據《四庫》、《學海》改。

「不如子之衣」，是以敵己者相視也。衣者，天子之衣，豈使臣之衣哉！七命曰侯伯之服，六命曰子男之服，變六言七，非武公之謙辭也。岷隱謂：「外示彊大，中實欲然，真情發見，不可揜也。」當是時，晉猶未甚彊，非得天子命服，不可久安。故七命、六命皆可恃以爲安且吉，安且順也。然以《左氏傳》及《史記》考之，則周之失亦甚矣。平王二十六年，晉昭侯封季弟成師於曲沃，諸侯專封而王不之問，一失也。三十二年【六】，潘父弒昭侯，欲納成師，王又不問，二失也。四十七年，曲沃莊公弒晉孝侯，而王又不問，三失也。桓王二年，曲沃莊伯攻晉王不能討，反使尹氏、武氏助之，及曲沃叛，王始命虢仲伐曲沃，立晉哀侯，四失也。十三年，曲沃武公弒晉小子侯，王雖不能即討，明年命虢仲立晉哀侯之弟緡。又明年命虢仲、芮伯、梁伯、荀侯、賈伯伐曲沃，王綱若少振矣。至是，武公篡晉，僖王受賂，乃命之爲諸侯，五失也。禮樂征伐移於諸侯，降于大夫，窮于陪臣，陵夷至此，周其能久乎？君子于《無衣》之詩，可以知周之終於不競矣。

《黍離》一詩，元城劉氏曰：「人之情，于憂樂之事，初遇之則其心變焉，次則微變，久則安之矣。」至于君子忠厚之情則不然，其行役往來，固非一見也。初見稷之苗矣。又見稷之穗矣，又見稷之實矣，感慨之意終始如一，不少變而愈深，此則詩人所以爲忠厚也。噫，予于是而重有感矣，然《黍離》王國之詩，降而爲風，自季札觀樂已然，非夫子刪詩而降之也。

【六】三十二年「二」，《學海》作「六」。

《簡兮》之詩，衛之賢以萬舞爲恥，《君子陽陽》，周之賢以執簧執翿爲樂。均一棄賢也，然賢者有恥心，則國猶可爲也，賢者而樂于執簧執翿，則國非其國矣。周之事尚忍言哉？

《式微》，黎之臣子作也。當是時，衛之君與其大夫竝爲淫亂，黎之臣實醜之。然黎有狄難，君寓於衛，臣不得不從焉，而心蓋以寓衛爲恥也。故曰「胡爲乎中露」，露言其濡染也。「胡爲乎泥中」，泥言其陷溺也。黎雖滅亡，猶醜衛之淫亂，則淫亂之醜，其甚于滅亡也多矣。

《凱風》，孟子謂「親之過小者也」。余友廬陵龍仁夫曰：是詩當于「劬勞」一語觀之。夫以棘心之微，凱風吹之至夭夭之盛，則母之撫我育我，出入覆我，其劬勞亦甚矣。「欲報之德，昊天罔極」，況于小過而敢怨乎？故曰「母氏聖善，我無令人」，又曰「有子七人，莫慰母心」。惟知自責，而一毫怨懟之意不萌焉。是非勉强矯飾而然也，皆天理人心之自然而發見者也。

《將仲子》，毛氏之説失之矣。京之不度，祭仲諫之，莊公弗納，非有愛於叔段也。畏我父母，畏我諸兄，畏我國人之言，故未敢亟圖之耳。然兄弟同氣，古人譬之手足，而是詩擬之以杞、以桑、以檀，皆有可以斬伐之理，則詩人之意固有在矣。可畏者有時而不畏，可懷者有時而不懷，段其能自免乎？觀此詩也，則克段于鄢，顧豈在于子封帥車之時邪？

《遵大路》，國人留賢而作也。古之去國者或閒道奔亡，而君猶留行焉。今也遵大路而去，則顯然與莊公絶矣。國之留賢者，於大路之中執其袪，執其手，冀少需之，毋我魗惡。又引其故與好者而感動之，其情切矣。而莊公聽其自去，若罔聞，知則其失道也甚矣。

《風雨》之詩，非思君子也。亂世小人多而君子少，幸一遇焉。故曰心夷，曰疾瘳，曰云胡不喜。猶莊子所謂逃空谷者，聞人足音，跫然而喜也。

柏梁體詩起于漢武帝。元鼎元年，起柏梁臺。《三輔舊事》云「以香柏爲之，香聞數十里」，《郊祀志》曰「鑄銅爲柱」，《三秦記》曰「上有銅鳳，名鳳闕臺」。武帝詔羣臣二千石能爲七言者賦之，句各七言，句末皆諧韻，仍各述所職，如丞相則曰「總領天下誠難治」，大司農則曰「陳粟萬斛揚以箕」，他皆類此，後世遂爲詩體云。

《淇澳》云「緑竹猗猗」，注：菉蓐也。又《爾雅》竹，萹蓄也，似小梨，赤莖節，好生道旁，可食。又云：韓詩作薄，音篤，亦云萹竹。余嘗疑之。《史記》：河決瓠子，武帝令羣臣從官自將軍以下，皆負薪寘決河。是時東郡燒草，以故薪柴少，乃下淇園之竹以爲楗。天子既臨決河，悼功之不成，乃作歌曰云云，河伯許兮薪不屬，薪不屬兮衛人罪，燒蕭條兮噫乎何以禦水！隤林竹兮楗石菑。晉灼注：淇園，衛苑也，多篠。顔師古曰：隤林竹者，即上所説下淇園之竹以爲楗。又任昉《述異記》：衛有淇園，出竹，在淇水之上。梁元帝《竹詩》亦云：「嶰谷管新抽，淇園竹復脩。」則淇澳從來産竹明矣。所謂菉蓐萹蓄之類，將别有所據。

甲戌夏，予游江右，旅邸題詩滿壁，獨記憶數首，歲久忘其氏名，因録于左。過常山云：「荼蘼香夢怯春寒，晝永簾垂燕子閒。敲斷玉釵銀燭冷，計程應念過常山。」《閨怨》云：「有約未歸蠶結局，小軒空度牡丹春。夜來揀盡鴛鴦繭，留織征衫寄遠人。」《謾題》云：「南國傷讒緣薏苡，西園議價指蒲桃。惟餘白髮存公道，近日豪家染鬢毛。」王荆公《讀書堂詩》云：「烏石岡頭上冢歸，柘岡西畔下書帷。辛夷花發白如雪，萬國春風慶歷時。」此詩尤婉而成章者也。

予於北士家見二詩，其一讀史詩曰：「襄漢雲屯十萬兵，習池酩酊不曾醒。紛紛誤晉皆渠輩，何獨王家一寧馨。」德祐末，邊將沈溺酒色，兵事起，賣降恐後，乃指儒臣以爲誤國。此可以關其口而奪之氣矣【七】。

杜子美《晚行口號》云：「市朝今日異，喪亂幾時休。遠愧梁江總，還家尚黑頭。」然江總《還宅》詩：「紅顔辭鞏洛，白首入轘轅。乘春還故里，徐步采芳蓀。」未嘗黑頭也。

梅亭李公甫，工耦儷之文，好用經句。守榮州日，四川茶馬司欲奪榮之鹽井而榷之，公甫申省爭辨，一聯云：「征商自此始矣，必求龍斷而登之，作俑其無後乎？」謂其象人而用也。蓋榮素無榷鹽之禁，苟井隸茶馬司，則榷鹽將昉於此。詞意俱到，良不易得。然

【七】關其口　「關」，《學海》作「閉」。

集中所載他作，間有牽彊偶合者，弗逮也。

饒公應龍，以浙西提刑除直顯文閣、浙東安撫使、兼知紹興府。余代爲賀劄，有云：「翠節底公【八】，紅牙易鎮【九】。對揚光訓，丕顯哉文王之謨；保釐東郊，祇命以周公之事。」又曰：「大都之尹，羣州之節，式遄唐帥之行；會稽所喜，京兆所思，渾印坡公之句。」

黄尚書萬石，舊以朱制置禩孫辟爲廣西經略司，主管機宜文字，雖不就，常執門生之禮事之。黄守吴，朱守當塗，書問往來殆無虚月。朱後爲四川宣撫，黄俾余作劄賀之，欲述其違遠戀慕之意。余偶得一聯云：「所見數十人，未有盧公之知己，今去五千里，何由張籍之致身。」

黄公萬石將漕福建，兼知建寧府。適歲歉，米斗至錢貫五百，因禁官民毋得釀酒。令行數月，米價頓減。既而寓公招宴，以乏酒，往往煮參棗湯代之。樂語云：「如此風月夜，顧安所得酒乎！在乎山水間，醒能述以文也。」然不知何人所作。又沿江制置司中秋大宴，樂語有云：「試問夜何如，坐看疎星度河漢，但願人長久，不妨千里共嬋娟。」亦不記何人作也。又某人由沿江制幕召試館職，將行，制置司請于朝旨，帶行祕書省正字，仍舊職。其謝啟云：「夢玉宇瓊樓之邃，何似人間；陪綸巾羽扇之游，依然江表。」皆以詞語屬對，而切中事情，亦可喜也。

丞相趙忠靖葵，少負經濟之才，恥事科舉，以戰功致宰輔。給事中徐清叟駁之，謂宰

【八】翠節底公　「公」，《四庫》作「功」。

【九】紅牙易鎮　「牙」，原作「芳」。據《四庫》、《學海》、《佩韋齋集》卷十八改。

相非賞功之官，且援宰相須用讀書人爲辭。忠靖以此力乞骸以歸，既得請，其謝表曰：「雖霍光不學亡術，固難免於衆譏，然皋陶所讀何書，敢以是而自解。」皋、夔、稷、契，所讀何書，趙清獻答荆公語也。用當家事，益見其工。

賈平章始生之日，錢唐宰郭應酉以詞賀之，序語云：「峻極于天，誕彌厥月。綵衣廊廟，昔無一品之曾參；衮繡山林，今有半閒之姬旦。」蓋賈有所生之母，朝命封兩國，賜號壽賢。而新築亭于葛嶺，私第扁曰「半閒」故也。其結聯云：「日長門館，坐對南北峯之高，時游廟堂，盡付東西廳之問。」賈甚稱賞，以此峻除列院。然識者謂晉、楚之富不可及也，曾子猶曰我以吾仁，我以吾義，是豈較一品者；周公思兼三王，坐以待旦，又豈志半閒者哉？東西廳見《韓魏公傳》，若南北峯，殆俗語耳。豈一時偶阿其所好耶？

東坡先生文章妙一世，《韓文公廟碑》尤奇偉。但先輩以詩中作書詆佛、譏君王之語，謂君王非可譏者。沔水規宣王，不如易以規字爲善。予謂山谷《病起》十詩，似不愧少陵。至曰「潁川狂士邢尚書【一〇】，本意扶日上天衢。敦夫若在鐫此老，不令平地生崎嶇」。鐫之一字，雖爲崎嶇發，然父亦豈可鐫乎？父慈子箴，則有之矣。

征商自賤丈夫始，孟子言之。《隋志》：晉自過江，凡貨賣奴婢、馬牛、田宅，有文券，率錢萬輸四百入官，賣者三百，買者一百。因知稅契錢自晉始。

明道閒，嵩山石室中有狂僧誦《法華經》，棲泊二十年，形土木也，飲食猿鳥也。扣其

【一〇】潁川狂士　《山谷集》卷七、《曲洧舊聞》卷六、《聞見後録》卷二，均作「魯中狂士」。

真旨，不可具道。嘗曰：古之人念念在定慧，何由雜，今之人念念在散亂，何由定。歐陽永叔、尹師魯最闢佛者，聞之亦不覺心醉。謝希深與梅聖俞書云。

秦檜爲相，怙權恃援，沮復仇之議，誅殺勳舊，誣陷忠良，死之日，詔譔神道碑，士大夫無肯執筆者。然其子孫迄宋之亡，仕者不絕，或疑造物報施之誤。至閱《四朝聞見録》，遂以爲檜息兵和戎，生民賴以休息，時有太平翁之號【一一】，恐造物以此佑之。余觀靖康末，檜在黏罕營，首入議狀，乞存趙氏，其後黄時偁、徐揆、段光遠始繼之。一日，粘罕謂莫儔曰：搜尋宗室，有所未盡。儔陳計：「俾于宗正寺取玉牒，其中有名者盡行根刷，則無遺類矣。」檜在傍曰：「尚書之言誤矣。譬如吾曹人家，宗族亦自不少。有服屬近而情好踈者，有雖號同姓而恩義反不若異姓者。平時富貴既不與共，一旦禍患，乃欲均之，恐無此理。」粘罕曰：「中丞言是也。」由此宗室之獲免者衆。此二事亦有取焉。

天聖中，劉綽爲京西轉運使，分遣屬官盤量諸郡在庾之米，贏十餘萬石，奏乞付三司收繫。時章獻太后垂簾，問曰：「已盤量者，條貫許再盤量否？」對曰：「向來漕臣徇情，不肯盡收入歷。」太后曰：「卿識王曾、張知白、吕夷簡、魯宗道否？此四人者，皆不因盤量收出斗斛致身于此。」公綽大慙，退謂人曰：「當是時，殿上壁罅可入，我亦入矣。」

紹興三年四月，知藤州侯彭老，以本州賣鹽寬剩錢一萬貫文，買到金一百六十餘兩、銀一千八百兩投進。詔縱有寬剩自合歸之有司，非守臣所當進納。或恐亂有刻剥，取媚

【一一】太平翁之號　「翁」，《四庫》、《學海》、《佩韋齋集》卷十八作「翁」。

朝廷。侯彭老可特降一官放罷，以懲妄作。

建炎間，大臣薦瀘州草澤彭知一有康濟之略，隱居鳳翔者，令守臣錢蓋津發赴行在所。既入見，乃以所燒金及藥術獻。詔云：「朕不忍燒假物以誤後世，仰三省發遣赴元來去處，仍將燒金合用什物於街市毀棄。」

寶祐丁巳，淮東總領獻羨餘三百萬，旨轉一官，依舊職。時董鴻儀父以司户參軍爲幕寮【一二】，作《奴戒》譏之。其辭曰：「董子官于南徐，俸錢二百有三十券，貯以篋，百費取需焉。率兼旬而盡，復閔閔焉數日，以待繼。有奴狡笑于傍曰：『使狡得職是篋，當不至乏絶，且有贏羨。』余甘其言也，使職之。已而默計其缾罄罍恥也，呼狡來前問有餘。狡曰：『有。』余曰：『子非以吾之券貸于人而取其倍稱之息歟？不然，則子獲草中之蚨歟？』狡曰：『亡是也。狡能使郎有餘足矣。奚以問爲？』余喜而歌曰：『昔嗇兮今豐，昔窘步兮今從容。月之羨以百計，歲之羨以千計，吾其免乎屢空，信乎？狡之爲吾謀也忠。』一夕月明，步于庭，有歌於牆陰者曰：『露零零兮霑衣，鶴翩翩兮夕飢。鶴飢兮何憾傷？子産之智兮而受校人之欺。』審而聽之，吾史黷也。余曰：『黷爾何歌之悲也？』曰：『自郎之任是狡也，黷不得以受子之傭矣。黷不足計也，以物售子者，不得以受子之直矣。子之所識窮乏者，不得以時蒙子之惠矣。』余矍然曰：『茲狡之所謂有餘者哉。』詰朝，亟斥篋中券償之，其羞澀也如初。」

【一二】時董鴻儀父　「時」，原作「當」，據《四庫》、《佩韋齋集》卷十八改。

卷三

王勉夫著《野客叢書》，謂士大夫不幸遺其親於不測之地，要當委曲回護，無戾吾大節可也。苟惟固執而不顧其親，君子所深惜焉。於是以趙苞之破賊爲非，以周虓之降秦爲是。又曰：士大夫脱有不幸，當爲周虓，無爲趙苞。案：趙苞爲遼西太守，遣使迎母妻，道爲賊所虜。賊出母示苞，苞號泣謂母曰：「昔爲母子，今爲王臣，義不得顧私恩，毁忠節，惟當萬死無以塞罪。」遂進破賊，母妻被害。苞謂人曰：「食禄而避難【一】，非忠也。殺母以全義，非孝也。」遂歐血而死。周虓爲梓潼太守，遣騎送母妻歸，道爲苻堅將所獲，虓不得已亦降，堅以爲尚書郎。虓曰：「蒙國厚恩，以至今日。但老母見獲，失節至此。母子獲全，秦之惠也。雖公侯之貴不以爲榮，況郎任乎？」堅乃止。禮：事君不忠，非孝也。《孝經》於事君一章，獨言忠而不言孝。忠即所以爲孝也。苞之與虓，均爲太守，非復在母膝下時矣。食人之禄，當死人之事，故死城郭，死封疆，聖人韙之。苟以親之故，棄城而降，其虧大節多矣。母子俱存，如君父何？況吾爲君之臣，吾之父母亦君之臣妾，苟不幸而處于不測之地，吾能破賊，吾之忠也。父母而死于賊，亦吾父母之忠也。事定之後，辭爵賞而不受，如苞之死斯已矣，爲虓之降其可哉？苟降矣，使其母如王陵之母，則

【一】食禄　原作「食其食」，據《四庫》、《後漢書》卷一百十一改。

亦非所以慰母心也。故爲人子者，不忍于其親，必不舍吾親而仕，可也。辭親而仕，則爲人臣矣。爲人臣而避其難，可乎哉？或曰：如此，則高帝「分我一杯羹」之語，然乎？否乎？曰：是又不可同年而語矣。苞之與虓，皆爲人臣，義不當顧私恩而毀忠節者【二】。劉、項之爭，可已斯已矣，行一不義，殺一不辜而得天下，聖人且弗忍爲，况忍舍父而取天下乎？孟子于瞽瞍殺人之問曰：舜視棄天下猶棄敝蹝，竊負而逃，遵海濱而處，終身訢然樂而忘天下，謂得瞽瞍之重于得天下也。然則高帝之不顧其父，豈趙苞之不顧其母比哉？或者又曰：使苞而不死，葬其母，終身廬墓而不仕，可乎？曰：父而有後，歐血而死耳。苟宗祀無託，則終身廬墓而不仕，君子亦無責也。

漢明帝夢金人飛行殿庭，頂有日月之光，已而徧問羣臣，惟傅毅對曰：「西域有神，其名曰佛，陛下所夢，其是乎？」世遂謂佛之靈，能於其教未行中國之先已見夢于帝。案：《漢書》：霍去病出隴西，過焉耆千餘里，得匈奴祭天金人而歸，武帝取而置諸甘泉。所謂金人，非佛像而何？金像既入漢，當時渾那休屠數萬之衆皆徙入塞内，亦有入長安者，悉月氏故種【三】，其閒豈無奉佛者？又有金像以爲之宗主，則中國之人習聞其事久矣。是則所謂佛者，明帝固先聞之，由聞生想，遂形於夢，此樂廣所謂因也【四】。不然，傅毅生于中國，何由而知飛行挾日月者爲佛邪？由此言之，佛入中國雖在明帝時，而其萌已兆於武帝時矣。然列子亦有西方大聖人之説，則前乎漢世，佛之名固已著矣。

【二】義不當顧私恩　「私」原脱，據《四庫》、《學海》補。

【三】月氏　原作「月氐」，據《四庫》、《學海》改。

【四】樂廣　原作「廣樂」，據《四庫》、《學海》、《佩韋齋集》卷十九改。

趙韓王爲相，廳事後置二甕，有投利害文字，皆置其中，滿即焚于通衢。李文靖公爲相，自言居位無補萬一，惟四方言利害，未嘗一見施行，聊以此報國。自常情論之，二公若苟且廢事者，而當時國家治安，百姓富庶何也？天下事不可輕易改更，興一利必有一害，今日之有益于民者，他時或有損于民。是故法不至甚弊，守之可也。載其清淨，民以寧壹。曹參之于漢亦然，豈特趙、李二公之見如此。

唐仲俊年八十五，極康健，自言幼讀《千字文》，因「心動神疲」之語而有所悟。平生遇事未嘗動心，所以老而不衰。

昔褚淵爲齊司徒，賀客滿座。褚炤歎曰：「使彦回作中書郎而死，不當爲一名士邪？名德不昌，乃復有期頤之壽。」往年予遊淮甸，聞有以忠勇名者，朝廷累授節鉞，謂不在古名將下，使先數年而斃，誠有足以欺天下後世者。不幸老而不死，墮名損節，爲萬世笑。人臣事君，見危致命，故死城郭，死封疆，義不返顧。顏魯公死李希烈之難，年已八十。志士仁人，老而益壯，固不以衰年貳爾心也。使皆如彦回輩，則國家亦何所賴於老成哉！

王禹玉、元厚之嘗問蘇子容曰：「公記問之博，以至國朝典故本末無遺，日月不差，用何術也？」子容曰：「某每以一歲中大事爲綱，而究當年之事，則不忘矣。如某年改元，其年有某事；某年上即位，其年有某事；某年立后、立太子，其年有某事；某年命相，其年有某事。」亦記事之一法也。

朝士舊皆跨馬，思陵幸維揚，雨中見扈從臣寮奔走泥淖，有墜馬折臂者。及駐蹕于杭，詔百官許乘肩輿。汪浮溪謝表云：「臣勞于下，宜無佚駕之行；君恤其私，至許肩輿之便。」又云：「憫塞翁折臂之憂，從漢相小車之佚。」

古者刑不上大夫，已爲忠厚之至。大中祥符二年詔曰：「朕念四方士子，雖應刈楚之求，未著贖刑之典，深可憫惻。繼自今曾應舉士人，有犯公私罪，杖以下聽贖。」此意尤爲忠厚，所以士大夫亦罕犯法【五】。賈誼謂嬰以廉恥，故人興節行者是也。

寧廟時，永嘉有林君奇者，以風鑒名京師，日閱十人，則捲簾撤肆而飲【六】。穆陵在側，微詣焉，君奇熟視不對，肆將撤【七】，穆陵辭去，君奇留之。延至所居，夫婦具盛服以拜曰：「貴官姓？」穆陵曰：「玉牒趙氏也。」又拜曰：「天下尚太平。」穆陵驚愕曰：「叟何爲者？」君奇對曰：「某閱人多矣，未見有如官者。後五年，當爲天下主。今雖貧，去此六十日必富且貴。」因徵詩爲他日證。穆陵占筆書曰：「許負昔往矣，天綱今何之？誰知千載後，復遇林君奇。」且識歲月。未幾，選嗣沂邸，擢果州團練使、邰州防禦使，封成國公。寧廟崩，濟王廢，遂入繼大統。君奇取詩，飾以龍錦，標諸肆。時相史彌遠呼君奇索詩，紿爲入奏官之。明日贈以錢二萬，放令歸鄉，君奇憤恚而死。

寧廟升遐，遺詔有曰：「雖不明不敏，有孤四海望治之心。然克儉克勤，未嘗一日縱

【五】士大夫　原作「士大大」，據《四庫》、《學海》改。

【六】撤肆　原作「撒肆」，據《學海》、《佩韋齋集》卷十九改。

【七】肆將撤　原作「肆將撒」，據《學海》、《佩韋齋集》卷十九改。

己之欲。」故老聞之，無不霣涕。

穆陵繼統，實史相彌遠擁立之功。楊文元公簡【八】，史之師也，以列卿召對，上從容問曰：「聞師相幼嘗受教于卿。」簡對曰：「臣之教彌遠者，不如此。」上曰：「何謂也？」對曰：「彌遠視其君如弈棋。」上默然罷朝。上以語彌遠，彌遠對曰：「臣師素有心疾。」

徐僑爲侍從，家貧，朝服亦浣濯紉補。穆陵見之，蹵然曰：「卿一貧如此？」僑對曰：「臣不貧，陛下貧。」穆陵問之故，對曰：「陛下内無良相，外無良將，安得不貧？」上愕然。

乾德四年十月，詔先朝帝王陵寢申樵採之禁【九】，仍置守冢户，委逐處長吏常切檢察，罷任有無廢闕，印歷明書之。太昊、炎帝、黄帝、高辛、唐堯、虞舜、夏禹、商湯、周文王、武王、漢高祖、東漢世祖、唐高祖、太宗以上十六帝，各置守冢五户，每歲春秋，御置名祝版，祭以太牢。商中宗、太戊、武丁、周成王、康王、漢文帝、宣帝、魏武帝、晉武帝、後周太祖、文帝、隋高祖、文帝以上十帝，置守冢三户，歲一祭，以太牢。餘如秦始皇、漢惠帝、景帝、武帝、唐德宗、敬宗、武宗、昭宗、梁末帝、後唐愍帝、明宗三十有八帝，皆嘗禁樵採【一〇】。又詔曾經盗賊開發者，重製禮衣、常服、棺槨以葬。若先代帝王有祠廟者【一一】，每祠須及一百五十間以上，委州縣長吏躬親點視，索圖赴闕，遣使覆案。令太常禮院重定配享功臣，檢討儀像繪付諸祠。惟東晉、六朝陵闕多在金陵、丹陽之間，當時江

【八】文元公簡　原作「文公元簡」，據《四庫》、《學海》改。

【九】樵採　原作「採樵」，據《四庫》、《學海》改。

【一〇】皆嘗禁樵採　原作「嘗皆禁樵採」，據《佩韋齋集》卷十九改。

【一一】先代帝王　「代」原無，據《四庫》、《學海》、《佩韋齋集》卷十九補。

左未平，所以制書不載。斯亦忠厚之至也。

咸淳末，賈似道以太傅平章軍國重事，禁天下婦人不得以珠翠爲飾，時行在悉以瑠璃代之，婦人行步皆琅然有聲。民謡曰：「滿頭多帶假，無處不瑠璃。」假謂賈，瑠璃謂流離也。《西域傳》：罽賓國有琥珀流離，則瑠璃字本流離也。

精太用則竭，神太役則疲。學者非天才敏贍，乃欲弊精勞神於文字中，往往亦足致疾。《北史·文苑傳》：李廣，齊文宣初嗣霸業，命掌書記。廣苦心于文詞間，一日，坐而假寐，忽驚謂其妻曰：「吾向似睡，見一人止吾身中，曰君用心過苦，非精神所能堪。今辭君去矣。」因恍惚不樂，後數日遇疾，踰年而死。宋淳熙間，成都倅秦奎極力屬文，後得疾，字皆不復識，亦不能書，以此遂殂。《夷堅續志》蓋言其詳云。

用事之誤，前輩所不免。若尋常詩文，亦未爲深害。至若告君，理宜謹審。唐太宗問孔穎達曰：「孔子稱以能問于不能，以多問于寡，有若無，實若虛，何謂也？」對曰：「此聖人教人謙耳。」帝稱善，除國子司業。太宗雖誤以曾子爲孔子，穎達八歲就學，誦記日千餘言，闇記三禮義宗，及長，明服氏《春秋傳》、鄭氏《尚書》、《詩》、《禮記》、王氏《易》，能屬文，兼善算曆，一時老師宿儒皆出其下，質疑辨難，人畏服之，乃不省《論語》所載曾子之言，直以聖人教人爲對，何也？蘇文忠公博學强記，又嘗註《論語》，其上皇帝書有云：「未信而諫，聖人不與。」此《論語》載子夏之言，乃謂之聖人，何也？其再上皇帝書云：「孔子曰：君子之過，如日月之食焉，過也。人皆見之，更也，人皆仰之。聖賢舉動，明白正直，不當如是。」《論語》所載乃子貢之言，今直指爲孔子，書之再上，又非穎達倉卒間答比【一二】，何爲多誤如此。紹興間，中書舍人張嵲代秦會之《請先至江上諭諸帥招討劄子》云：「臣聞德無常師，主善爲師，善無常主，協于克一。此伊尹相湯，《咸有一德》之言也。」又其末云：「臣言如不可行，即乞罷免，以明孔聖陳力就列不能者止之義。」誤以告太甲爲相湯，孔子引周任之言又誤指以爲孔聖。當時朝士作詩譏之。事見《周益公詩話》。夫以穎達、文忠公之才猶如此，于張嵲何責焉。要之，告君之際，須謹之又謹可也。石建奏事，下驚馬字不足，恐獲譴。建父子雖無文學，其謹重殆可法也。

淳祐閒行括田法，令百姓履畝自實。無名子作詩云：「棄淮棄蜀棄荆襄，卻把江南寸寸量。量得畝田多一尺，尺頭能有幾多長？」時宰聞之，亟寢其事焉。

宋景文公常言：「爲文之要，意不貴異而貴新，事不貴僻而貴當，語不貴古而貴淳，字不貴怪而貴奇。」善夫！

宋景文作《新唐書》，人以「札闥」誚之。札闥者，世俗厭夢之語，謂書門也，譏其好奇耳。唐徐彦伯爲文，率易新語，如以鳳閣爲鶠閣，龍門爲虬户，金谷爲銑溪，玉山爲瓊岳，芻狗爲卉犬，竹馬爲篠驂，月兔爲陰魄，風牛爲飈犢。後進爭效之，謂之「澀體」，則其札闥甚矣。

【一二】倉卒間　「間」，原作「問」，據《學海》、《佩韋齋集》卷十九改。

丈人之義本于《易》，尊稱也。《史記·荊軻傳》，家丈人召高漸離擊筑。《索隱》曰：謂主人翁。韋昭云：古者名男子爲丈夫，尊父嫗爲丈人。《漢書·宣元六王傳》云：丈人者，謂淮陽憲王外王母，即張博母也。據此，皆尊貴之稱，今世俗乃獨呼妻之父爲丈人。或云：本《漢·匈奴傳》「漢天子，我丈人行」之語，又云：「泰山有丈人峯，故亦稱曰泰山。」唐開元十三年封泰山，三公以下例遷階。張説爲封壇使，説壻鄭鎰以説故，自九品驟遷至五品兼賜緋。因酺，明皇訝而問之，鎰無以對，伶人黄翻綽奏曰：「此泰山之力也。」疑妻父稱爲泰山或本諸此。然于丈人之稱，殊無意義。予一日閲《天文志》，有丈人星，其下曰：子星孫星。娶妻爲嗣續計，丈人之稱，或有取于丈人星之義歟？

世謂大笑爲絶倒。山谷詩：「淵明醉握遠公手，大笑絶倒人不嗔。」然《晉書》：王澄字平子，有高名，少所推服，及聞衛玠言，輒歎息絶倒。則絶倒因歎息也。北齊崔瞻使陳過彭城，讀道旁碑，絶倒，從者以爲中惡。史謂是碑瞻父爲徐州時所立，故哀感焉。則又因哀感而絶倒矣。要之，絶倒者，形體欹傾不自支持之貌。笑而絶倒，歎而絶倒，哀而絶倒，皆以形體言，不專謂大笑也。

晉杜預上疏請伐吴，有曰：「萬一孫皓悔過，徙都武昌，增兵夏口，盡築江南諸城。城不可攻，野無所掠，明年之計恐無及矣。」晉與吴爲敵國，元凱所慮，正守江之良策，而皓不知出此。季世恃長江爲險，武昌無重臣，夏口無重屯，江南無高城深池，豈亦不知古今者之過歟！

關節，下所以通款曲于上。唐段文昌言于文宗曰：「今歲禮部殊不公，所取進士皆子弟無藝，以關節得之。」《漢・佞幸傳》：「高祖有籍孺，孝惠有閎孺，與上臥起，公卿皆因關說。」又《梁孝王傳》「有所關說于帝」，則關節亦可云關說【一三】。打揲，趙康靖公《聞見録》云：「須當打揲，先往排辦。」又東坡《與潘彦明書》：「雪堂如要偃息，且與打揲相伴。」今俗以揲爲疊，非也。墨杘，上武悲反，下丑知反。黠詐貌【一四】，見《博雅》及《列子・力命》篇【一五】。鶻突，不分曉貌，一作糊塗。太宗欲相呂正惠公，左右或曰：「呂端爲人糊塗。」呂原明《家塾記》云：讀爲鶻突，《食醫心鏡》有鶻突羹，正作鶻突字【一六】。罷休，吴人言罷以休繼之，方言也。闔閭語孫武曰：「將軍罷休。」屏營，驚惶貌。《國語》：申包胥曰：「楚靈王獨行屏營【一七】。」東漢劉陶上議曰：屏營傍徨，不能監寐。併當，俗謂收拾。《世説》：「長豫常爲曹夫人併當箱篋。」獈猍，不情貌。周顗《答賓從絶句》【一八】：「十載文章敢憚勞，宋都回鷁爲風高。今朝甘被花枝笑，任道尊前愛獈猍。」裝潢，俗云羅列張大貌。《唐六典》：「崇文館有裝潢匠五人，熟紙匠三人。祕書省有裝潢匠、熟紙匠各十人。」踏趿【一九】，不振貌。《酉陽雜俎》載錢知微賣卜，爲韻語曰：足下踏趿，不肯下錢。恅愺，迫促苟簡貌。王褒《洞簫賦》【二〇】：「愺恅瀾漫，亡耦失疇。」《埤蒼》曰：「嘽嘐，寂靜也。音與恅愺同而義異。」唐突，棖觸貌【二一】。馬融《長笛賦》曰：「濕瀑噴沫，

【一三】云關　原作「三門」，據《學海》改。

【一四】黠詐　原作「默詐」，據《佩韋齋集》卷十九改。

【一五】力命篇　「篇」，原作「貌」，據《學海》改。

【一六】正作鶻突字　「正」原無，據《四庫》、《學海》、《佩韋齋集》卷十九補。

【一七】楚靈王　原作「楚吴王」，據《四庫》、《學海》、《佩韋齋集》卷十九改。

【一八】周顗　《四庫》作「周顛」。

【一九】踏趿　原作「踏跋」，據《四庫》、《學海》、《佩韋齋集》卷十九改。

【二〇】王褒洞簫賦　原作「陸士衡文賦」，據《學海》、《文選》卷十八改。

【二一】棖觸貌　「棖」，原作「振」，據《四庫》、《學海》、《佩韋齋集》卷十九改。

犇遯碭突。」李善注：碭，徒郎切。李白《赤壁歌》：「鯨鯢唐突留餘跡。」而曹子建《牛鬬》詩：「行至土山頭，欻起相搪突」，則唐又作搪。旁午，《儀禮》曰：「度尺而午」，註云：「一從一横曰旁午。」施行，朝廷移文州縣，必云主者施行，見東漢《黄瓊傳》。又《石鼎聯句》詩：「此物方施行。」樓羅，蘇鶚《演義》曰：「幹了之稱。」北齊文宣時王昕曰：「樓羅樓羅，實自難解。」梁元帝《風人辭》：「城頭網雀，樓羅人著。」而《南史·顧歡傳》曰：「蹲夷之儀，婁羅之辨。」又《説苑》載朱貞白詩：「太婁羅乃止」，用婁羅字。《五代史·劉銖傳》云：「諸君可謂僂儸人矣。」則又加人焉。卑末，伶人自稱。《欒巴傳》：「雖幹吏卑末，皆課令習讀。」宿留，俗謂逗留也。《列子·黄帝篇》：「趙襄子怪而留之，徐而察之。」商欽順《釋文》云：「留，力救切，謂宿留而視之。」又《史記》：「天子幸緱氏城，拜公孫卿爲中大夫，遂至東萊，宿留之數日，無所見。」滑稽，詼諧貌。屈原《卜居》云：「寧廉潔正直，以自清乎？將突梯滑稽，如脂如韋，以絜楹乎？」《史記》有《滑稽傳》。寄附，唐《異聞集》：薛防作《霍小玉傳》云：「大歷中，寄附鋪侯景家。」掎摭，偏拾人善惡貌。《文選》曹子建《與楊德祖書》曰：「劉季緒才不逮于作者，而好詆訶文章，掎摭利病。」《唐書》：來俊臣掎摭諸武。韓退子《石鼓歌》：「掎摭星宿遺羲娥。」跋扈，《毛詩》「無然畔援」鄭註：畔援，猶跋扈也。梁冀跋扈將軍。《西京賦》：「睢盱拔扈」，拔即跋也。媒糵，《漢書》司馬遷救李陵之言曰：「全軀保妻子之臣，從而媒糵其短。」孟康

註：「媒猶酒酵，櫱謂釀成其罪。」宋景文《新唐書》記程元振惡李光弼則云：「媒蝎以疑之。」蓋本《唐書·宦官傳》「如媒而成，如蝎之蠹」之語。 絓閡，晉摯虞較古尺曰：「度量之由生，皆絓閡而不通。」黝黈，上音紙，下音主。 衛恒説字勢曰：「或黝黈點黼，狀似連珠。」勞曹，忉怛貌。成公綏《嘯賦》：「訇磕勞曹。」懊憹，《晉·禮儀志》有《懊憹歌》。 鏖糟，見《漢書》鏖皋蘭下註。

永昌卜陵，命司天監苗昌裔相地西洛。既覆土，昌裔領董役內侍王繼恩登山顛，周覽形勢，謂之曰：「太祖之後，當再有天下。」繼恩默識之。太宗大漸，繼恩因與參知政事李昌齡、樞密趙鎔、知制誥胡旦、布衣潘閬謀立太祖之孫惟吉。事洩，呂正惠公時爲上宰，鎖繼恩而迎真宗于南衙即位。繼恩等尋被誅竄，然昌裔之孫逢聞其祖之語，猶與方伎李士寧、醫官劉育蠱惑宗室世居，共謀不軌，以致敗死。靖康末，趙子崧，太祖六世孫也，剽竊此説，適二帝北狩，遂與門人傅亮歃血而盟，以俟非常。傅檄云：「藝祖造邦，千齡而符景運。皇天祐宋，六葉而生眇躬。」繼聞高宗登極，惶懼歸命，後爲人以檄文訐之，亦竄嶺南。至紹興元年十一月駐蹕于越，上虞縣丞婁寅亮，永嘉人，上疏其略曰：「太祖舍子而立弟，天下之大公也。周王薨，章聖取宗室子育之宮中，天下之大慮也。仁宗感悟其説，制詔英祖入繼大統，文子文孫，宜君宜王，遭罹變故，不斷如帶，今有天下者獨陛下一人而已。屬者椒寢未繁，前星不耀，孤立無助，有識寒心。天其或者深惟陛下，追念祖宗公心，長慮之所及者乎？崇寧以來諛臣進説，推濮王子孫以爲近屬，餘皆謂之同姓。致使昌陵之後寂寥無聞，奔迸藍縷，僅同民庶。臣恐祀豐于昵，仰違天鑒，藝祖在上，莫肯顧歆。欲望陛下于子行中遴選太祖諸孫，有賢德者，視秩親王，使牧九州，以待皇嗣之生。廣選宣祖、太宗之裔，材武可稱之人，升爲南班，以俻環列。庶幾上慰在天之靈，下繫人心之望。」高宗覽之大寤，遂詔大宗正安定郡王令畤，訪求宗室伯字號七歲以下者十人，入宮俻選。于是阜陵實在選中，自後光、寧、理、度，皆太祖之後，昌裔之説始驗。然一語不謹，既誤繼恩，又誤昌齡輩，又誤其孫逢，又誤子崧諸人，貽禍百五十餘年。雖輕淺之徒妄生僥倖，亦皆昌裔之罪也。是故青烏之術，聖賢不道焉。

湖州何山寺主僧德明，晚自號鐵鏡。余爲作頌曰：「人閒萬事，淈淈腯腯。胸次九流，明明了了。要知鐵鏡非鐵，山中晦明昏曉。咦！六州四十三縣鑄不成，八萬四千同一照。」

梁庾信至北方，讀温子昇《韓陵山寺碑》，愛而録之曰：「唯有韓陵一片石，稍可共語。薛道衡、盧思道少解把筆耳。」然子昇之文恨不多見，《魏史》載《閶闔門上梁祝文》：「惟王建國，配彼太微。大君有命，高門啟扉。良辰是簡，枚卜無違。雕梁乃架【一二】，綺習斯飛。八龍杳杳，九重巍巍。居宸納祐，就日垂衣。一人有慶，四海爰歸。」真可共語者也。

【一二】雕梁乃架　「架」，原作「駕」，據《山堂攷索》卷一百七十三、《困學紀聞》卷二十改。

卷四

桓公九合諸侯，不以兵車，管仲之力也。先儒謂《春秋傳》作糾，督也，古字通用。余嘗疑之。案：《史記》云：「兵車之會三，乘車之會六。」而《穀梁傳》云：「衣裳之會十有一。」蓋莊十三年會于北杏，十四年會于鄄，十五年又會于鄄，十六年同盟于幽，二十七年同盟于幽，僖元年會于檉，二年盟于貫，三年會于陽穀，五年盟于首止，七年盟于甯母，九年會于葵丘，實十有一也。孔氏註曰：鄭氏不取北杏及陽穀，故曰九合。然北杏之會，平宋亂也。宋有弑君之事，而齊平之，何不取也？縱以遂人不至，宋人背盟而不取之，猶云可也。陽穀之會，謀伐楚也，何爲亦不取之？或者又曰：會雖十有一，再會于鄄，再會于幽，其地凡九，故曰九合。然亦有所未盡也。夫子此語，正以齊桓公霸諸侯，一匡天下，以故稱之。北杏之盟，遂人不服，鄄之始會，請師于周，僅取成于宋而還，霸業皆未成也。自莊十五年再會于鄄，則霸業成矣。左氏于是會也，爲之傳曰：「春，復會焉，齊始霸也。」夫自始霸之年，歷數至于葵丘之會，其合諸侯凡九，是以謂之九合也。此可以祛諸家之惑矣。

古之學者爲己，今之學者爲人。子張學干禄，與夫問達、問行，皆爲人也，非爲己也。

孔子于學干祿則曰：「言寡尤，行寡悔。」于問達則曰：「察言而觀色，慮以下人。」于問行則曰：「言忠信，行篤敬。」皆使之反求諸己焉。及子張書諸紳，則其覺悟也，至矣。他時士見危致命，見得思義，祭思敬，喪思哀之語，與夫五美四惡之問，豈復前日之子張耶？信乎，學之能變化氣質也！

伊川曰：「樂隨風氣，至韶而極備者。堯之時，洪水方割，四凶未去，和猶有未至也。舜以聖繼聖，洽之極，和之至。故韶盡美矣，又盡善也。」

宰予晝寢，夫子譬之朽木，譬之糞牆。疑其責之太過。晝而假寐，亦人情有所不能免，若寢則不可也。《語》曰「寢不尸」，曰「寢不言」，又曰「必有寢衣」。蓋寢非假寐也。君子以嚮晦入宴息，晝居于內，問其疾可也。正晝之時，乃弛然自放于牀第之上，神昏氣惰，其不足進于道明矣。此聖人所以深責之也。況禹惜寸陰，周公坐以待旦，聖人之汲汲如此，晝寢其可乎？

孔門言仁多兼知而言。如「知者樂水，仁者樂山」，與夫「知及之，仁能守之」「知者不惑，仁者不憂」，不可具舉。蓋知者知此者也，仁者行此者也。致知近乎知，力行近乎仁，未有不能知而能行者。令尹子文三仕三已，喜愠不形于色，至如「舊令尹之政，必以告新令尹」，謂之忠可也。然仕止久速，其知不足以知之。至于三已而不痻，槩諸色舉翔集者何如哉。故不與之以仁也。臣弑其君，子弑其父，非一朝一夕之故，其所由來者漸矣。崔杼于齊，其蓄不臣之志已久，陳文子與之同朝力能誅杼則誅之，不能則去之。不于此時決去就之分，至于齊侯遇弑，乃棄十乘之馬而違之，其知可知矣。亡雖越境，許之以清可也，亦焉得爲仁哉！「未知，焉得仁」，皆言于知猶未盡，焉得爲仁也矣。「擇不處仁，焉得知」，語意正相類。

子見南子，子路不説，夫子矢之曰：「予所否者，天厭之！天厭之！」孔氏以矢爲誓，朱子亦曰：「矢，誓也，所誓辭也，如云所不許與崔慶者之類。否，謂不合于禮，不由其道也。厭，棄絶也。」而孔氏古註乃謂與之咒誓，義可疑焉。及觀《程氏外書》朱公掞記伊川先生語，乃以否爲否泰之否，天厭之者，天厭吾道也，正天喪予之意。後見韓文公《筆解》亦曰：「矢，陳也。否，當爲否泰之否。厭，當爲厭亂之厭。」孔以矢爲誓，非也。又以厭爲擫，益失之矣。孔子見衞君任南子用事，乃陳衞之政理。告子路云：予道否不得行，汝不須不説也。天將厭此亂世而終，豈泰吾道乎。如此，則矢乃臯陶矢厥謨之矢。伊川、退之皆一代鉅儒，皆以否爲否泰之否，意必有所見。姑録之以竢後之君子。

子曰「甚矣，吾衰也」句，「久矣，吾不復夢見周公」。孔子盛時，志欲行周公之道，故夢寐之閒常常見之。今周公之夢久不復作，則其志慮之衰也甚矣。

「自行束脩以上，吾未嘗無誨焉」。先儒謂：脩，脯也。十脡爲束。古者相見，必執贄以爲禮。束脩，其至薄者。苟以禮來，則無不有以教之也。案：杜恕《體論》曰：「束脩之業，其上在于不言，其次莫如寡知。」又《後漢·馬援傳》注云：「男子十五以上，謂之束脩。」杜詩薦伏湛曰：「自行束脩，訖無毁玷。」註：「束脩，謂年十五以上。」《延篤傳》註「束脩，謂束帶脩飾」，不可以束脩之問不出境，一槩論也。

子在齊聞韶，三月不知肉味。曰：不圖爲樂之至于斯也。先儒謂韶盡美，又盡善，故學之三月不知肉味，而歎美之如此。程氏又以三月爲音字之誤。學之之説，蓋本諸《史記》襄二十九年吴子使季札聘魯，請觀周樂，自《周南》以下歌諸國之風，自象箾以下，偹三代之舞。至舞韶箾札曰：「德至矣、大矣，如天之無不幬也，如地之無不載也。雖甚盛德，其蔑以加于此矣。」則魯未嘗無韶也。孔子，魯人也，使孔子而欲學之，歸而求之魯可也。何爲至齊而始聞之，始學之哉？韶，舜之樂也。舜之後封于陳。莊二十二年，陳人殺其太子御寇，陳公子完與顓孫奔齊，齊侯使敬仲爲卿，敬仲辭，使爲工正。蓋陳氏得政于齊之始也。自是之後，陳氏浸彊。昭五年，齊侯使晏嬰請繼室于晉，晏子語叔向，已有「齊其爲陳氏」之説。至八年，魯亂，孔子適齊，于是聞韶。則陳氏之得志于齊久矣。三月不知肉味，蓋憂齊之將亂，非學之也。曰：不圖爲樂之至于斯也，非美之也。當是時，齊侯與晏子坐于路寢，歎曰：「美哉室，其誰有此？」晏子對曰：「如君之言，其陳氏乎？」後世若少惰，陳氏而不亡，則國其國也已。是陳之强、齊之弱，不特孔子知之，而晏子亦知之。不特晏子知之，而景公亦自知之矣。聞韶之歎，孔子其能自已乎！是時，景公欲待孔子以季、孟之閒，既而曰：「吾老矣，不能用也。」而孔子亦不欲留焉者此也。卒之哀十有四年，陳恒弑簡公，孔子沐浴而朝，告于哀公，請討之。則聞韶之歎，豈聖人過憂哉！

「雍也，可使南面」，朱子云：「仲雍爲人，寬洪簡重，有人君之體，故可使南面。」然莫審其説。或者謂：「雍也，仁而不佞，仁則寬洪，不佞則簡重。」意必本乎此，非苟爲是言也。

「君在，踧踖如也，與與如也」，註：「與，平聲，或如字。踧踖，恭敬不寧貌。與與，威儀中適貌。」横渠曰：「與與，不忘嚮君也。」而伊川答王信伯之問，乃曰：「與與，容與之貌。蓋踧踖則不安，與與則易肆，踧踖而與與，恭而安也。」

伊川曰：「飲酒不妨，但不可過。惟酒無量不及亂，聖人豈有作亂之事！但恐亂其氣血，或致疾，或語言顛錯，容貌傾側，皆亂也。」

晉文公譎而不正，齊桓公正而不譎。石林葉少藴解此甚詳，且有理，因次其説。諸侯莫盛于桓文，桓文之霸莫盛於首止之盟，與温之會。桓公之盟首止也，意謂太子鄭將廢，已朝而諫之。王從，則太子安，不從則廢。諫之從違，未可知也。吾爲會而會世子，使天下諸侯皆知世子之爲鄭而共尊之。雖有惠后之變愛，襄王不得而行其私矣。故《春秋》曰：「公及齊侯、宋公、陳侯、衛侯、鄭伯、許男、曹伯會王世子于首止。」俄而曰：「諸侯盟于首止。」夫别其文曰會王世子，再見諸侯也。盟而世子不與，辭繁而不殺，其與桓公可知矣。若文公之會則不然，吾霸諸侯矣，諸侯孰不吾畏。吾既可率諸侯以會温，則率之以朝京師亦可也。文公乃不朝王而召王，其意蓋示天下曰：「王猶從我，其誰敢不從！」不過挾天子以令諸侯耳。故《春秋》曰：「公會晉侯、宋公、蔡侯、鄭伯、陳子、莒子、邾子、秦人于温，」俄而曰：「天王狩于河陽。」先言「會」而繼之以「狩」，則文于是乎病矣。故桓公之召世子，正也。其不朝王者，不得已也。文公不朝王，因己之霸脅諸侯以召王，以迹觀之若正，其所以召之則譎也。

「子擊磬於衛」一章，説者謂荷蕢譏孔子人不知而不止，孔子故責其果于忘世而不爲。案：孔子歷聘諸國，獨于衛而擊磬，何也？衛自蒯聵輒之亂，父子之分蕩然矣。子路曰：「衛君待子而爲政，子將奚先？」子曰：「必也正名乎。」則孔子之欲辨其名分也久矣。擊磬于衛，非無意也。石聲磬磬以辨，亦欲辨其上下之分而已。荷蕢，隱者，知孔子之心。過而聞之，故曰：「有心哉，擊磬乎！」既而曰「鄙哉」，言其闇于事也。「硜硜乎」。硜硜，石聲也，謂子擊磬雖硜硜乎有聲，「莫己知也。斯已而已矣」，傷時人之不知也。于是又援《衛風》之詩曰：「深則厲，淺則揭。」夫以衣涉水曰厲，攝衣涉水曰揭。曰厲曰揭，以淺深别之。今衛之父子，奸名犯分，至成滔天之惡，非可以淺深論也。子曰：「果哉。」以其説爲然也。「末之難矣」，天下之事，正之于始爲易，救之于末爲難。衛之至此，吾亦末如之何也已。

孔子曰：「見善如不及，見不善如探湯。吾見其人矣，吾聞其語矣。隱居以求其志，行義以達其道，吾聞其語矣，未見其人也。」「齊景公有馬千駟，死之日，民無得而稱焉【一】。伯夷、叔齊餓于首陽之下，民到于今稱之。其斯之謂與？」朱氏謂「其斯之謂與」，此上疑有闕文。恐在「誠不以富，亦祇以異」下仍析爲三章。後閱無垢張氏《心傳》録于恕云：「『見善如不能及』，怠而不進也。『見不善如探湯』，初雖畏之，探湯之不已，則漸入之矣，是漸而入于惡也。於善而不進，于惡而漸入，其人何如哉！齊景公欲待孔子以季、孟之閒，孔子告以君臣父子而説，不可謂不見善也。然終不能用孔子，是不及也。貪利之心，浸浸不已，積焉至于千駟，豈非不善而漸入乎？孔子與景公同時，故曰：『吾見其人矣，吾聞其語矣。』至若伯夷、叔齊，則隱居以求其志，行義以達其道者，今無其人矣，故曰：『吾聞其語矣，未見其人也。』『其斯之謂與』，所以結上章之意。」是説亦有取焉。愚嘗觀景公與晏子論陳氏之事，晏子曰：「惟禮可以已之。」公曰：「善哉，我不能矣。」斯言也，豈非「見善如不及」之謂乎？

「公山弗擾以費畔，召，子欲往，子路不説，曰：末之也已，何必公山氏之之也。子曰：夫召我者，而豈徒哉？如有用我者，吾其爲東周乎？」此章先儒解之不甚詳。蓋費乃季氏之邑，不狃不得志于季氏，與陽虎謀去三桓，不克而畔。夫謀去三桓不克而畔，乃

【一】無得而稱焉　「得」，《四庫》、《學海》作「德」。

畔季氏，非畔魯也。故《史記·世家》曰：「公山不狃以費畔季氏，召孔子，欲往而卒不行。」況孔子亦素有惡三桓之意，其爲大司寇攝行相事。定公十二年，使仲由爲季氏宰，墮費、墮郈、墮郕，則不狃之以費畔，或者疑與孔子之意合，是以欲往也。不然，孔子豈輕于從不狃者哉！厥後不狃與叔孫輒奔吴，吴爲邾故將伐魯，叔孫輒勸之。不狃曰：「非禮也。君子違，不適讎國。且夫人之行也，不以所惡廢鄉。今子以小惡而欲覆宗國，不亦難乎？」自定至哀隔二世，自定九年不狃畔而去，至哀八年吴將伐魯，隔十有五年。不狃之去魯久矣，尚眷眷于魯如此，則不狃非特不畔魯，且忠于魯者也，特子路未知不狃之心耳。然孔子始雖欲往而終亦不往者，豈不以不狃以輕怒使陽虎逐仲懷，其所守不固邪？門弟子書公山弗擾召，則曰以費畔。佛肸召則曰以中牟畔。中牟亦晉大夫趙襄子之邑，佛肸非畔晉也。

《論語》記孔子答門弟子處，皆有「曰」字，惟答宰我「短喪」之問曰：「食夫稻，衣夫錦，于女安乎？」曰：「安。」「女安，則爲之」。「女」字上不書「曰」字。此記言者善形容聖人深嫉宰我之意。《禮》：父母之喪既殯，食粥、麤衰。既葬，蔬食、水飲，受以成布。期而小祥，始食菜果，練冠縓緣【二】，要絰不除，無食稻衣錦之理。夫子以此發宰予不忍之端，而予忍之，所以絶之之深，嫉之之至也。

子曰：「鄙夫可與事君也與哉？其未得之也，患得之。既得之，患失之。苟患失

【二】練冠縓緣　「練」，原作「綵」，據《四庫》改。

之，無所不至矣。」先儒以患得之謂患不得之。愚謂：鄙夫，劣闇之稱，世謂鄙陋、鄙俗、鄙偎、鄙吝、鄙俚，皆其人之不足道者也。故于未得之先，反以得爲患，懼不能勝其任也。既得之，又狃于富貴利禄，而患失之心生焉。苟患失之，則無所不至矣。

子張曰：「士見危致命，見得思義，祭思敬，喪思哀，其可已矣。」下三句皆言思。死生亦大矣，而「見危致命」獨不言「思」，何也？士而見危，便當致命，正不必思也。思之，則宫室之美，妻妾之奉，所識之窮乏者，皆足以動其心，而拂亂其所爲矣。李陵欲得當以報漢，南霽雲曰：「將以有爲，皆不必思而猶有思也。」夫提卒五千，轉戰萬里，矢盡道窮，陵可以死矣。睢陽既陷，巡、遠就戮，霽雲何容復有爲哉！「不必思而猶有思」，此李陵所以生降，隤其家聲。而「南八！男兒死耳」之語，巡所以呼霽雲而警悟之也。然子張于士則曰「見危致命」，孔子于成人則曰「見危授命」。蓋授者，安于天，而致則以人力爲之，所以有成人與士之異也。

「孟子曰：『王者之迹熄而《詩》亡，《詩》亡然後《春秋》作。晉之《乘》、楚之《檮杌》、魯之《春秋》，一也。其事則齊桓、晉文，其文則史。』孔子曰：『其義則丘竊取之矣。』孟子曰：『君子之澤五世而斬，小人之澤五世而斬。予未得爲孔子徒也，予私淑諸人也。』」此本一章，所以發明《春秋》大義。説者析爲二章，頗費辭説。蓋因有兩「孟子曰」之故。殊不知中有「孔子曰」一句，故下不得不再書「孟子曰」以别之，不然，則「五世」之説似皆爲夫子之言矣。其大旨云：王者之迹熄而《詩》亡，《詩》亡然後《春秋》作，《春秋》非孔子自作也。晉之《乘》，楚之《檮杌》，魯之《春秋》三史所述，其事莫過于桓、文，其文則史也。孔子謂丘竊取三書之義，所謂述而不作者也。自獲麟絶筆之後，至孟子游梁之時，已百四十有餘年。三十年爲一世，以成數計之，蓋五世矣。君子漸潤之澤，小人汙染之澤，至此五世皆斬然矣。李彪《乞修史表》云：「東觀中圮，册動有闕，美隨日落，善因月稀。一日不書，百事荒蕪。」即此意也。戰國之世，善惡不明，亂臣賊子復接跡于天下，孟子憂之，欲繼孔子而作《春秋》。其聖不及孔子，故曰「予未得爲孔子徒也」，徒猶斯人之徒，及非吾徒也之徒，不過退取《春秋》之旨，與公孫丑、萬章之徒難疑答問而已。故曰：「予私淑諸人也。」私淑，正與竊取之義同。如此，則一章之指昭然易見。

《晁氏客語》：「伯夷，非其君不事，非其民不使。思與鄉人處，如以朝衣朝冠坐于塗炭，若隘也。然不念舊惡，所以爲伯夷。柳下惠不羞汙君，不卑小官，雖袒裼裸裎，不以爲浼。然不以三公易其介，所以爲下惠。」

「君之視臣如土芥，則臣視君如寇讎」。此爲爲人君者言也，非爲臣者所以責其君。「父子之間不責善，責善則離」。此爲爲人父者言也，非爲子者所以責其父。

子思之言渾涵，孟子之言銛利。《禮記》載子思答舊君反服之問曰：「古之君子，進人以禮，退人以禮，故有舊君反服之禮也。今之君子，進人若將加諸膝，退人若將墜諸淵，無爲戎首，不亦善乎！又何反服之有？」如此而已。而孟子則反覆辨論，至謂「君之視臣如土芥，則臣視君如寇讎。」于此，可以覘子思、孟子之學矣。

趙臺卿作《孟子題辭》，有曰：「孟子亦自知遭蒼姬之訖録，值炎劉之未奮，進不得佐興唐、虞雍熙之和，退不能伸三代之遺風。」意則然矣。孟子生戰國之時，炎劉未奮，孟子亦何由知之？此亦遣文之病。若曰：本之讖緯，則聖賢不道也。

「子謂南容：邦有道，不廢；邦無道，免于刑戮。以其兄之子妻之。」註疏皆不言孔子之兄之名。案《史記索隱》：「叔梁紇先娶施氏，生九女，其妾生孟皮。孟皮跛，求昏于顔氏而娶徵在，遂生孔子。」

「吾豈匏瓜也哉，焉能繫而不食。」先儒匏謂瓠也。匏，瓠瓜，繫于一處而不能飲食，人則不如是也。愚嘗疑而維其義【三】。一日，讀《衞風》之詩曰：「匏有苦葉，濟有深涉。」乃知匏可繫以濟涉，所謂中流失船，一壺千金者是也。又《莊子》「今子有五石之瓠，何不慮以爲大樽而浮于江湖之上」。司馬氏云：樽如酒器，縛之于身，浮于江湖，可以自渡【四】。慮猶結綴也，所謂腰舟。然匏雖可繫而味苦，且其中喝然，故不可以食。

先儒曰：「文章與時高下，政龍土裂，則三光五嶽之氣分。三光五嶽之氣分，則大音不完，必泯一而後大振。故三代之文至春秋、戰國而病，涉秦、漢復起。漢之文至列國而病，唐興復起。」噫！是固然矣。然政之龍，土之裂，莫春秋、戰國爲甚。吾夫子删《詩》、

【三】維其義　「維」，《四庫》作「惟」。

【四】可以自渡　「渡」，原作「度」，據《四庫》、《學海》、《佩韋齋集》卷二十改。

定《書》、繫《周易》、作《春秋》。孟子退自齊、梁，述堯、舜之道，卒使彝倫叙，人極立，亂臣賊子懼。一時游、夏、公孫丑、萬章之徒，皆得以與斯文之盛，是豈以政龍土裂病哉！下是如荀卿、揚雄之輩，顧時之治亂，鋭然振斯文而起之，亦足以繼往哲而詔來者。又下而諸葛孔明，以出師一表繼《伊訓》《説命》于三國鼎沸之時，陶淵明以《歸去來辭》傳于典午灰燼之日，而當世斯文亦賴以不壞不泯。然則文章果與時高下乎哉！獨宋自渡江以來，文人才士視東都諸老若有愧焉，故説者得以光嶽氣分而議之。然乾、淳、端平之際，如朱公熹、張公栻、吕公祖謙、真公德秀、葉公適、陳公傅良、魏公了翁，相繼以道自任，以文自鳴，卒使後生小子習見典刑，爭自濯磨于學，亦不可謂今無人也。惟末年，學士大夫篤意舉業，以進取亂其心，以富貴利達蕩其志，于是文氣委薾，而文之古者始寥寥然不見于世，是非光嶽氣分之病也，人實病之也。方今東西南北，寸地尺土，靡不臣屬，三光五嶽之氣，渾然合矣。大哉王言【五】，式在今日。余老矣，不得與于斯文之盛，然所以作新而振起之，如韓愈、歐陽修者，將必有其人，惜乎不得而見之矣。嗚呼！光嶽之分，合其與于斯文之興廢也邪？抑無與于斯文之興廢也耶？

【五】哉王言　三字原闕，據《四庫》補。

⊙方　鳳撰

野服考

胡紹文　整理

點校説明

《野服考》一卷，方鳳撰。方鳳（一二四〇—一三二一），字韶卿，一字韶父，號景山，婺州浦陽（今浙江浦江）人。出生於宦仕之家，曾遊太學，升上舍，但應試不第。宋末授容州文學，宋亡後歸隱仙華山。與謝翺、吴思齊交好，共同創立月泉吟社。據《新元史·方鳳傳》：「鳳善爲古今體詩，不緣雕琢。而體裁純密，自成一家。」存有詩文集《存雅堂遺稿》。其門人有吴萊、柳貫、黄溍等。

《野服考》擷取典籍所記「臺笠緇撮」、「鹿裘帶索」等十六條，當以遺民自視，以此見志而已。該書的主要版本有《學海類編》本、清道光晁氏活字印本、《續金華叢書》本和上海神州國光社《美術叢書》本，上海古籍出版社一九九三年方勇點校本《方鳳集》亦有收録。《學海類編》本時代最早，本次整理以此爲底本，參校《續金華叢書》本和上海古籍出版社點校本《方鳳集》。

野服之制，始于逸民者流，大都脱去利名枷鏁，開清高門户之所爲。是非繕性元漠、抱度宏虚，弗能也。後世學士大夫，亦往往釋戀簪纓，娱情布素，若而人者蟬蜕淤泥之中，浮游塵壒之表，其可易之、忽之也耶？于是鴻搜故牘，擇野服之尤雅者凡十六條，定著爲兹編，使夫山澤之癯，習之可以耀潛德；薦紳之家，得之可以勵清修。即兹編以盡野服，而野服盡于此矣。鳳識。

臺笠緇撮

《毛詩》云：「彼都人士，臺笠緇撮。」注曰：「臺，夫須也。緇撮，緇布冠也。」其制小，僅可撮其髻也。

鹿裘帶索

《高士傳》云：「榮啓期者，不知何許人也。鹿裘帶索，鼓琴而歌。孔子遊于泰山，見而問之曰：『先生何樂也？』對曰：『吾樂甚多：天生萬物，惟人爲貴，吾得爲人，是一樂也；男女之别，男尊女卑，故以男爲貴，吾既得爲男矣，是二樂也；夫人生有不見日月、不免襁褓者，吾既以行年九十矣，是三樂也。貧者，士之常也；死者，民之終也。居常以待終，何不樂也？』」

鶡冠

《子略》云：「鶡冠子，楚人，居于深山，以鶡爲冠，著書十有六篇，號曰『鶡冠子』。」

犢鼻褌

《西京雜記》云：「司馬相如初與卓文君還成都，居貧愁懣，以所著鷫鸘裘就市人楊昌貰酒，與文君爲懽。既而文君抱頸而泣曰：『吾生平富足，今乃以衣裘貰酒。』遂相與謀，于成都賣酒，相如親著犢鼻褌滌器以恥王孫。王孫果以爲病，乃厚給文君。文君遂爲富人。文君姣好，眉色如望遠山，臉際常若芙蓉，肌膚柔滑如脂。十七而寡，爲人放誕風流，故悦長卿之才而越禮焉。長卿素有消渴疾，及還成都，悦文君之色，遂以發痼疾。乃作《美人賦》欲以自刺，而終不能改，卒以此疾至死。文君爲誄傳于世。」

不借

《古今注》云：「不借者，草履也。以其輕賤易得，故人人自有，不假借于人，因名『不借』也。又，漢文帝履不借視朝。」

白接䍠

《世説新語》云：「山季倫爲荆州，時出酣暢。人爲之歌曰：『山公時一醉，徑造高陽池。日暮倒載歸，茗艼無所知。復能乘駿馬，倒著白接䍠。舉手問葛彊，何如并州兒？』

高陽池在襄陽，彊是其愛將，并州人也。」

草裳

《汲郡雜録》云：「孫登，字公和，西晋人，無家，于汲郡北山土窟住。夏則編草爲裳，冬則被髮自覆。好讀《易》，鼓一絃琴。見者皆親樂之。」

短褐

《五柳先生傳》云：「先生不知何許人也，亦不詳其姓字。宅邊有五柳樹，因以爲號焉。閒靜少言，不慕榮利，好讀書，不求甚解，每有會意，便欣然忘食。性嗜酒，家貧，不能常得。親舊知其如此，或置酒而招之。造飲必盡，期在必醉。既醉而退，曾不恪情去留。環堵蕭然，不蔽風日。短褐穿結，簞瓢屢空，晏如也。常著文章自娱，頗示己志。忘懷得失，以此自終。贊曰：黔婁有言，不戚戚于貧賤，不汲汲于富貴。其言兹若人之儔乎。酣觴賦詩，以樂其志，無懷氏之民歟，葛天氏之民歟。」

聚芳圖百花帶

《高士春秋》云：「宗測春遊山谷，見奇花異草則係于帶上，歸而圖其形狀，名『聚芳圖百花帶』。人多效之。」

隱士衫

梁福《廬陵記》云：「成芳隱麥林山，剥苧織布，爲短襴寬袖之衣，著以酤酒，自稱『隱士衫』。」

樹衣芒屩

《大唐新語》：「朱桃椎，蜀人也，澹泊無爲，隱居不仕，披裘帶索，沈浮人閒。竇軌爲益州，聞而召之，遺以衣服，逼爲鄉正。桃椎不言而退，逃入山中。夏則裸形，冬則以樹皮自覆，凡所贈遺，一無所受。織芒屩置之于路，見者皆曰：『朱居士之屩也。』爲鬻取米，置之本處。桃椎至夕取之，終不見人。高士廉下車，深加禮敬，召至，降階與語，桃椎不言而退【一】。士廉每加褒異，蜀人以爲美談。」

九華半臂

《雲仙雜記》云：「闞文衍爲散騎常侍，畫九華山圖于白綾半臂，號『九華半臂』。自云：『令吾此身常在雲泉之内。』」

青笠緑簑

張志和《漁父》詞云：「西塞山邊白鷺飛，桃花流水鱖魚肥。青箬笠，緑簑衣，斜風細雨不須歸。」

飛雲履

樵人直説云：「白樂天燒丹於廬山草堂，作飛雲履，元綾爲質，四面以素綃作雲朵，染以四選香，振履則如烟霧。樂天著示山中道友曰：『吾足下生雲，計不久上升朱

【一】桃椎不言而退　原作「桃椎一答既而便去」，《四庫全書》本作「不答瞪目而去」，據《續金華叢書》本、《大唐新語·隱逸》改。

府矣。』」

減樣方平帽

《瑣碎録》云：「羅隱帽輕巧、簡便、省樸，人竊倣學相傳，爲減樣方平帽。」

太清氅

《清異録》云：「臨川、上饒之民以新智剏作醒骨紗，用純絲蕉骨相兼撚織。夏月衣之，輕涼適體。陳鳳閣喬如以爲外衫，號『太清氅』；又爲四褛内衫子，呼『小太清』。」

◎方鳳撰

金華遊録

胡紹文整理

點校説明

《金華遊録》，又名《金華洞天行紀》，一卷。作者方鳳，間有題謝翺撰者。謝翺《金華洞人物古蹟記》載：「友人方鳳既集爲《行紀》，志所變怪，先後有差。」《存雅堂遺稿》吴士謌跋、張一禎跋和《宋遺民録》鮑廷博跋均認爲《金華遊録》是方鳳所作，諸説考証扎實，比較可信。方鳳生平，已見《野服考》點校説明。

《金華遊録》記載了宋末遺民方鳳、謝翺等於至元二十六年（一二八九）正月同遊金華，記述了沿途所見的風景，其中觀石羊和金華三洞尤爲詳細。文中還保留了和一些同遊者的詩文。該文有助於我們了解宋代日記體遊記的風格和特點。

本書的主要版本有《説郛》本、《宋遺民録》本、《寳顔堂秘笈》本、《學海類編》、《續百川學海》本、《存雅堂遺稿》本和《冰壺山館叢書》本，上海古籍出版社一九九三年方勇點校本《方鳳集》亦有收録。此次整理以《學海類編》本爲底本，參校《續百川學海》本、《存雅堂遺稿》和上海古籍出版社點校本《方鳳集》。

己丑歲正月，謝翱皋羽、方鳳韶卿約遊洞天。

十一日辛卯。韶卿攜子肖翁入邑，與皋羽及陳公凱君用弟公舉帝臣會，韶卿夜賦詩示同遊者。

十二日壬辰。陰寒。韶卿拂曉取上洛之吴溪，過吴似孫續古，約俱行。至横溪，訪柳時聲父子。君用不至，帝臣從五路嶺先過門，皋羽繼至，會宿時聲居。

十三日癸巳。枕上聞雨。是晚以雨宿柳明府新居。各賦一首。

十四日甲午。陰。未曉即行，午度太陽嶺，晚泊上坦。欲訪雙巖鄭子有，子有聞之，先至旅寓，邀宿陵雲山房。城友葉謹審言適相遇於陵雲，約翌日同至赤松。是夕，子有出家藏先資政北山先生遺墨及久近諸賢書帖，共觀至夜分。韶卿書《北山感雪竹賦》，後皋羽亦題。

十五日乙未。曉聞窗外葉聲，疑雨，起而視之，則霽。既飯，話良久。子有之姪復留飲凝香閣。晚抵赤松。自源口入一里許，萬松矗翠。有亭跨中路，扁「赤松山」，舊樞密潛齋王公埜書。今往觀，唐元素易以他書矣。沿溪入橋亭，扁「金華福地」，郡人潘繼先篆。過橋入三門，勑寶積觀額，大中祥符元年所賜，與殿中四錦旛及獻花四木孩，俱今猶存。入門而右，有堂臨池上，爲「濯纓堂」，默成先生潘待制良貴書。入而爲松遊亭，又入而爲枕流亭。觀之前爲卧羊山，即皇初平叱石成羊處也。道士王元台、謝天與款宿。謁冲應、養素二真祠。二真，初起、初平兄弟也。松下有遇仙石，坐其上。相傳往年唐公李度有目眚，寓觀中，嘗憩兹石。遇二仙，問故，采草拂其目，遂明。且祝曰：「後十八年，當相見彬州。」及唐登第，授彬教，有二道士過之，唐不知省。道人曰：「子亦記松下治眼時語乎？」既而邀之，不知所適，方知爲二仙云。時詔卿病目甚，故道士言之爲詳。回宿王、謝房，各賦《上元遊赤松》詩。

十六日丙申。微陽。道士水竹唐元素、妙虚王德厚、竹泉倪守約房中觀羊石，其詳具皋羽《觀羊石記》中。云：「金華洞爲皇初平叱石處。予髫而聞之，髮種種乃一至，而叱石處復不在金華洞。未至洞十五里，有山曰赤松，今爲寶積觀。觀旁祠二仙，二仙即皇初平兄弟，是其處也。石故在山之巔，變恠牴牾，宛然如羊形。多爲樵牧及好事者取去，道士拾其餘蓄觀中，余得借而觀者三處。其一在天井東，僅十數，角蝲然，羣伏且起狀，無抵觸意，苔蒙茸若草藉地，可近而玩。其一竝曲池之岸，纍石爲山，參布伍列，犬牙其上。卧者十八九，伏者十七，抵者、蹶者十五，履險而跂者十三，倚而齕、跪而乳者十一，若觀古彝尊之跡于石，形不求全而意自足。其一積小坻，位置加密，跂伏、齕乳、抵蹶，與前變態略同。復有拱而人立者，奇崛特甚，非前所有。道士易以他名，使不與羣羊伍。余曰：『是不可易。左元放之遇曹瞞，其化而爲羊，與兹羊之化爲石，是或一物也。今而後觀兹石，衆馮而遊若脱而休，茫乎日與之對，而泊不知所求，其有不復化爲是物乎？』道士顧笑，衆皆沈寂，起立若植，以余言爲然。故書以啓後之遊者。其所觀三處【一】，道士曰倪守約、唐元素、王德厚，云：石去初平仙後若干年，爲樵牧好事所取又若干年，爲樵牧好事所取又若干年，道士悉能言之。于遊者非有繫，故不書。」妙虚石旁有方竹一叢，蕭疏可愛。堂名蕭閒樓，有減筆隸「物化」二字，極佳。水竹留饍，王、倪各爲煮茗。入小桃源，路口有小桃源、物外、洗耳三石刻，奇古，皆餘杭虞似良仲房八分書。未過橋爲物外亭，過橋有亭，泉上有臺名「滄浪」，溪石皆磊磈，水激射爲峭峽，爲盤渦。道士徐南華攜酒餚，并青窗王易所書趙元清《夢游小桃源四時詩》來。青窗即故樞密王公之孫，名進思，官惠院，號淳齋，善書而好吟。以避世立兄子爲子，使出贅，復分田，送其妻歸母家，而自爲道士于此。南華酌酒滄浪臺槲陰下，行至巖扉閒，新搆小亭，名「别有天地」，復酌亭上。巖扉有諸公題墨，新種桃梅夾道。道士周雲巖世昌要會酌樓上，石泉之徒王德謙益之攜琴，鼓再行。午，從觀右登丹山，行窮林巨石閒，觀丹竈及丹石。相傳某年丹光見石上，有道人養雞，見雞啄丹，取之，丹即飛去。今立祠與庵。祠前舊有老樹竝，其一中斷，倒架上半于其一附著而生，下半則僵立不相接，狀甚恠奇。今爲改祠道士伐去。曾遊者以爲言：丹山

【一】其所觀三處　「三處」前原有「後之」二字，據《存雅堂遺稿》、《晞髮集》删。

而左稍下有丹井，泉極甘冷。一徑出小桃源之上，抵二仙祠。回宿寶積觀中。西廡石刻「赤松山」三大字，李陽冰篆，偉甚。以赤字從大，下作火，揭之有火災，故寘不用，而存其跡云。

十七日丁酉，雨。欲往三洞，不可，遂入城，泊祥符寺。待霽取道智者以往。

十八日戊戌，雨。留祥符。皋羽有「塔影霧中深」之句，韶卿足之。

十九日己亥，陰。入寶婺觀，謁星祠，登八詠樓。寶祐丙辰歲，郡守謝弈修改創，灊齋王埜書扁，今易以他書矣。時拏丁夫急，所帶奚奴不敢出市衢。韶卿自同皋羽訪芙蓉盛太博，共談世故。晚歸祥符。

二十日庚子，新霽。約審言自蘭溪門會于北栅，韶卿父子、續古、審言登七寶寺塔樓，拂塔院至道年碑石，遇且庵徐玉汝於盧士安卜肆。韶卿、皋羽甚欲留訪諸老，以雨餘得霽，重于妨衆，遂行。既出城，遇抑齋劉權院、梅居邵深道、成齋王玉成于菱塘之東。王、謝二道士自赤松來，西鹿田守僧懷玉留而相導。韶卿賦《北山道中》，衆客皆和。晡至智者寺，山路有亭，扁「北山」，唐乾元二年八月縉雲縣令李陽冰篆書。入而爲倚松亭，過橋有亭，扁「靈源」。小憩亭上，又灊齋王公書「靈源勝地」四大字，寘之雲堂後廡，寺僧莫之貴也。日夕，過鳳凰山法清院，山形如鳳凰，舊爲「法朗」，石晉開運二年爲「國泰」，今改「法清」。山西有一恠松，偃蹇如盤龍。院僧圓矩云：「昔灊齋王公嘗護以闌楯。」遊憩其下，是夜宿院中。

二十一日辛丑。有徐生館法清，酒狂士也。曉起攜詩見贈，有「鳳凰山上鳳凰翔」之句，聯中又以「畊田鹿」、「化石羊」爲對。臨别密謂審言曰：「余以鹿比僧，羊比道士，鳳凰比諸君子。」審言途中述其語，衆皆絶倒。從法清而西，過故康懿泰國長公主墳園。未至觀半里，有歧徑，行五十里，至金華觀。登山可至九龍寺，上有劉先生講堂，劉孝標讀書處也。三洞：上爲朝真，中爲冰壺，下爲雙龍。三石扁皆飛帛書。立下洞口，觀有「天下名山」四大字。觀之左爲椒亭，所從入洞路也。以山下平地言之，此則山巔，然而迢遞寬衍。觀之前，居民成聚，則此乃洞天之趾爾。雙龍洞口，石室明淨，坐可三二百人。仰視石室紺碧，其隱約可名狀者，爲雲物，爲仙桃，爲道人，比肩而立。龍首見其左，而尾懸右。石壁上又懸石至地，獨黄色，俗呼「吕先生藏身霞衣挂」。其旁有北斗星窠，洞穴如螟頤，水淙淙從中出，即流入右偏，暗出洞外溪澗。衆束炬揭裳，傴僂踏水入内洞。凡三數丈，首背皆擦石，舊卧小舟而入，今敝漏閣水際。既入，復虚曠如外洞，水從右流，莫測其淺深。執炬者一一相指告，見蜂窠石、水蛙石、石鐘、手搥之鐘聲，仙珠纍纍貫巖上。石門限雪山，山前雪、山後雪粱之皎然，仙笠懸巖石，石鼓，搥之鼓聲，有形蜿蜒，頭角鬣尾凡二，屈蟠隱見，爪尖皆白石如玉，所謂雙龍也。貓一，獅子一，頭足尾具，額有珠。大龜黑色，白蛇斜繞其背，首入甲下，奇甚。筆格一，霜崖粲如繁霜，有卷石，小竅指面大，有水正滴竅中，名「仙人硯滴」。候片時，纔一滴。仰視洞中，他無漏泉，獨此爾。浴室石檽，三足蟾懸鐘寶蓋，如名剎講臺上所設而加高大。海角虎蹲立，雲霞五色欲飛。極裏從暗處俯伏，遠望洞口水中所從入處，僅一小隙，透明如十五夜月，名「仙人望月」。又大象足二，小一，仙桂水波，石粼粼然，大者如浪轉雪山。後而左爲滑臺，爲池，爲田，畦町高下可數。仙人挂衣横十數丈，衣純素，袪褏襞摺皆天成。又仙人眠石，方整可卧，仙人帽，日月二宫，復從洞口踏水而出。凡洞中所見，不假一毫鐫鑿而形狀自然，其妙處殆不可言也。登山幾半里，至中洞洞口，視深處乃暗穴，但聞潺潺水聲。束數炬相後先，若入井然。稍斜向内，衆魚貫而下。石滑且險，約三十丈。至水簾自高巖噴出，下有巨石盛之，即不知水之所往。水簾出處，前有懸石如鐘，又如飛鳳。視水簾以下，復沈沈深黑，人多不敢復入。皋羽毅然揚炬而前，韶卿、續古從之。由水簾之右轉而深入，巨石無數，回視水簾乃在目前。愈入愈深，下復無水，有石筍入空曠中，高可三四丈，色瑩如玉。從石筍而下，極底有石室燥潔，曾遊者留題在焉。回至水簾，漸可望明而上，不如入之險也。然不能深入，則不得盡其奇。來遊者率望水簾而止爾。又登山二里，韶卿父子、皋羽、續古倩兩山童買竹薪束炬。至上洞，入洞而右爲觀音洞，從巖罅越石限而入，展轉愈高。攀援至觀音前，其石像天成，垂衣，伸一足，如土偶者。但高入巖罅，以炬燭之，僅得其半，而臂與面莫盡見也。旁有潭，深不可近，名觀音井，又名龍潭。復路出，從大洞正面而入，歷三數坡陀。其石上雲霞、波浪、霜雪、屋室之類，皆不減下洞所見。洞口天日之光斜射洞中石崖上，淡如月色，奇甚。内有石梁高挂，深可二三十丈，白龍護其左，蒼龍護其右。又入，有天池深廣，四畔峻壁不可下。池之裏有崖如兩扉，而啓其一。極黑暗中，遠望石扉啓處，天光下燭，蓋洞天漏明，而人莫知其處，名「一線天」。既隔天池不得復深入也。雙龍洞口題名石上，韶卿賦三洞云：「金華北山三洞天，垂髫欲往金華顛。春風吹衣雨洗履，瘦笻忽拄蒼山煙。山高地平走幽澗，根絡石上森枏梗。步從飛橋瞰石洞，厓色閲世知幾年。風痕霧迹化異物，龍首昂左尾右旋。就中暗穴如蟆頤，急水瀉碧鳴媧絃。遡流束炬照徒涉，肩皆擦石行拳攣。水窮路夷内景得，以炬交燭窮幽玄。細紋蹙波湧浪接，皎彩凝雲飛霜鮮。大爲獅子虎犀象，瑣碎亦復蜂屯然。蜿蜒雙蟠角尾具，一一玉爪拏蒼堅。窮龜負甲色深墨，長蛇白質相縈纏。鐘能鐘聲鼓能鼓，不假樅簴知誰懸。直櫺斜檻藏溷室，短畦長町移原田。青雲白霓五色霞，笑盡敗絮留丹鉛。中途經過最深窅，伏身低眺洞口泉。空明一隙隔遠見，秋蟾浴海光嬋娟。左巖袈衣頗横亘，疊摺衆皺垂蹁躚。自餘神恠不可極，似鑿非鑿鑴非鑴。出登山腰叩中洞，外視石井聞潺潺。入深踏險思搥綆，長竿揭炬後且先。水簾可俯心爲掉，到此十九歸言遄。嗜奇不憚歷磊砢，足以目故差輕便。翻身卻望水簾處，銀河天落懸吾前。常情疑復下百尺，積水定作神龍淵。石乾徑闢卻易進，玉筍拔地修而圓。宜爲淵處乃爲屋，亦或摩抄題新篇。同遊疑我久未出，笑謂豈欲井底眠。林幽風起日已晚，猶睨高洞山之巔。薪蒸可買樵我導，不遠數里仍攀緣。傍從右壁入深圻，如鐵户限瓊爲檐。儼然海相挂珠絡，熟視豈信非夸傳。左爲朝真正面入，便想笙鶴邀羣仙。雲霞波濤仙衣裳，奇詭豈必下洞專。欻然修梁架巖起，左右蒼白龍形全。望中極底勝漆黑，雙扉隱隱起半邊。天光一道燭扉内，知此明罅從何穿。窗深壁峭不可往，安得插羽如飛鳶。嗟余兹遊尚牽俗，身所驟歷辭難宣。但思乞水學坡老，洗眼看字消餘年。」是夕，僧懷玉同歸西鹿田寺，止宿。寺丈室後有奇石峭立，罅坼閒可行。林泉幽勝特甚。默成先生潘公大書其處云：「余往來南北兩山餘二十年，獨未曾至鹿田。紹興七年四月十七日，同智者長老法銓來。于崎嶇險隘之中得虚曠寬閒之地，修篁喬木，巨石瀑泉，氣象雄偉。此蓋未之見，不獨甲于金華也。自是評吾鄉山水，以此爲第一云。」其丈室遂榜第一軒，上爲思賢閣。是夜，宿聽雨軒中【二】。

二十二日壬寅，曉霽。過東鹿田寺，廊廡列詩石，内有葉丞相衡集杜五言四韻，其二聯云：「水花分塹弱，山木抱雲稠。」「更宿招提境，還從惠遠遊。」又僧舍壁閒，有郡倅金陵吴琳題詩。中一聯云「雲暗雨來疑是夜，山深寒在不知春」。潛齋王公嘗和其後。行數里至潛齋所營山橋。穆陵御書「山橋書堂」四大字。下有懶瓚巖，巖上有亭，亭之西有石筍。又旁巖臨溪爲亭臺，遠望州城，城中之塔鑚小雙溪如篆紋。路口有亭，扁「北山」，今亭臺皆蕪廢。既下山，王、謝道士登山取别，往歸赤松。至潛岳寺前，帝臣、審言同入

【二】宿聽雨軒中　「宿」字原脱，據《續百川學海》本補。

城。韶卿、皋羽、續古、肖翁取赤松源口虎頭巖下，道遇雨，抵上坦，旅宿。

二十三日癸卯，曉霽。近午度太陽嶺，晚宿柳時聲居。聖傳之蘭溪，留詩以待。續古先歸。

二十四日甲辰。過松巖陳粹翁，午與皋羽别，晚復雨。

二十五日乙巳。韶卿父子回抵吴氏書塾，客有問金華勝遊者，韶卿以詩叙其槩云：「赤松上下雨霏微，八詠樓頭重拂衣。西港晴來汀草長，北巖幽處洞泉飛。風敲定磬鹿春過，月滿丹臺鶴夜歸。歷覽因知古詞客，盛誇雲夢未全非。」皋羽歸後作《金華洞人物古蹟記》。

跋

右《金華洞天行紀》一小帙，蓋巖南方先生、晞髮先生與諸老并先伯父續古同遊之所紀述也。當時距宋失國才十四歲，然觀諸老情思，咸有《黍離》餘韻，而紀述巨細，詳悉不遺，寫出北山勝槩，宛在目中。信非諸老不能作也。然要之己丑，實元世祖至元二十六年也。書歲而不書年者，亦猶靖節不書永初之例耳。後之觀斯帙者，庶幾識前人忠厚之風云。吴士謬識。

按先公荆完先生書《金華洞天行》後曰：「此從譜鈔所録。」嘗閲程篁墩《宋遺民録》標此爲《金華遊録》，屬之謝皋羽，稱翺傳所著有《東西遊録》九卷，此特其一云。不知此《晞髮集》所不收，又翺作《金華洞人物古蹟記》亦云：「友人方君鳳既集爲《行紀》」，志所變恠，先後有差。」云云，又詳覽原跋，率首稱巖南韶卿，益可見也。故予斷以譜鈔爲確。手録梓行，以爲好遨者一助萬曆己未修禊日。張一楨識。

右《遊録》一卷，案諸家跋語俱無作者主名，但云方、謝共成之而已。愚考《晞髮集》，臯羽自有《遊赤松觀石羊記》、《金華洞人物古蹟記》二篇。其《金華洞記》末云：「友人方鳳既集爲《行紀》，志所變恠有差。」則《遊録》爲韶卿作無疑矣。謝記合三洞所見，以類識之，總六十有四，併十二而五，得五十七，别出機杼，與此不同。有形容變恠物無遯形，則一也。允宜與方紀竝行而篁墩遺之，惜哉！至《石羊記》韶卿全録其文，不自爲記，自是行文變化之法。而兩人相與之情亦具見於此云。嘉慶戊辰十月十四日，通介叟鮑廷博識。

◉陳世崇撰

隨隱漫録

儲玲玲　整理

點校説明

《隨隱漫録》五卷，陳世崇撰。陳世崇（一二四五—一三〇九），字伯仁，號隨隱，撫州崇仁（今屬江西）人。世崇少有詩名，年十八，父郁以其詩十首呈賀太子，以布衣官東宫講堂掌書，兼淑殿掌箋。度宗即位，推恩補承信郎。咸淳間因父得罪權奸，遂奉親歸故里。後七年，赴臨安，轉承信郎，補閤門寄班。入元後，自放山水間，元武宗至大元年十二月卒，年六十四。

本書内容豐富，作者在理、度兩朝，身列侍從，所記南宋故事尤詳。涉及國家慶典、儀禮、輿服、職官等方面，頗有史傳所未及者。書中品評了包括父親陳郁在内的二十餘人的詩作，這些作品大多不見於他書，僅賴於本書得傳。所記尊經、評史、南宋故都等雜事，亦多可采。本書卷一提及辛巳八月己丑，此時爲元世祖至元十八年（一二八一），卷三一則言及「壬申秋留西湖半載」，此時爲宋度宗咸淳八年（一二七二），後有「倏三十稔」云云。據此，本書之成當在入元之後。

本次整理，以明萬曆中會稽商氏半埜堂刊《稗海》本爲底本，以商務印書館涵芬樓鉛印本、四庫全書（文淵閣）本及江蘇廣陵古籍刻印社《筆記小説大觀》本爲校本，并參考了相關的史料及孔凡禮先生的點校本。

卷之一

今製《春秋賛》云：「微顯闡幽，三體五例。嚴乎成言，褒貶一字。」《周禮》云：「肇建六典，條章焕明。萬世之則，太平之基。《日新》云：大哉盤銘，日新其德。一盟一思，惟湯是則。」《自警》云：「孳孳爲善，無怠講習。心思唐、虞，聖道可入。」又曰：「私既克理，是從中則。正公則平，操則存德。」《日新鑑銘》云：「湛然厥中，惟正是守。萬醜千妍，於我何有。」《離卦賛》云：「日月麗天，德備中正。明以繼明，聖而益聖。」《艮》云：「兼山曰艮，德在知止。君子體之，思不出位。」《晚望》云：「鷗鷺歸烟渚，秋江挾晚晴。老漁閑艤艇，坐待月華生。」《賞春》云：「珠簾翠幙千門曉，麗日和風萬國春。乍雨乍晴雖莫測，無非天地發生仁。」《社日雨》云：「風催社日雨霏雰，處處雞豚樂祀神。見説豐年於此卜，不妨墊濕社翁巾。」《新涼》云：「新涼燈火又相親，遍閲羣書不厭勤。緩視微吟真樂處，那知宫漏夜將分。」《授衣》云：「從來人事順天時，九月纔更即授衣。可笑索裘臨歲晚，履霜猶自未知幾。」《桂》云：「秋桂庭前霽影涼，萬重深翠護深黄。恭迎兩殿臨清賞，壽斝濃浮月殿香。」《恭和御製賜牟子才韻》云：「視草詞臣地位高，玉堂深夜許焚膏。文華瑞世呈儀鳳，顧問承恩直禁鼇。喜有奇才追宋軾，光膺聖製勝唐綯。重修盛典熙朝事，千古青編記寵褒。」《題諸色扇面》云：「履霜知地凍，賞雪念民寒。」「山嵐迷曉月，海浪起晴雲。」「鷺起蓮邊曉，鷗棲蓼外涼。」「西風歌翠蓋，曉露浥紅裳。」「艷紅酣霽圃，冷翠媚秋池。」「聲幽梧葉雨，香冷菊花風。」「院子供新茗，園丁獻異花。」「穠華照水澄秋静，冷艷欺風醉露涼。」「一枝翠葉凝秋色，萬粟金英噴古香。」「月篩穠影虚窓静，秋染繁英淨几香。」「千葉喜容迎曉日，萬鈴黄色映朝霞。」「日麗柳塘鶯語滑，雨收桃岸燕飛忙。」《瞻菉堂帖子》云：「歸仁由克己，學道在存心。」「堯、舜傳心惟以一，禹、湯受命本乎中。」《凝華殿》云：「帝德巍巍，温恭允塞。心傳精微，惟堯是則。」觀瞻菉《凝華》數帖子，必有如文中子窺高祖之心於《大風歌》者，故敬録之。

紫宸殿上壽三十三拜，三舞蹈。初面西立，閤門進班齊牌，上升座，鳴鞭，侍衛起居，移班北面，躬身聽贊，兩拜。起，直身，搢笏，三舞蹈，跪左膝，三叩頭，出笏，就一拜。又兩拜。躬身，竢班首奏聖躬萬福，再聽贊，拜兩拜，移班如初。殿中監升殿，詣酒尊所，教坊起居，殿侍進御茶床，又北面，躬身聽贊，拜兩拜，直身，立。上公升殿，注酒，詣御座前躬進，俛伏致詞，竝躬身。竢上公降階，復位，聽贊，拜兩拜。起，躬身，竢樞密宣答，聽贊，拜兩拜，移班如初。上公升殿，立御座東，樂作，上飲畢，上公受盞，降階，復位，北面，躬身聽贊，拜兩拜，舞蹈如初。不該赴座官先退，赴座官躬身，聽樞密詣折檻東宣答訖，聽贊，拜兩拜，升階，立席後。竢進酒，樂作，上飲畢，舍人贊，各賜酒，躬身聽贊，拜兩拜。起，贊，各就坐，立如故，復贊，乃坐。酒行，先上公，次百官，搢笏，執盞，立席後。躬身飲訖，聽贊，拜兩拜，復坐。食至，搢笏，執碟出笏，再進酒，如上禮，三行，舍人曰：可起。立席後，竢上公御座前俛伏跪奏，復位，降階，北面聽贊，拜兩拜，舞蹈如初。鳴鞭，捲班。凡正旦朝賀，一十九拜，三舞蹈。初面西立，上升座，閤門起居、班首以下躬身，北面，竢舍人宣名訖，聽贊，拜兩拜，舞蹈如前禮。躬身，竢班首奏聖躬萬福，聽贊，拜兩拜，起，直身，立。竢樞密升殿，班首出班，俛伏致詞，並躬身，竢班首復位，聽贊，拜兩拜，舞蹈如初。起，躬身，竢樞密承旨詣折檻東，稱有制，兩拜。起，躬身，竢樞密宣答訖，聽贊，拜兩拜，舞蹈如初。凡冬至，朝賀一十三拜，一舞蹈。初，百官面西立，儀仗以下起居、知閤次之。次讀奏，自舍人宣班首以下起居稱賀，北面，躬身，聽贊，拜兩拜，起，舞蹈如初。起，躬身，竢班首奏聖躬萬福，聽贊，拜兩拜，起，直身，立，竢樞密升殿，班首致詞，宣答如正旦禮【一】。凡朔望起居，九拜，一舞蹈。初，讀奏自知閤御帶行門以下常起居【二】、殿中侍御史大起居，七拜，百官躬身，聽舍人宣班首名，北面聽贊，拜兩拜，舞蹈如初。不候贊，兩拜。班首不離位，奏聖躬萬福，躬身聽贊，拜兩拜。起，躬身聽贊，各祇候捲班。凡上殿輪對【三】，初面西立，舍人引北面躬身，聽贊拜聲絶，兩拜，起，躬身聽贊祇候，直身，立，引稍前兩步，再躬身聽贊，拜兩拜，起，躬身聽贊祇候，面西立。竢三省奏事，退，引升殿，立東南角，舍人前奏銜位姓名，上殿，因依引赴御座左側，身立，搢笏，當殿未出笏，叉手及横執劄子爲失儀。

【一】宣答如正旦禮　「宣」原作「密」，據《四庫全書》文淵閣本（以下簡稱淵本）改。

【二】自知閤御帶行門以下常起居　「自」原作「目」，據淵本改。

【三】凡上殿輪對　「輪」原作「倫」，據淵本改。

如有宣諭，即口奏云：「臣官不該殿上拜，容臣奏事畢。」下殿，謝恩，奏事畢，依舊路下殿，北面，不候贊，兩拜，隨班。凡謝恩，初面西立，舍人奏姓名，引北面，贊拜，兩拜。出殿致詞，歸位，贊，兩拜，舞蹈，聽贊祇候，退。凡朝辭，面西立，舍人奏姓名，引北面，贊，兩拜，不出班，奏聖躬萬福，又贊，兩拜，出班，致詞，復位，又贊，兩拜，贊好去。如有賜物，宣有勑，即搢笏，舞蹈，三拜。凡賜茶，引北面，躬身，奏聖躬萬福，贊，兩拜。贊，就坐，升殿，立席後，再贊，乃坐。茶至，搢笏，出笏，降階，贊，兩拜。贊祇候，退。

夫子没，歷秦、漢、晉、宋、齊、梁、陳、隋至明皇，始封文宣王。神宗欲加尊崇，禮臣定議爲至神玄聖帝，而李邦直者獨曰：「周室稱王，陪臣不當爲帝。」於是僅加「玄聖」二字。異代尊崇，何預於周？果如所言，則公亦不可封矣。雖萬代帝王之師，何假虚名？而邦直之罪所當筆誅，又執筆以俟。

夫子之徒三千，一貫之道獨語曾子，而曾子一唯，幾到列聖處。《大學》十章，爲後世帝王治天下之律令，格例絜矩，即忠恕也。《中庸》一書，彌綸天地，參賛化育。孔子之道益著，而曾思位在弟子下。度皇即位，首升侑食，舉數千載未行之典，爲億萬世將來之法，度皇之聖至矣。

西山蔡先生訓子曰：夸之一字，壞人終身。凡念慮言語，纔有夸心，即截斷却。滿招損，謙受益，時乃天道。曰：作事皆依本分，屈己饒人，終無悔吝。錢穀與人交關，頭頭讓人些少生事，一切用柔道理之。若識些道理，不做好人，天地鬼神亦深惡之。蓋不識好惡，如童稚、如醉人，雖有罪可赦；　若知而故犯，王法不可免也。曰：孝弟忠信不可須臾離。若有分毫瞞人底心，天地鬼神不恕也。曰：禍患中第一莫使性氣。中外事，一切靜柔順理之。曰：爲善得禍，乃是爲善未熟；　爲惡得福，乃是爲惡未深。人事盡處，方是天理。曰：欺世盜名者無後。吾甚慎之。

延平李先生靜坐正心，以驗夫喜怒哀樂未發之前氣象爲何如，久之而知天下之大本，真有在乎是也。若夫致虛極，守靜篤，不思善，不思惡，老、佛亦同此理。但有治世出世，體用之不同耳。

「豹死留皮，人死留名」，「朝事梁，暮事晉」，「遺下兔園冊子耳」，「此輩與一把笑子，未知顛倒，何益於君國」，「可謂僂儸兒矣」，「煑粥飯僧者」，「都頭甚操剌」，六一公化俗語爲神奇者也。

「蕭蕭馬鳴」，靜中有動也。「悠悠旆旌」，動中有靜也，見軍整而靜也。「昔我往矣，楊柳依依；　今我來思，雨雪霏霏」，寫物態，慰人情也。張文潛謂「雞聲茅店月，人跡板橋霜」。羈旅窮愁，想之在目。「柳塘春水漫，花塢夕陽遲。」春物融冶，人心和暢，言不能盡。張無垢謂「雪消池舘初春後，人倚闌干欲暮時」。盡山之情意，物之容態，可入圖畫。皆彷彿《三百篇》之遺意歟。

杜少陵《贈衛八處士》一篇，久别倏逢，曲盡人情。想而味之，宛然在目。下此，則「馬上相逢久，人中欲認難。問姓驚初見，稱名憶舊容。乍見翻疑夢，相悲各問年」。無愧前作。若戴叔倫之「歲月不可問，山川何處來」。青出於藍者也。

唐人詩工於下生字。「走月逆行雲」，「芙蓉抱香死」，「笠卸晚峰陰」，「山雨慢琴絃」，「松涼夏健人」，「緑竹助秋聲」，「歲月换紅顔」，「石磴掃春雲」，「畫角赴邊愁」，「遠帆開浦烟」，「踈雨滴梧桐」，字字穩帖，不覺其生【四】。

上謚百三十一：神、聖、賢、文、武、成、康、獻、懿、元、章、釐、景、宣、明、昭、正、敬、恭、莊、肅、穆、戴、翼、襄、烈、桓、威、勇、毅、克、壯、圉、魏、安、定、簡、貞、節、白、匡、質、靖、真、順、思、考、暠、顯、和、玄、高、光、大、英、睿、博、憲、堅、孝、忠、惠、德、仁、智、慎、禮、義、周、敏、信、達、寬、理、凱、清、直、欽、益、良、度、類、基、慈、齊、深、温、讓、密、厚、純、勤、謙、友、祈、廣、淑、儉、靈、榮、厲、比、絜、舒、賁、逸、退、訥、偲、逑、懋、宜、哲、察、通、儀、經、庇、協、端、休、悦、綽、容、確、恒、熙、洽、紹、世、果，用之君親焉，用之臣子焉。中謚十四：懷、悼、愍、哀、隱、幽、冲、夷、懼、恩、攜、鄘、愿、徹，用之閔傷焉，用之無後者焉。下謚六十五：野、夸、譟、伐、荒、煬、戾、刺、虚、蕩、墨、僣、亢、干、褊、專、輕、苛、介、暴、虐、愎、悖、凶、慢、忍、毒、惡、殘、哭、攘、頑、昏、驕、酗、湎、澆、狃、侈、靡、溺、僞、妄、讟、諂、誣、詐、譎、訩、詭、奸、邪、慝、蠱、危、圮、懦、撓、覆、敗、斁、庇、饕、費，用之蠻夷焉；用之小人焉。

【四】字字穩帖不覺其生　「其生」二字原脱，據商務印書館印涵芬樓鉛印本（以下簡稱涵本）、筆記小説大觀本（以下簡稱大觀本）補。

太史梁傅昭子婦，嘗得家餉牛肉以進。昭曰：「食之則犯法，告之則不可。」取而埋之。辛牛之禁，自梁已然。或謂「牢」字從「牛」，或謂牛，土畜也，與土宿同位，真武爲北水神，亦與土同位，故不可食。禍福恐人；豈理也哉。吴恕齋革帥江東時，戒宰牛詩曰：「中和後五日，袖香謁南臺。田夫趂雨耕，歡聲沸如雷。老守視尔農，服田亦勞哉。有牛負犁者，俄頃一週廻。無牛人代耕，四夫盡力推。四夫力雖疲，不如一牛犁。一牛當四夫，功力大如斯。農以牛爲命，愛牛如愛兒。愛兒惟恐傷，殺牛何忍爲？老守今奉勸，戒之重戒之。辛牛國有禁，殺牛天所災。留取黑牡丹，年年待花開。」盧柳南却人送牛肉小簡云：「昔人亦珍此味，所謂如享大牢是也。然一犁春雨，數町秋雲，既食其力，又食其肉，可乎？余不忍，敢請改命。」理語！讀之惻然。

西山真先生點先君集中警句，如：「闢户夜通月，搊泉朝飲星。」「煖曝花孏日，晴眠蘚石烟。」「地曠日難晚，海寬天欲浮。」「與子纔分手，何人更賞心。」「遊歸雲衲破，定起石床温。」「道至無偏黨，心何有重輕。」「萬事豈容人有意，一春多被雨無情。」「舉頭莫看王侯面，失脚恐爲名利人。」「千古留芳惟好句，一時得意總微塵。」《石湖歸途》云：「人與西風結約來，芙蓉花氣撲吟盃。曲塘好處都行遍，帶得一身秋色回。」《城東看柳》云：「翻煖爲寒一信風，畫橋南北岸西東。春歸楊柳無私意，深淺青黄自不同。」《上林歸鴉》云：「夕陽鴉背歛殘紅，萬點飛歸傍帝宫。應是上林棲宿穩，可曾驚散月明中。」《友人官滿》云：「三年官滿冰霜潔，一日春回宇宙寬。曾向廳前種楊柳，緑陰留與後人看。」《東園書所見》云：「娉婷遊女步東園，曲徑相逢一少年。不肯比肩花下過，含羞却立海棠邊。」《苦吟》云：「水驛荒寒天正霜，夜深吟苦未成章。閉門不管庭前月，分付梅花自主張。」《蘇堤曉望》云：「荷邊清露襲人衣，風裏明蟾浴曉池。涼影潤香吟不得，手攀堤柳立多時。妾身恨不事英雄，果是英雄安有淚。」「初陽烘霽途，繁陰布幽林。山禽互嘲哳，爲我流好音。傾耳須臾間，已快清泠心。飛蓋何爲者，傲睨松之陰。翻然移他枝，餘弄不可尋。」跋曰：「學充而意廣，氣大而體不偏，用力於先聖之書。」漫塘劉先生曰：「觀其文詞瞻旨遠，爲詩深於運思，使人嘉歎不足。」習庵陳先生曰：「僕莊、騷而奴班、馬。」止堂黃先生曰：「騷、選、唐、宋，罔不究心。」紫巗潘先生曰：「出入於江西、晚唐之間，而不墮於刻與率者也。」惜端平以後所作，諸老不得見之。吁！

有貨炒栗人坐亡，無準秉炬云：「平生辟辟剥剥，做盡萬千手脚。今朝撒手便行，這回炒得離殼。」隨隱拈云：「未敢相許。」

辛巳八月己丑，先君方外友清溪沅禪師坐亡，遺偈云：「六十七年，無法可說。一片雲收，澄潭皎月。」隨隱拈云：「年本無期，法亦何說？末後倒贓，虚空着楔。咦！若遇波騰嶽立時，且道月在什麼處。」

卷之二

晉侯受玉惰，内史過知其必有大咎。趙同獻狄俘于周，不敬，劉康公知其必有大咎。晉侯見魯宣公，不敬，季文子知其不免。郤錡來乞師將事，不敬，孟獻子知其不亡何爲。成子受脤于社【一】，不敬，劉康公知其不反。齊高厚不敬士，莊子知其不免。齊侯、衛侯不敬，叔向知二君之必不免。蔡侯不敬，子産知其將死。伯有不敬，穆叔知其必有大咎。不敬取禍如響斯答。嗚呼！毋不敬，其堯、舜、禹、湯、文、武、周、孔傳心之要法歟。

王莽女爲平帝后，帝崩，莽不能强之下嫁。漢兵燒未央宫，后曰：「何面目見漢家？」赴火自死。非特莽愧其女，劉歆、孔光之徒亦愧矣。羊琇女惠風爲愍懷太子妃，劉曜陷洛陽，以賜其將喬屬，仗劍大罵而死。王夷甫諸人不愧乎？劉禪降魏，見蜀伎不悲，有「此間樂不思蜀」之語。孔明之子瞻、孫尚戰死，張飛之孫遵、趙雲次子廣亦戰死，北平王諶哭于昭烈廟，先殺妻子，乃自殺。魏以蜀宫人賜將士，李昭儀不辱，自殺。禪不特愧于將士，亦且愧于婦人矣。

晉靈公不君，患宣子驟諫，使鉏麑賊之。麑曰：「賊民之主不忠，棄君之命不信。」觸槐而死。宋高祖使張偉酖舊君。偉曰：「酖君以求生，不如死。」乃于道自飲而卒。子

校勘記

【一】成子受脤于社　「脤」原作「賑」，據涵本、大觀本及《左傳·成公十三》改。

曰：「有殺身以成仁，無求生以害仁。」此之謂也。

《東山》之詩，雨雪寒燠，僕馬衣裳，室家婚姻，出於聖人之忠厚惻怛，故能感人也。楚子伐蕭，師人多寒，拊而勉之【二】，皆如挾纊，遂傳於蕭。明日蕭潰，亦窺見此意。曹操云：行行日已遠，人馬同時饑。雖奸雄善於籠絡人心，然得《三百篇》之遺【三】。

衛青少爲平陽公主馬前奴，後貴顯，公主擇配，無踰青者，卒歸之。北齊後宮一裙之費至直萬疋，周滅其國，后妃以賣燭爲業。南唐劉承勳窮奢極侈，蓄妓樂數千，一妓價數十萬，教以藝，又數十萬，服飾稱之。歸京，乞食凍餒，死。軍卒楊杲宗爲丁晉公築第，丁貶海上，朝廷以第賜杲宗。劉美善鍛金，後貴顯，賜上方器，視刻工名多美所造。嗚呼！世事翻覆往往如此。惟德行、文章照耀今古。彼富貴者猶蝮蝂、醯鷄，豈足恃哉【四】。

閻樂引兵入望夷宮，二世願得一郡爲王，弗許；願得爲萬户侯，弗許；願與妻子爲黔首，又弗許。麾其兵進，二世自殺。懷帝爲劉聰青衣行酒，愍帝執戟前導，行酒執蓋，俱不免遇害。煬帝先殺其子，索鴆不許，自解練巾，授令狐行達縊殺之。朱全忠殺昭宗【五】，方醉卧，遽起，單衣遶柱，走追而弑之。晉王北遷，自採木實草葉食之。馮后陰令左右求毒藥，欲與晉王俱自殺，不果。嗚呼！君天下得其道，則富有四海；失其道，求爲匹夫而不得，况妻子乎？哀哉！

天子五學【六】：中辟雍，南成均，北上庠，東東序，西瞽宗。學書者就上庠，學舞者就

【二】拊而勉之　「拊」原作「附」，據淵本、涵本及大觀本改。

【三】雖奸雄善於籠絡人心然得三百篇之遺　原作「托其羣臣又愧其子愧其妾異哉」，據《四庫全書》文津閣本（以下簡稱津本）、涵本改。

【四】豈足恃哉　原作「豈止空言徒苦民耳」，據涵芬樓鉛印明鈔《説郛》本改。

【五】朱全忠殺昭宗　「朱」字原脱，據津本、涵本補。

【六】天子五學　「五」原作「四」，據淵本及文意改。

東序，學樂者就成均。天子承師問道，養三老五更，則就辟雍。帝入東學，上親，貴仁。入南學，上齒，貴信。入西學，上賢，貴德。入北學，上貴，尊爵【七】。亦太學也。

《書》稱后稷播時百穀。《周禮》農貢九穀。《晉志》有八穀。《孟子》云：「樹藝五穀。」百穀繁，莫克知。九穀：黍、稷、稻、粱、菰、大小豆、麥、麻。八穀即《詩》之黍、稷、稻、粱、禾、麻、菽、麥。獨五穀，鄭註云：黍、稷、菽、麥、麻。趙岐云：黍、稷、菽、麥、稻。日用所急，莫如稻。岐説爲是。黄帝用黍制律，積六十四黍爲圭準之。黍類苜蓿差小，宜釀酒。杜預謂菽爲豆。《唐本草》舊註云：稷即穄也。

青溪汪先生初筮長沙，出錫器，歸舟有錫熟水器。每對之不樂，妻楊氏曰：「吾償其直而得之者，庸何傷？」曰：「居官不欲爲器皿，奈何以是污我？」楊命投之江中，始無愧色。蔡京當國，欲得知名士附己，以宗子博士召，力辭不就。或潛問其故，曰：「吾異時不欲附姦臣傳耳。」吁！士大夫能勤小物，故克此心也。享萬鍾必以義，不爲京屈，特小小者爾。學犬吠村莊者，愧死無地。

孽臣姦驕，爲臊羯奴發也。奉賊稱臣，爲陳希烈等發也。死生堪羞，爲新君營救均、垍及六等定罪發也。此元子書萬世綱常之法。陳所翁《賦子道臣節》云：「銀旗金甲渡巴西，靈武城樓已萬幾。一札只聞元帥命【八】，五牋合待使臣歸。未聞請表更追表，且看黄衣換紫衣。天性非由人僞滅，何緣尚父結張妃。」「六等勝如誅獨柳，二張縱活亦何顔。」

【七】上賢貴德入北學上貴尊爵　以上十一字原脱，據淵本、涵本及大觀本補。

【八】一札只聞元帥命　「札」原作「扎」，據淵本、涵本改。

太師死後猶書法，水部刑章托頌間。最憶海青投樂器，絶憐甄濟隱青山。中興碑下姦臣懼，天道何嘗不好還。」溪深毛寒，壁立鬼怖，可不懼哉。

潘紫巘慨慕先隱，集老子以下迄于宣、靖可師者各爲小傳，曰幽人景範。周二十七，附見者四。老聃、尹喜、莊周、列禦寇、榮啟期、楚狂接輿及妻、長沮、桀溺、荷蓧、荷蕢、石門、晨門、顔回、閔損、曾參、原憲、公析哀、漆雕開、仲子及妻、老萊子及妻、公儀休、披裘、閭丘、顔斶、段干木、黔婁及妻、鬼谷子。兩漢二十七，附見者六。魯二徵士、龔勝、彭城老父、宋勝之、莊遵、李弘、鄭璞、戴良、向長、禽慶、王霸及妻、逢萌、莊光、范丹、高鳳、臺佟、梁鴻、孟光、周燮、黄憲、洪直、韓康、陳留老父、魏桓、徐稺、姜肱及二弟、申屠蟠、郭泰、張奉。魏、晉十二，附見者六。管寧、張臶、胡昭、王烈、焦先、皇甫謐及子、方回、孫登、董京、郭文、何琦、孟陋、氾毓、徐苗、翟湯、周邵、湯子莊、陶潛。南朝至五代十九，附見者七。戴逵、劉凝之、沈麟、朱百年【九】、孔顗、鄖野老、尋陽漁父、宗測及宗人尚之、從弟彧之【一〇】、祖炳明、僧紹、阮孝緒、劉許及族兄歊仲、長子光、王通、衛大經、張氳、盧鴻一、張志和、鄭遨、王居巘、張令問及弟亢言及子立。宋十八，附見者六。戚同、文宗翼、陳摶、傅霖、楊朴、李瀆、魏野及子閑、邢郭、林逋、甄樓真、劉海蟾、張俞、孔旼、高懌、种放、張蕘、許勃、潘興嗣、孫侔、邵雍、成都隱者、張舉、劉阜。凡百三十二人。

《漢書》載淮南王安以叛自刑。《神仙傳》以爲安丹成上昇，雞犬舐鼎，亦得仙去。

【九】朱百年　「年」原作「牢」，據淵本、涵本改。

【一〇】宗測及宗人尚之從弟彧之　「彧」原作「或」，據淵本、大觀本改。

《唐書》紀張果自云我生堯丙子，其貌寔年六七十，未幾亦卒。《神仙傳》謂果生堯丙子，二萬八千歲矣。堯即位三十四年丙子至唐開元初才二千八百餘年。魯魚亥豕之誤明矣。不然，《孟子》載文王之地百里，荅齊宣王則曰文王之囿方七十里，則民居者三十里耳。

會寧郡夫人昭儀王秋兒、順安俞修容、新興胡美人、永陽朱梅兒、資陽朱春兒、高安朱夏兒、南平朱端兒、東陽周冬兒、順政石潤兒、高平周賽兒、通化聞潤兒、潯陽陳宜兒、胡安化、沈咸寧、黄新平，皆上所幸也。初，東宮以春、夏、秋、冬四夫人直書閣爲最親。王能屬文爲尤親，雖鶴骨臞貌，但自上即位後，萬幾之暇，批荅畫聞，式克欽承，皆出其手。然則王非以色事主，度皇亦悦德者也。

庚申八月，太子請兩殿幸本宮清霽亭賞芙蓉、木犀。韶部頭陳昐兒捧牙板歌「尋尋覓覓」一句，上曰：「愁悶之詞，非所宜聽。」顧太子曰：「可令陳藏一譔一即景快活《聲聲慢》【一一】。」先臣再拜承命。五進酒而成，二進酒，數十人，已羣謳矣。天顔大悦，於本宮官屬支賜外特賜百疋兩。詞曰：「澄空初霽，暑退銀塘，水壺鴈程寥漠。天闕清芬，何事早飄巖壑。花神更裁麗質，漲紅波，一奩梳掠。涼影裏，筭素娥仙隊，似曾相約。　閑把兩花商略。開時候，羞趂觀桃堦藥。緑幙黄簾，好頓膽瓶兒着。年年粟金萬斛，拒嚴霜，錦絲圍幄【一二】。秋富貴，又何妨，與民同樂。」明年四月九日，儲皇生辰，令述《寶鼎現》【一三】，俾本宮内人羣唱爲壽，上稱得體。詞曰：「虞絃清暑，佳氣葱鬱，非烟非霧。

【一一】可令陳藏一譔一即景快活聲聲慢　「景」下原衍「撰」字，據淵本删。

【一二】錦絲圍幄　「錦」原作「綿」，據淵本改。

【一三】令述寶鼎現　「現」原作「兒」，據淵本、涵本改。

人正在，東闈堂上，分瑞祥輝騰翠渚。奉玉巵，總歡呼稱頌。爭羡神光葆聚。慶誕節，彌生二佛，接踵瑶池仙母。　最好英慧由天賦。有仁慈寬厚襟宇。每留念，修身誠意【一四】，博問謙勤親保傅。染寶翰，鎮規隨宸畫，心授家傳有素。更吟詠，形容雅頌，隱隱賡歌風度。　恩重漢殿傳觴，宣付祝，恭承天語。對南薰初試，宮院笙簫競舉。但長願，際昇平世，萬載皇基因覩。問寢日，竢鷄鳴舞拜，龍樓深處。」又明年賜永嘉郡夫人全氏爲太子妃，錫宴畢，太子妃回宮【一五】，令旨俾立成《絳都春》家宴進酒詞，曰：「晴春媚曉。正禁苑乍煖，鶯聲嬌小。柳拂玉蘭，花映朱簾韶光早。熙朝多暇舒長晝，慶聖主，新頒飛詔。貽謀恩重，齊家有訓，萬邦儀表。　偏稱宮闈歡笑。醲和氣共結，天香繚繞。侍宴回車，詔部將迎金蓮照。鷄鳴警戒丁寧了，但管取，咸常同道，東皇先報。宜男已生瑞草。」若此者餘百篇。史臣章采稱陳藏一長短句，以清真之不可學老坡之可，東宮應令，含情托諷，所謂曲終奏雅者耶。沉香亭《清平之調》尚托汗青以傳，藏一此詞合太史氏書法，宜牽聯得書。

二十四班行門，長入祗候，殿前指揮左右班，御龍直，金鎗班，銀鎗班，散員，散指揮，骨朵直，散祗候，散都頭，東一至五，西一至二，茶酒新舊四班，招箭班，殿直，弓箭直，弩直，散直，禁衛内殿直，散鈞容直，隨龍忠佐習馭直。先是，太祖自陳橋驛擁兵入覲，長入祗候班，喬、陸二卒長率衆拒于南門，乃入自北，解衣折箭，誓不殺。咸義不臣自縊。太祖

【一四】修身誠意　「誠」原作「忱」，據淵本、津本改。

【一五】太子妃回宮　「太」字原脱，據文意補。

親至直舍，歎曰：忠義孩兒。賜廟曰「忠義」，易班曰「孩兒」。至今孩兒班於帽子後垂頭髩二條，粉青者爲世宗持服，紅者賀太祖登極。直舍正門護以黄羅，傍穿小門出入，旌忠也。先臣奉勑譔《二侯加封續紀》，云：生而忠，舍一身以立大節；殁而神，歷百世以顯威靈。國家賴若而人扶持，風化賴若而人激勵。菑旱賴若而人捍禦，朝廷寵之美號，邦人倚之徼福。豈他祠例論哉？長入祗候班喬、陸二侯，忠義見於建隆之初，福祉施於景定之後。雨暘菑患禱輒應。班首小臣陳桂等以狀聞。於是忠義威烈之褒，忠烈德義之寵，蓋所以廣解衣折箭之誓，俾之與國同休者也。宜刻堅珉，以勸萬古。皇帝以命臣藏一，臣藏一再拜稽首而獻文曰：「太祖肇造，曆數攸歸。尔喬、尔陸，忠節不移。誓永宥尔，折箭解衣。舍生取義，廟食于兹。後三百載，愈顯靈威。捍菑禦患，福被髦倪。爰錫徽號，勸忠匪私。服我休命，永佑昌時。」

偶敗篋中得上每日賜太子玉食批數紙，司膳内人所書也。如酒醋白腰子，三鮮筍炒鵪子，烙潤鳩子，爦石首魚，土步辣羹，海鹽蛇鮓，煎三色鮮，煎卧烏熓湖魚糊，炒田鷄，鷄人字焙腰子，糊燠鮎魚，蝤蛑簽麂膊及浮助酒蠏，江珧，青蝦辣羹，燕魚，乾爦鯔魚，酒醋蹄酥，片生豆腐，百宜羹，燥子，煠白腰子，酒煎羊二牲醋腦子，清汁雜熰胡魚，肚兒辣羹，酒炊淮白魚之類。嗚呼！受天下之奉，必先天下之憂，不然，素餐有愧。不特是貴家之暴殄，略舉一二，如羊頭簽止取兩翼，土步魚止取兩腮，以蝤蛑爲簽、爲餛飩、爲棖瓮，止取兩鼇，餘悉棄之地，謂非貴人食，有取之則曰若輩真狗子也。噫！其可一日不知菜味哉！

先君號藏一，蓋取坡詩「惟有王城最堪隱，萬人如海一身藏」之句。夢牕吴先生文英爲度夷則商犯無射宫，製《玉京謡》云：「蝶夢迷清曉，萬里無家，歲晚貂裘敝。載取琴書，長安閑看桃李。爛繡錦，人海花場，任客燕，飄零誰計。春風裏，香泥九陌，文梁孤壘。微吟怕有詩聲翳。鏡慵看，但小樓獨倚。金屋千嬌，從他鴳燰秋被。蕙帳移，煙雨孤山，待對影，落梅清泚。終不似，江上翠微流水。」

襄樊之圍，食子爨骸，權奸方怙權妬賢，沉溺酒色，論功周、召，粉飾太平。楊僉判有《一剪梅》詞云：「襄樊四載弄干戈。不見漁歌。不見樵歌。試問如今事若何。金也消磨。穀也消磨。柘枝不用舞婆娑。醜也能多。惡也能多。朱門日日買朱娥。軍事如何。民事如何。」

雲間酒淡，有作《竹香子》云：「浙右華亭，物價廉平，一道會買箇三升。打開餅後，滑辣光馨，教君霎時飲，霎時醉，霎時醒。聽得淵明，説與劉伶。這一餅約迭三斤。君還不信，把秤來秤。有一斤酒【一六】、一斤水、一斤餅。」嗚呼！豈知太羹玄酒之真味哉。

【一六】一斤酒　三字原脱，據津本、涵本補。

卷之三

孟享駕出，則軍器庫、御酒庫、御廚、祗候庫、儀鸞司、御藥院從物前導，騏驥院馬引從，舍人内外諸司庫務官繼之。前驅親從，左右各二十一人，控攏親從三百十四，沿路喝賛舍人二，文武左右各八，都下親從如其數。閤門宣賛捧駕頭於馬上，乃太祖即位所坐，香木爲之，金飾四足，隨其角前小偃，織藤冒之。至，則迎駕者起居，引駕，主首左右各五人。閤門提點，御史臺諸房副承直，御椅子，簿書官，閤門祗候，金鎗、銀鎗、招箭，東一至五，西一至二，茶酒等班，環衛御帶内等子，逍遥子【一】，御輦院官，御燎子，翰林司官，閤門覺察宣賛二人，殿侍五十二，快行如上數而殺其二。御馬數十，院官隨之。警蹕八人，殿侍執從物者十人，行門往來禁衛内編排三十人，知閤步帥行於中。御龍直執從物者八十人，引駕長八人，祗候左右班各二十人，殿前指揮使如上數，各殺其六。親方圍子二百四十人，内殿直、御龍直各二百，崇政殿親從内外等子各如上數。内等子十七人作内圍子，主管殿司公事、主管禁衛官押之。燭籠兩行各六十人，快行如初數。行門二十四人，擎輦六十人，中仰天顔蓋二、扇二。挾輦殿前指揮使左右各二十四人，内殿直如之。挾輦御藥左右各二人，插帶内外御帶倍上數，帶御器械閤下官又倍之，文武親從又各如前數。

校勘記

【一】逍遥子　「逍」原作「道」，據津本、涵本改。

筤一、扇二，左賢右戚，乘馬從駕彈壓。宮殿之行門以下，舒脚幞頭，大團花羅袍，擊鞭編排小團花羅袍，御龍直茶酒等班，紅地方勝練鵲纈羅衫，各塗金束帶。控攏御馬左右直執七寶素紅瑪瑙鞭各二，擎硃紅水地戲珠龍杌子各一，皂紗帽，青地荷蓮纈羅衫，塗金束帶。文武親從貼錦帽，紫寶相花大神衫，銅革帶。内外圍子皂紗帽，紅地黄白獅子纈羅衫，緋線羅背子，塗金戲獅束帶。前引從並姜牙帽，三色纈衫，銅帶。親事官曲脚幞頭，簇四金鵰袍，塗金帶。百官諸司並朝服。阮秀實《仰瞻聖駕》詩云：「紫烟歛翠碧天長，柳蔭旌旗午尚霜。一朵彩雲擎瑞日，光華盡在舜衣裳。」僧必萬云：「輕塵不動馬蹄催，警蹕聲中聖輦來。漢代威儀周禮樂，太平天子拜香回。」若恭謝駕回，於圍子内作樂【二】，添教坊東西班各三十六人，丞相以下皆簪花。姜夔云：「六軍文武浩如雲，花簇頭冠樣樣新。惟有至尊渾不帶，盡分春色賜羣臣。」「萬數簪花滿御街，聖人先自景靈回。不知後面花多少，但見紅雲冉冉來。」潘牥云：「輦路安排看駕廻，千官花壓帽簷垂。君王不輟憂勤念，玉貌還如未插時。」鄧克中云：「輦路春風錦繡張，裁紅剪緑鬭芬芳。黄羅傘底瞻天表，萬疊明霞捧太陽。」阮秀賁云：「宮花密映帽簷新，誤蝶疑蜂逐去塵。自是近臣偏得賜，繡鞍扶上不勝春。」先臣云：「幸緣恭謝覩繁華，馬上歸來戴御花。老婦稚兒相顧問，也須春色到詩家。」

真德秀草《招安湖南草寇詔》云：「自有天子至于今日，未聞盜賊得以全軀。弄潢池

【二】於圍子内作樂　「於圍」原作「圍於」，據涵本乙正。

之兵，諒非尔志；烈崑崗之火，亦豈余心。」上稱其得體。姚勉述《勑祭閻妃文》曰：「五雲縹緲，誰扣玉扃？」上怒，曰：「朕雖不善，未如明皇之甚也。」姑蘇守臣進蝋，應制程奎草批答云：「新酒菊天，惟其時矣。」上曰：「茅店酒旗語，豈王言耶？」令陳藏一擬聞。先臣援筆立成，略曰：「内則黄中通理，外則戈甲森然。」此卿出將入相，文在中而横行匈奴之象也。」上乃悦。又承旨令述《太乙宫明禋祈晴設醮青詞》，云：「我將我享，爰有事于明堂；載禱載祈，肅致忱于楚帝。」上自改爲「上帝」。楚，邦昌逆號也。凡代王言，不可不謹。

秦始皇諱政，改正月爲端月。漢宣帝諱荀，改荀卿爲孫卿。明帝諱莊，改莊光爲嚴光。司馬氏諱昭，改昭君爲明妃。晉簡文母鄭太后諱阿春，改《春秋》爲《陽秋》，仍之，非也。

《禮》曰：「刑不上大夫。」以其近君也。故不廉曰簠簋不飭【三】，汙穢曰帷薄不修，罷軟曰下官不職。尚遷就爲之辭。有大罪者聞命則北面自裁，曰：「子大夫有過，吾不忍加刑焉。」故淫者更絶纓，盜者更賜酒，而甚於耻戮。唐家待士不用廉耻。姜皎官三品，且有功，猶杖辱之，况簿尉乎？故神器屢摇。蓋不養士氣於渾淪之中，服其形而不服其心。

《孟子》曰：「君之視臣如犬馬，則臣視君如寇讎。」此之謂也。

先君會天下詩盟于通都，隨隱纔十二三，諸先生以孺子學詩可教而教以詩。吳一齋

【三】故不廉曰簠簋不飭　「飭」原作「飾」，據淵本改。

石翁云：「大隱君家小隱君，得名太早忌人聞【四】。秋窗吟共緱山月，曉榻眠分華嶽雲。鶯欲引雛先出谷，馬纔生驥便離羣。新詩却要多拈出，突過郎罷張我軍。」杜北山汝能云：「父子名相繼，如君又出奇。乾坤鍾秀氣，湖海誦新詩。放鶴春風遠，横琴夜月遲。未應隨大隱，閑過聖明時。」劉雷厓彦朝云：「坎止流行只任天，吟廬新傍紫薇邊。夜窗低過宮花月，曉巷深横御柳烟。五字肯同餘子説，一燈親自乃翁傳。雖然不作功名念，却恐功名逼少年。」景定癸亥，特旨以布衣除東宮掌書，吟社賀詩數十，僅記五首。錢春塘舜選云：「吟筆何須管用銀，日供譔述聖恩新。只今已脱凡塵去，便作金丹换骨人。」「夜泛孤舟載月船，静搜吟料六橋邊。詩成上達宸聰了，流落人間到處傳。」吕雪屋三餘云：「青宮樓觀近堯階，班列屏風間坐開。人羨杜閒生杜甫，天教蘇頲繼蘇瓌【五】。馬歸禁苑行邊柳，鶴伴平山隱處梅。我恨長鑱斸黄獨，兀年無計策衰頹。」柳月磵桂孫云：「鏤玉裁冰字字奇，少年親結九重知。君臣際遇榮千載，父子推敲冠一時。壘進楚蘭春奏雅，缾分陶菊夜聯詩。五雲樓近開黄道，金紫連班進赤墀。」菊牕俞氏云：「萬人海裏闢幽扉，欲學深居只布衣。不道内前車馬鬧，又催父子入宮闈。」丙寅來歸，江西名勝又贈詩詞。黄梅塘力敘云：「詩在天地間，風清月明處。若爲深閉門，而可覓佳句。夫君小元龍，豪氣隘區宇。青春發詩材，秀苗長膏雨。流水與行雲，吾不見滯住。乘月滌吟毫，玉椀三危露。超詣自透脱，悟在觀劒舞。入宮畫蛾眉，胡爲衆女妬。君詩亦何憾，千載一時遇。向

【四】得名太早忌人聞　「早」原作「半」，據淵本改。

【五】天教蘇頲繼蘇瓌　「瓌」原作「還」，據淵本、涵本改。

也詩道昌，吟聲喧禁籞。應制沉香亭，龍巾曾拭吐。今焉詩道厄，短笻策江路。悲嘯梁甫吟，侘傺離騷賦。浮雲時卷舒，睨此知出處。此其隨之義，大隱會境趣。天地梅又春，風緊雪飛絮。一笠灞橋驢，吟鞭且臨汝【六】。得句從人傳，傳今亦傳古。要知是家傳，審言以傳甫。傳之而又傳，衣鉢傳宗武。」張溪居彝云：「醞藉中涵廊廟姿，詩文都好見宸批。只蒙四字君王寵，蟣虱微臣不用題。」周埜舟濟川《八聲甘州》云：「有乾坤清氣入詩脾，隨龍散神仙。蘸西湖和墨，長空爲紙，幾度詩圓。消得宮妃捧硯，夜燭照金蓮。試問隔屏坐，誰後誰先。　長是花香柳色，更風清月白，天入吟牋【七】。自霞觴誤覆，謫下玉皇邊。笑隨歸，山中隨隱，且醉捹，斗酒寫新篇。天應近，呼來時後，記上襟船。」壬申秋，留西湖半載，吳松壑大有《餞行》云：「我昔見君方成童，長吉才華驚鉅公。人間科第不屑就，直使聲名聞九重。乃翁引上凝華殿，子虛不待他人薦。入直承明凡幾年【八】，天上奇書盡曾見。翩然歸去大江西，二踈父子還相隨。故鄉分得雲水地，却喜不爽漁樵期。春雨騎牛對烟草，何如振衣隨龍五雲表。秋霜黃獨煨地爐，何如駞峰犀筋食天厨。林間食葉抄詩句，何如宮妃捧硯揮毫處。溪邊照影着荷衣，何如龍門應制奪錦時。鈞天夢斷難回顧，浩然合在山中住。金石臺前伴白雲，六年不踏西湖路。今日重來發長吁，忍看清平破草廬。盡拈書籍向人賣，歸賣田園供荷鉏。乃翁八十齒髮落，倚門待兒斜日薄。孤山梅花帶不歸，却喚扁舟載童鶴。」俛仰之間，倏三十稔，吾翁諸老皆賦玉樓，西湖吟社，各

【六】吟鞭且臨汝　「鞭」字原脱，據津本、涵本補。

【七】天入吟牋　原作「吟入牋天」，據《全宋詞》改。

【八】入直承明凡幾年　「承明」原作「來來」，據淵本改。

天一涯，窮達一場春夢，故記之。

帶格三十二。三品以上玉，四品以上金，餘並金塗銀錯，班金塗銅。笏頭一字，王外，執政，兩府。笏頭毬絞，宰執。排方御仙花，正侍郎，知閤節使。螺犀，權侍郎。絲頭荔枝，正任副使，橫行。毬路，内侍。海捷，幕士輦宮。剔梗荔枝，訓武郎下。柘枝，快行親從。太平花，隨龍忠佐。碎草，茶酒班。師蠻，人仙，犀牛，寶瓶【九】，行虎，戲童，寶相，胡荽，鳳子，野馬，雙鹿，方勝，雲鶴，坐神，並班直。天王，親事官。行獅，行門。行鹿，御厨教駮。盤鳳，翰林司。凹面，教坊。醉仙，御龍直。獐鹿。軍頭司儀鸞司。

韋忠不就張華之辟，張彖不爲國忠之謁，何其少也？以柳子厚之才而附叔文，以蕭至忠之美而事韋后，何其多也？此張無垢所謂貪冒之士，如落穢溷汙渠中，如何使人敢近？廉正之士如竹間清風，露氣灑灑襲人，觀者已覺心目頓快，況處其間哉？

《左傳》之山鞠芎、庚癸乎，《列女傳》之食獵犬、組羊裘，荀卿之六賦，東方朔之蜥蜴，皆隱記也。今何謂之始於楊修，杜何獨以曹娥名耶【一〇】？

信菴先生開閫維揚時，偶入教場，取芟草二卒所帶便袋，題姓名懸梁間。越兩月，忽俾緝捕，呼至，亟命釋縛，飲以太白。時回易庫納息錢二百袋，一袋萬緡楮也。俾各負一袋，環行三匝，曰：「能益乎？」曰：「能。」曰：「汝等健兒，當力戰取富貴，用叉袋中錢，小篋僅藏三十二楮，豈不辱國？呼盧百萬，大丈夫事也。且各將兩袋去用，用盡再來

【九】寶瓶　「瓶」原作「甁」，據淵本、津本及涵本改。

【一〇】杜何獨以曹娥名耶　「娥」原作「蛾」，據淵本、涵本及大觀本改。

取。」高沙凱還，人困馬疲，悦道旁假山，令諸軍隨意負歸。衆怒，多棄於半途，餘至畢秤石輕重，償以銀而棄石于野【一一】。其鼓舞駕御，有賞徙木、傲黥布、駡趙將之風。

「手執黄庭上石臺，竹陰掃月遍蒼苔。欲從此處即仙去，玉立清風待鶴來。」趙十洲希彭詩。趙君入仕四十年，虚靜恬淡，寂寞無爲，除南雄守，不赴。丙寅九日，别親友，理家事，端坐而逝，遺偈曰：「六十二年皮袋，放下了無呈礙。青天明月一輪，萬古逍遥自在。」與前詩類，達矣。

壬戌秋，儲君賜先臣記顔贊云：「文窺先漢，詩到盛唐。侍余左右，知汝忠良。王城雖大如海，政恐一藏而不得藏也。」甲戌秋，自贊云：「年方九秩開，丹臉映碧眼。習靜寸心安，味窮百事懶。由中以致和，聞道亦非晚。」噫。十年譔述幸隨龍，二聖在天應默眷。

紹定庚寅春，汀寇入譙，趙守竄，殿司裨將胡斌領弱卒二百巷戰，矢盡刀折【一二】，易雙鐵鞭，所殺尤衆，死焉。坐執雙鞭，屢日不僵，民賴其力多獲竄免。守臣王埜聞于朝，贈武節大夫，賜廟額忠勇。劉後村詩云：「士各全軀命，惟侯視死輕。張巡鬚盡怒，先軫面如生。短刃猶梟寇，空弮尚背城。新祠簫鼓盛，人敬此神明。」

四明倪君奭臨終賦《夜行船》詞云：「年少疎狂今已老。筵席散，雜劇打了。生向空來，死從空去，有何喜，有何煩惱。説與無常二鬼道。福亦不作，禍亦不造。地獄閻王，天堂玉帝，看你去，那裏押到。」

【一一】償以銀　「償」原作「價」，據淵本改。

【一二】矢盡刀折　「刀折」原作「力折」，據淵本、大觀本改。

葉靖逸紹翁《贊洞賓像》云：「撚吟髭，劒在前。心中月，天上圓。」《猫圖》云：「醉薄荷【一三】，撲蟬蛾，主人家，奈鼠何？」

林可山稱和靖七世孫，不知和靖不娶已見梅聖俞序中矣。姜石帚嘲之曰：「和靖當年不娶妻，因何七世有孫兒？若非鶴種并龍種，定是瓜皮搭李皮。」石帚之特，特甚於郭崇韜、李環之撾，戒之。

杭城外北新橋某翁枕流居焉，門有蒲萄七架，時旱，翁勤灌漑，獨盛。宿架下以防盜。忽二三鬼出水面，賀得替，曰：「明午，方巾白衫自北而至者是也。」及期，翁林坐以俟，果有方巾白衫者大笑入水，急救之。是夕，鬼詬曰：「吾經數十年剛得替，而汝奪之。吾將殺汝。」取淤泥瓦礫亂擲，翁悵懼而入，又擊户。黎明，蒲萄無孑遺矣。蓋盜詐鬼，艤舟以載也。噫！移此智以遷善，誰能禦之？

史相生朝，寺觀皆有厚饋，獨無準獻偈云：「日月兩條燭，須彌一炷香。祝公千歲壽，地久與天長。」史大喜。隨隱拈云：「滿口道着。」

雲峰德師住撫之廣壽，途遇時貴，避不及，有違言，即上堂別衆云：「澹然無累水雲僧，去住分明葉樣輕。十字街頭休作夢，五湖依舊一枝藤。」隨隱拈云：「劄得眼來，白雲萬里。」

【一三】醉薄荷　「荷」原作「苛」，據淵本改。

卷之四

楊慈湖簡《題平江府太伯廟》云：「三以天下讓，先聖謂至德；簡也拜廟下，太息復太息。三辭不難也，太伯無人識。胡爲無得稱【一】，萬象妙無極。」或曰：「太伯之神無形體，何故言象？」又言：「萬通大道者，匪有匪無。象即無，萬即一，一即萬，尚不思而可言乎？言即無言，天地内外皆太伯，人皆見之而不識。」馮深居去非贊云：「太伯之遠啟吴宇也，其周之盛德耶？顯哉丕謀，承哉丕烈。維天有成命，匪躬之責。委而去之，川逝河決。孔子不云乎，可謂至德也已矣。虞仲隱居，季札守節，其流芳遺烈歟。郡以吴隸，禮遜維則。」

古之大儒格物以爲學，倫類通達，謂之真知；其次博物以爲聞，敏識强記，謂之多知。真知者，德性之知，若顔子聞一知十、子貢告往知來、曾子致知、子夏日知月無忘是也。多知者，見聞之知，若子産汾神之對、絳老疑年、師曠知獲僑如之歲【二】、左史倚相能讀《三墳》、《五典》、《八索》、《九丘》，不能知《祈招》之詩，而子革能之，祝陀誦載書於萇弘以長衛侯于盟，是也。真知者，優入聖域，回、賜、參、商，外無聞焉。多知者，非命世之英，如子産、游吉、師曠、叔向、子革、椒舉、祝陀之外不能也。後世真知者寂然，多知者唯

校勘記

【一】胡爲無得稱　「得」原作「德」，據津本、涵本及《楊簡慈湖先生遺書》改。

【二】師曠知獲僑如之歲　「如」原作「知」，據津本、涵本改。

劉向而已。

春秋婦人有謚。晉之聲子，魯之敬嬴、哀聲【三】，穆諸姜，齊、宋兩共姬，此國君夫人之得謚者。穆伯之妻敬姜，此大夫妻之得謚者。鄭武姜，秦穆姬，晉懷嬴，衛之宣莊二姜，宋威、許穆、晉悼，此因國君之謚而名之者。魯人哀此姜，謂之哀姜，此私謚也。謚以表德。婦人以三從爲德，夫之德即其德，故禮從夫謚。是以《舜典》言潙汭釐降之事，則二妃所觀之刑可見，《周誥》著文、武之烈，則大姒所嗣之音可傳也。

《傳》曰因生賜姓，胙土命氏，及字、謚、官、邑六者而已。今推廣爲十七類【四】。一曰以國爲氏。五帝之前有國者不稱國，以名爲氏，所謂無懷氏、葛天氏、伏羲氏、燧人氏者也。神農、軒轅雖曰炎帝、黄帝，猶以名爲氏。至唐、虞、夏、商、周而後以國爲氏，諸侯亦然，魯、衛、齊、宋之類是也。支庶稱氏，適他國則稱國。如宋公子朝在韓則稱宋朝，衛公孫鞅在秦則稱衛鞅。二曰以邑爲氏。原以周邑而得氏。申以楚邑而得氏。魯有沂邑，因沂大夫相魯，而以沂相爲氏。周有甘邑，因甘平公爲王卿士，而以甘士爲氏。三曰以鄉爲氏。四曰以亭爲氏。封建五等，降國爲邑，邑有關内侯、鄉侯、亭侯。關内邑者，温、原、蘇、毛、甘、樊、祭、尹之類是也。封於鄉者以鄉氏，封於亭者以亭氏。五曰以地爲氏。居傅巖者爲傅氏，徙稽山者爲稽氏，主東蒙之祀者爲東蒙氏，守橋山之冢者則爲橋氏，肜氏因肜班食於肜門，潁氏因考叔爲潁谷封人，東門襄仲爲東門氏，桐門右司爲桐門氏，隱於

【三】魯之敬嬴哀聲　原作「敬嬴之哀聲」，據大觀本改。

【四】今推廣爲十七類　「今」原作「令」，據淵本、涵本及大觀本改。

甫里、綺里者爲甫里氏、綺里氏。六曰以姓爲氏。姓之爲氏與地之爲氏，皆因所居而命也。得賜者爲姓，不得賜者爲地。居姚墟者賜以姚，居嬴瀆者賜以嬴，姬之得賜，居於姬水，姜之得賜，居於姜水。七曰以字爲氏。八曰以名爲氏。諸侯之子稱公子，公子之子稱公孫，公孫之子以王父字爲氏。如鄭穆公之子曰公子騑，字子駟，其子曰公孫夏，其孫則曰駟帶、駟乞。宋威公之子曰公子目夷，字子魚，其子曰公孫友，其孫曰魚莒、魚石。魯孝公之子曰公子展，其子曰公孫夷伯，其孫曰展無駭、展禽。鄭穆公之子曰公子豐，其子曰公孫段，其孫曰豐卷、豐施。天子之子亦然。王子狐之後爲狐氏，王子朝之後爲朝氏。如公子遂之子曰公孫歸父，字子家，其後爲子家氏。父字爲氏者也。李孫鉏字子彌，其後爲公鉏氏。父名爲氏者也。九曰以次爲氏。伯、仲、叔、季之類是也。十曰以族爲氏。族近於次者，氏之别也。孟氏、仲氏，别兄弟也。丁氏、癸氏，别先後也。祖氏、禰氏，别上下也。第五氏、第八氏，以同居别也。孔氏子孔氏，旗氏子旗氏，字之别也。軒氏、軒轅氏，熊氏、熊相氏，名之别也。季氏之有季孫氏，仲氏之有仲孫氏，叔氏之有叔孫氏，嫡庶之别也。十一曰以官爲氏。太史、太師、司馬、司空是也。十二曰以爵爲氏。皇、王、公、侯是也。十三曰以謚爲氏。莊氏出於楚莊王，康氏出於衛康公，魯僖公、宣公之後爲僖氏、宣氏，文、武、哀、謬皆是也。十四曰以吉德爲氏。趙衰，人愛之如冬日，後爲冬日趙氏。吉有賢人爲老成子，後爲老成氏。十五曰以凶德爲氏。英布被黥爲黥氏，楊感梟首爲梟氏。

十六曰以事爲氏。夏侯氏遭有窮之難，后緡方娠，逃出，自竇而生少康，支孫以竇爲氏。漢武帝詔丞相田千秋乘小車出入省中，後因以車爲氏。十七曰以技爲氏。巫者之後爲巫氏，以至卜氏、匠氏、豢龍、御龍、干將氏者，亦莫不然。三代之後，姓氏混矣。

梁冀不顧清河王蒜明德屬親，而立蠡吾侯，以爲富貴可長保，然族異者桓帝也。郭崇韜知莊宗之嬖劉氏，請立爲后，中莊宗之欲，結劉氏之援，爲自安之計，至深至厚，然殺崇韜者劉氏也。故君子守道德之正，而禍福之變，豈思慮所能及哉？

高踈寮《騎鸞引》云：「夜騎白鶴出琳闕，千萬仙官鏘珮玦。雲雷貼妥過罡風，左推日丸右扶月。一息瑶池翠水家，阿母迎謁龍驅車。青蛾彈絲玉妃酒，折盡蟠桃紅玉花。九天丈人來問道，太極之前天不老。丹霞一炁玉虚宫，寶笈繩金容探討。井君沐浴波五色，洞房光芒上奔日。天上傳呼六丁直，星斗離闌礙鸞翼。」錢春塘《紀夢》云【五】：「翠峰嵳峩三十六，寒泉落空響哀玉。氄花石路勢縈紆，玉闌干護修筠緑。雪髯老人負紫瓢，金絲麈尾摇相招。紅螺酌酒湛湛碧，坐倚蒼石吹洞簫。孤鶴來傳天上詔，老人挽余偕一到。飄飄高舉凌青冥，直過罡風履黄道。祥光樓閣倚崢嶸，神虎守關森衛兵。雙闔朱扉忽微啟，中有靈官來遠迎。絳衣持斧立丹陛，玉皇手中玉如意。雲璈風瑟自宫商，天聲清越非人世。帝旁青童傳帝宣，文華宫中呼謫仙。謫仙顧余笑且言，子宜亟反來他年。探懷贈我五色筆，子當寶之慎勿失。濃香氤氲迷帝所，長揖老人下西廡。身從日月上頭行，俯視

【五】錢春塘紀夢云　「塘」原作「唐」，據涵本改。按：「錢春塘」已見卷三。

斗杓分子午。雲氣相隨步武生，過耳但覺松風鳴。覺來握筆紀佳夢，月明樓鼓撾三更。」毛吾竹《鈞夫》云：「鳶飛魚躍，凫短鶴長。各適其適，孰尤彼蒼。奈何人異於萬物，身備乎五常。學關乎經濟，志效乎忠良。乃使蝸蚓同槁乎土壤，鴻鴈俱逐乎稻粱，精神所著夢遊八荒。浴銀河黼月之浪，熏旃檀帶露之香。戴芙蓉九華之冠，披雲錦五色之裳。騎祥麟兮翳綵鳳，攀若木兮拂扶桑。直造乎玉皇香案之傍。白虎守關御劒芒，熒惑執法齒髮張。皐夔丘旦列鴈行【六】，肅然鳴佩諧宫商。關、張、衛、霍立兩廂，相向盾甲明如霜。千官拜起低復昂，星輝霞彩難爲祥。一人殿中立宣揚，令臣奏事無恐惶。臣愚幸覩天日光，願拜短疏禆毫芒。讀罷帝親把袖藏，曰汝所奏見未嘗。政如藥性和温良，一一可以瘳民瘡，又如百煉昆吾鋼，用之國可無妖祥。惜哉無遇徒心傷，亟宜歸世朝君王。君王神聖今禹、湯，勤求賢雋食不遑。扶天大象親提綱，充庭至寶皆琳琅。尚憐空谷遺幽芳，蒲輪鶴詔紛相望。賜汝紫綬黄金章，衮衣赤舄坐廟堂。燮調萬化躋時康，凌轢周、漢超虞、唐。賜主斧鉞羽林鎗，專征不義誅暴強。火鈴霹靂杵金剛，攝伏百恠回瀾狂。載命玉女斟霞觴，賜汝天醞九霞漿。一飲盡蜕藜藿腸，令汝身貴家亦昌。不論中國蠻與羌，蟲魚草木皆春陽。天子萬壽永無疆，汝乘白雲來帝鄉。二十八宿參翱翔，臣辭草茅不敢當。遜于稷、契暨殳斨，罡風滿路，明月在床。」皆不食烟火語，而鈞天尤富贍云。

魏明帝景初元年，徙長安銅人承露盤。盤折，聲聞數十里，重不可致，留于霸城，大發

【六】皐夔丘旦列鴈行　「皐」原作「皇」，據淵本改。

卒鑄銅人二，號翁仲，列坐司馬門外。抱獨先生命先人與錢菊友穎。即席以「久」字韻賦翁仲。菊友云：「武皇騎龍朝帝后，露濕銅仙古苔繡。景初命名翁與仲，無復衣冠仍漢舊。柏圭大劍高嵯峨【七】，不動如山嚴鎮守。豈知屹立司馬門，九鼎暗移司馬手。變遷陵谷亦何易，洛陽塵埃一回首。因嗟寵辱非可常，世間何者爲長久。君不見後來荆棘埋銅駞，坐想失身横隴畝。」先人云：「銅仙擎露秋風表，珍重劉郎千萬壽。老瞞攘鼎貽孫謀，因逼此仙俱受垢。仙寧折骨拒非招，耻爲姦雄效奔走。汚名翁仲俾司門，口不能言心自否。洛陽宫殿一灰飛，天上此標獨長久。君不見堂堂冠劍隱藤城，萬古六丁驅鬼守。」先生跋云：「紹定壬辰九日，抱獨山人徐逸觀陳藏一所作《翁仲》詩，觀其命意布辭，灼見魅鄉，呼魄指宨，俾受言獎。如在荆棘中流涕而話往事。嗚呼！如詩人忠憤之心隨事而見，可勝歎哉！因執筆惘惘而書。」

甲子六月六日昧爽，福寧殿東西向列《聖訓》及《讀書紀要》各二匣、《凝華集》一匣。太子兩拜問安，又兩拜云：「臣某職守東闈，恩承南面。近思問學，謹葺韋編。兹蓋伏遇爹爹皇帝陛下，聖訓尊嚴，師資妙選，遂令謭見，晉徹慮知。臣下情無任瞻天望聖激切屏營之至。」兩拜，搢笏舞。三拜，開匣各奉一册以進。兩拜云：「纂輯所聞，編摩亦久。慚非博學，幸澈嚴宸。陛下教育歲深，修爲日漸，謹祈錫覽，終賜玉成。」兩拜，進《凝華集》，云：「自幼習詩，久承親訓。僭編草藁，恭進黄堦。陛下勤於教子，學乃知方。仰冀聖

【七】柏圭大劍高嵯峨　「柏」，淵本作「桓」，疑宋人避欽宗趙桓諱改。

慈，錫之乙覽。」兩拜，退。本宮聖堂祈祝文云：「愚昧譾才，勉強問學。夙佩君親之訓，垂二十年。問安視膳之頃，凡一語一言之教詔，服膺弗失，會集爲編，目曰《聖訓》，凡二百卷。卜吉恭進。惟神靈陰相之。」八日，付史館。賜詔云：「朕惟萬邦克正，端自元良；百世昭垂，常存典則。爰示宗嚴之訓，以貽燕冀之謀。期續心傳，用敷言教。皇太子某，天資既淑，學問益充。凡平時丁寧告戒之辭，悉見於躬行踐履之際。復加編集，以示鑑觀，爰寶契於朕心，可永垂於世則。庸加諭旨，丕寓至懷。」九日，起居畢，致詞云：「頃集訓言，獲遭乙覽。登之史館，奬以溫辭。陛下道重傳心，恩深教子。敢不益加勉勵，庸竭忠勤。」而拜，進詩云：「寵頒御墨十行新，天錫光華被小臣。家學傳心當謹守，恩深何以報君親。」兩拜，舞蹈，退。祝文云：「昨者告忱，恭進聖訓。果蒙默佑，得激宸嚴。君親悦怡，宣付史舘。不惟見某平日積習之功，亦我皇上天縱之學，修齊治平之道。藏之石渠，照耀今古。佩服神追，與此編相爲長久。尚享。」

理宗御容自贊云：「身黄屋兮心太虚，動節度兮靜恬愉。肥瘠以天下兮，不移夫厥居，夫孰爲廣成子兮，吾將問道於千歲之餘。」

「獨恨太平無一事，江南閑却老尚書。」蕭宰易「恨」爲「幸」。「雲山蒼蒼，江水泱泱，先生之德，山高水長。」李泰伯易「德」爲「風」。「日斜奏罷《長楊賦》」，半山易爲「奏賦《長楊》罷」。「白玉堂中曾草詔，水晶宮裏近題詩。」韓于蒼易爲「堂深宮冷」。晁無咎

《試交趾進象表》云：「備法駕之前陳。」周益公易「陳」爲「驅」。古詞云：「春歸也，只消戴一朵荼蘼。」宇文元質易「戴」爲「更」。皆一字師也。

己卯冬，訪欽雪巖于仰山相謝，《上堂》云：「千里相尋慰寂寥，未嫌風雪路迢迢。廬山雖好且休去，更撥寒爐話一宵。」明年九日，訪珍南州于開元，《上堂》云：「從上行不到處行，取步步登高；從上説不到處説，取言言見諦。白酒釀千家，黄花開滿地。噫嘻，陶淵明若知有今此世界，終不執着東籬。」置拂子下座。又明年，訪常竹塢于龜峰，《上堂》云：「一藏一切藏，錯，隨隱隨時隱，錯。靄靄春雲，眼中金屑。直饒并到帝王前，總是一團閑落索。置拂子顧衆云。還見麽，這落索，天將以夫子爲木鐸。」隨隱拈云：「鏗金戛玉則不無，三大老同一舌頭。雖然多贊，不如少罵。」

卷之五

《春秋》何始於魯隱公？杜預謂平王【一】，東周之始王，隱公，讓國之賢君。非也。桓公弑兄，諸國無討賊者，自平王不能復父讎始，此《春秋》之所以作也。此《春秋》之始於隱公也。孔子作《春秋》而亂臣賊子懼。惟孟子知之。

周公告二公曰：「我其弗辟，我無以告我先王。」辟，法也。當置管、蔡于法，辟，避也。居東以避之。辟，君也。我若有無君之心，何以告我先王？二説俱通，必有能辨之者。

齊桓公盟洮，盟牡丘，會鹹，會淮，兵車之會四。莊十三年，會北杏；十四年，會鄄；十五年，會鄄；十六年，盟幽；二十七年，盟幽【二】，會檉，盟貫，會陽穀、首止、甯毋、葵丘，衣裳之會十有一。孔子但言九合諸侯，不以兵車。蓋北杏始圖霸【三】。初會鄄，霸未成。莊十五年，再會鄄爲始。《傳》曰復會焉。齊始霸也。

石駘仲卒，無適子，有庶子六人。卜所以爲後者，曰：沐浴佩玉則兆。五人皆沐浴佩玉。石祈子曰：「孰有執親之喪而沐浴佩玉者乎？」不沐浴佩玉，石祈子兆。齊大饑，黔敖爲食於路以待餓者而食之。有餓者蒙袂輯屨，貿貿然來。黔敖左奉食，右執飲，曰：

校勘記

【一】杜預謂平王　「杜」原作「莊」，據淵本、涵本及大觀本改。

【二】盟幽二十七年盟幽　上下兩「幽」原均作「豳」，據淵本、涵本改。

【三】蓋北杏始圖霸　「圖」原作「圓」，據淵本、大觀本改。

「嗟，來食。」揚其目而視之，曰：「予惟不食嗟來之食。以至於斯也。」從而謝焉。終不食而死。於此見古人仁孝之理。前一章，疊四「沐浴佩玉」字而文不繁；後一章，省二「餓者、黔敖」字而文愈簡。又見古人敘事之法。

風以，動之。上之化下，如風之鼓動萬物也。雅者，正也。天子齊正萬物也。頌者，後王贊美祖宗之功德也。一國之事各不同，皆本於君，故即其教化之美而名以風。大雅，固皆天子之事。《鹿鳴》嘉賓、《采薇》王政之興，可以小言；至《文王》、《大明》，美則大矣。《節彼南山》、《正月》諸詩，王政之廢，可以小言，至於《板蕩》，壞則大矣，況遣戍復古，育材南征，不過指陳一事；至於受命明德、《既醉》守成，治則大矣。積小雅以成大雅，積風成雅，積雅成頌，故諸侯有風而無雅，天子有雅而無風。平王政令不行，《黍離》十詩不刺則閔，不閔則思。自降爲風，德不文、功不武則不頌。魯特列國之風以美之也。子畏於匡，厄於陳、蔡，伐木於宋，削迹於衛。顔子一簞食，一瓢飲，在陋巷，人不堪其憂。自古聖賢猶不免困厄。然處變如處常，平日見得義命透，故用舍行藏，惟我與尔【四】，他弟子不能及。

原憲居貧，子貢連騎結駟過之，謂憲曰：「夫子何病也？」憲曰：「無財謂之貧，道不行謂之病。憲貧也，非病也。」此語政鍼子貢殖貨之膏肓。

秦下逐客之令，李斯在逐中，若不上書乞留，終身布衣，及其見留，致位宰相，父子俱

【四】惟我與尔　「惟」原作「誰」，據淵本、涵本改。

戮，政坐一書之故。蓋斯因倉鼠興感，見逐上書則其志在利禄也。與趙高謀殺扶蘇，立二世，恐失利禄也。一有患得患失之心，故不免於大戮。誠可以爲貪利禄者之戒。

孔明仕蜀，子瞻、孫尚死於忠義。瑾仕吳，子恪死於誅戮。誕仕魏，死於兵。三諸葛皆豐之後，分仕三國。惟孔明從劉氏，瞻、尚得其死，合乎正。當時龍、虎、狗之喻，甚當。

唐、虞尚德，夏尚功，商尚老，周尚親，秦尚刑名，西漢尚權謀，東漢尚節義，魏尚詞華，晉尚清言，周、隋尚族望，唐尚制度，宋尚道理紀綱。

董賢財物四十三萬萬。梁冀財物三十餘萬萬。郿塢金三萬斤，銀九萬斤，錦綺寶玩山積。元載胡椒八百斛，他物稱是。終不免自殺、剖棺、燃臍、塞襪，果何所得哉？

唐莊宗詔魏王殺蜀王衍一行人，宦人張居翰謂殺降不祥【五】，以詔傅殿柱【六】，揩改「行」爲「家」【七】，於是隨衍千餘人皆獲免。漢高祖以李崧第賜宰蘇逢吉，併取其西京之田宅。崧子弟有怨言，逢吉誘人告崧與家僮二十人謀反，改「二」爲「五」，遂族其家。周太祖梟逢吉，適當崧被刑之所。壹字活千人，族一家，宜六一公有取於居翰也。

賈生獲罪于漢，投文汨羅以弔屈原。皮日休不用於唐，投文沅湘以悼賈誼。賈之見讒似屈之忠，日休不用似賈之投閑長沙。洩其忠憤可悲已。柳宗元恃叔文輩爲冰山，設爲《天對》，投文弔湘，有二子之才，無三閭之忠，寧不發屈、賈之笑？

紹興初，有獻鼎於行都，上賜白金三千兩，賜三茅觀。高一尺三寸有咫，兩耳旁出，三

【五】宦人張居翰謂殺降不祥　「宦」原作「官」，據淵本改。

【六】以詔傅殿柱　「傅」原作「傳」，據淵本、《新五代史》卷三八改。

【七】揩改行爲家　「揩」原作「楷」，據淵本、《新五代史》卷三八改。

足與首皆類牛，腹外周紋如篆籀，腹内篆銘曰：「維甲午八月丙寅，帝若稽古，肇宋鼎，審厥象，作牛鼎。格于太室，從用享億萬寧神休，惟帝時寶，萬世其永賴。」乃宋孝武孝建元年八月二日肇作以享太室者。二十九年，常州澄清觀，先是滆湖有物湧出波濤【八】，寺觀爭取之，莫能得。澄清試以香花迎之，則凌波而上。有唐廣德二年九月戊午河東薛泚之銘曰：「上德願而鑄洪鐘，仙聖祐而人天從。霜朝聞而窈窕，月夜聽而邕容。蓮生花而清淨，頂唧繞於盤龍。響上聞於天外，聲下徹於九重。庶長空於鬼獄，魔屏跡而潛蹤。」其象鐸，其量勺，不石不播，不怍不鬱，臍當其腹，杵不臨唇，重幾百鈞。禁中日伺其鳴爲興繕節，童行專任撞擊，毋先時，毋不及。三朞，錫以度牒，聲澈九重之銘始驗。觀亦有吴道子《火星圖》、褚遂良書《陰符經》，然皆出鐘鼎下。

錢唐遊手數萬，以騙局爲業。初願納交，或稱契家，言鄉里族屬昭合，稍稔，邀至其家，妻妾羅侍，寶玩充案，屋宇華麗。好飲者與之沉酗同席，或王府、或朝士親屬、或太學生，狎戲喧呼，或詐失錢物，誣之倍償。好遊者與之放恣衢陌，或入豪家，與有勢者共騙之。好呼盧者或使之旁觀【九】，以金玉質鏹【一〇】，遂易瓦礫，訪之則封門矣。或詐敗以誘之，少則合謀傾其囊；或竊彼物爲證索鏹其家，變化如神。如淨慈寺前瞽嫗，揣骨聽聲知貴賤。忽有虞候一人，荷轎八人訪嫗，曰某府娘子令請登轎。至清河坊張家疋帛鋪前少駐，虞候謂鋪中曰：「娘子親買疋帛數十端。」虞候隨一卒荷歸取鏹，七卒列坐鋪前，候

【八】先是滆湖有物湧出波濤 「滆」原作「隔」，據淵本改。

【九】好呼盧者或使之旁觀 「盧」字原脱，據淵本補。

【一〇】以金玉質鏹 「鏹」原作「襁」，據淵本、涵本及大觀本改。

久不至，二卒促之又不至，二卒繼之，少焉，棄轎皆遁矣。有富者揖一丐，曰：「幼別尊叔二十年，何以在此？」引歸沐浴更衣，以叔事之。丐者亦因以爲然。久之，同買疋帛數十端，曰：「叔留此，我歸請償其直。」店翁訝其不來，挾丐者物色之，至其所，則其人往矣。有華衣冠者買疋帛，令僕荷歸，投鑰開篋取鑼，坐鋪候久，晚不來，店翁隨歸入明慶寺，如厠，易僧帽，裹僧衣以逃。戴生貨藥，觀者如堵。有青囊腰纏者，雖企足引領而兩手棒護甚至。白衫者拾地芥喞刺其頸，方引手抓，則腰纏失矣。有術士染銀爲藥，先以水銀置鍋內，雜投此藥，水銀化烟去，銀在其中。或者欲傳之，欺以藥盡，重需市藥則墮其計矣。殿步軍多貸鑼出戍，令母氏、妻代領衣賜，出庫即貨以償債。有少年高價買老嫗絹，引令坐茶肆內，曰：「候吾母交易。」少焉，復高價買一嫗絹，引坐茶肆外，指曰：「內吾母也。錢在母處。」取其絹。又入附耳謂內嫗曰：「外吾母也。錢在母處。」又取其絹出門，莫知所之。嗚呼！盜賊姦宄皐陶明刑則治。晉用士會，盜奔于秦。治之之法，在上不在下。

宋坦齋謂曹東畝曰：「君生永嘉【一一】，詩學江西。」曰：「興到何拘江浙，然則四靈不足學歟？」曰：「四靈詩如啖玉腴【一二】，雖爽不飽；江西詩如百寶頭羹，充口適腹。」

陳子長韡守瑞陽，用刑甚峻。西山真公勉以詩曰：「粉省郎官出把麾，故人何以贈箴規。孔門仁恕真心法，漢吏循良乃吏師。聽訟莫嫌刀似筆，愛民終見口成碑。玉麟夜語如相問，爲說如今兩鬢絲。」與腴悅者異矣。

【一一】君生永嘉　「嘉」原作「壽」，據淵本改。

【一二】四靈詩如啖玉腴　「四」字原脫，據淵本、大觀本補。

有賦《長相思》詞云：「晴也行，雨也行，雨也行時不似晴，天晴終快人。名也成，利也成，利也成時不似名，名成天下驚。」有心爲名，名亦利也。可警矣。

王晉卿云：「海棠開後，鸎子來時，黄昏庭院。」劉招山云：「一般時節兩銷魂，樓上黄昏，馬上黄昏。」趙德麟云：「斷送一生憔悴，能消幾箇黄昏。」

金聲玉振乃景鐘也。頂上有玉，扣則金先鳴，玉終之。高九尺，天子親擊以祠上帝。銘曰：「德純懿兮舜文繼，躋壽域兮孰内外。薦上帝兮偉兹器，聲氣應兮同久視。貽子孫兮彌萬世。」

裕齋馬樞密判臨安府，榮邸解偷山賊，逼令重罪。鞠之，乃拾墳山之墜松者。判云：「松毛落地是草，村人得之是寶。大王穩便解來，即時放了。」

景定辛酉，杭大饑。帥朝服請見榮王，求糴三百萬石。王不出，終日坐賓次，必得請乃退。是歲也，饑不爲害。

安晚鄭公私居青田府，鹿食民稻，犬噬殺之。府囑守黥犬主。幕官擬云：「鹿雖帶牌，犬不識字。殺某氏之犬償鄭府之鹿，足矣。」守從之。

浙右富人捨竹園于鄰寺。後其子貧甚【一三】，取其笋。僧執爲盜，聞于官。守判云：「當初捨園，指望福田。既無福田，還他竹園。」

嘗記殿司《薦陣亡疏》，略云：「虎頭食肉，彼何人斯？馬革裹屍，深負公等。戰河

【一三】後其子貧甚　「後」字原脱，據大觀本補。

南，戰河北，毋忘此日之精忠；　出山東，出山西，再作明時之將相。」

陸放翁宿驛中，見題壁云：「玉堦蟋蟀鬧清夜，金井梧桐辭故枝。一枕淒涼眠不得，呼燈起作感秋詩。」放翁詢之，驛卒女也，遂納爲妾。方餘半載，夫人逐之。妾賦《卜算子》云：「只知眉上愁，不識愁來路。窗外有芭蕉，陣陣黄昏雨。曉起理殘粧，整頓教愁去。不合畫春山，依舊留愁住。」

姑蘇女子沈清友能詩。如「晚天移棹泊垂虹，閑倚蓬窗問釣翁。爲底鱸魚低價賣，年來朝市怕秋風」。得風人之體。《詠漁父》云：「起家紅蓼岸，傳世緑簑衣。」《詠牧童》云：「自便牛背穩，却笑馬蹄忙。」得下字之工。

退之《送窮文》自謂恠恠奇奇。《毛穎傳》雖稍恠，然筆力已不及。不知者以恠辭爲工，疊字爲巧，字理舛謬不暇顧，則諉之曰「自我作古」。又飾之曰「周誥殷盤，屈曲聱牙」，其實學力未充。筆下澁滯，僅足以誑聾瞽。老泉先生曰：「風行水上涣。非水之文也，非風之文也，二物者非能爲文，而不能不爲文也。」惟退之得之。

辛稼軒觴客滕王閣，詩人胡時可通謁，閽人辭焉，呵詈愈甚。辛使前，曰：「既稱詩人，先賦滕王閣，有佳句則預坐【一四】。」即題云「滕王高閣臨江渚」，衆大笑。再書云：「帝子不來春已暮。鶯啼紅樹柳摇風，猶似當年舊歌舞。」迺相與宴而厚賙之。范希文置酒郊樓，聞哭聲，悉撤飲器，贈數喪之未葬者。忠厚可以戒薄俗。稼軒視希文之事，必優爲之。

【一四】有佳句則預坐　「有」原作「在」，據淵本、涵本及大觀本改。

黃桂隱鵬飛以二絶送余遊廬山，云：「天下廬山第一奇，西風楚楚送行時。晦庵白鹿書猶在，非是遊山只愛詩。」「曾從圖畫識廬山，山好誰知畫亦難。畫好不如詩好讀，就煩詩筆畫來看。」其大父官南康，故於圖畫識廬山。四世祖以直道勁氣，不偶於時，有《碧谿詩話》行于世。

珏荆叟住靈隱，僧求掛搭不得。一日五鼓，久立，方丈忽問云：「何方狗子？甚處猫兒？」僧云：「某甲温州。」叟曰：「温州王小婆布針帶得來麽？」曰：「有。」入，「何不出去？」僧於叟脅下槌一拳，叟以竹篦連打不止。僧忽云：「打則任打，祖師西來意未許你在。」叟曰：「如何是祖師西來意？」答云：「五峰青更青。」叟曰：「便與掛搭。」隨隱拈云：「靈隱雖則方便垂慈，爭奈這僧尚居門外。」

無準入室問倫斷橋云：「近離甚處？」答云：「天台。」問云：「曾見石橋麽？」答云：「踏斷了也。」問云：「踏斷後如何？」答云：「碧潭深萬丈，直下取魚歸。」隨隱拈云【一五】：「驀爾漁翁輕舉棹，無端空谷裹傳聲。」

閻妃以特旨奪靈隱寺菜園建功德寺，住持冲癡絶退院示衆云：「欲去不去被去礙，欲住不住被住礙。渾不礙，十洲三島鶴乾坤，四海五湖龍世界。」隨隱拈云：「長長還有人，看方丈也無。」

校勘記

【一五】隨隱拈云 「云」下原衍「因」，據淵本删。

佚文

潘安仁《關中》詩云：「肝腦塗地，白骨交衢。夫行妻寡，父出子孤。」劉灣《雲南行》云：「妻行求死夫，父行求死子。」形容鰥寡孤獨之慘極矣，然傷於直，未若曹公云：「憑君莫話封侯事，一將成功萬骨枯。」陳陶云：「可憐無定河邊骨，猶是香閨夢裏人。」此即漢文帝所謂：「多殺士卒，傷良將吏，寡人之妻，孤人之子，獨人父母，得一失十，朕不忍爲也。」然雖趙充國、王忠嗣、曹彬等固不多見，舞干羽而苗格者何人哉。

戰國四君，無忌爲賢，田文次之，趙勝又次之，黄歇無足取。無忌屈身以迎侯嬴，間步以交毛薛，恭近於禮，忘身救趙，納言如流，信近於義，趣駕還魏，敗蒙驁於河，又不可謂不知也。田文雖好客納諫而不擇臧否，招納亡命之徒爲逋逃主，此士之所以不至也。勝有一毛遂而不識。歇相楚三十餘年，以姦固位，進李園之女弟以圖楚國，亂人苗裔，殞非其命，天實假手，非當斷不斷之不幸也，宜也。

朝參御殿如冬至，歲賀，節朝大禮，奏請致齋則御大慶。上壽賜宴，望參賀祥瑞，勝捷則御紫宸殿。御宴唱名則御集賢。六參官起居聽麻宣布則御文德。召宰執論事則御延和。武舉及軍班授官則御講武。試進士及講讀則御緝熙。明堂郊祀稱賀則御端誠。常朝四參，自九月十一至五月十二日，并與垂拱。大祀假忌前假，自五月十三日至九月初十日，并與後殿。凡趨朝出入門不端簡，朝堂行私禮，交互幕次語笑喧嘩，殿門内聚談行立失序，主班交語相揖無故離位，拜舞不如儀，穿班仗出入，皆謂失儀，閤門彈奏有責。凡卿監郎官至院轄、書監以上，五日分輪一員上殿，論之輪對【一】。前半月，閤門以資次，十員爲一單關尚左，轉牒諸官預辨劄子，伏臘則免。凡臺諫月月繳進，謂之本職公事。侍從左右史樞密都副承旨謂之直前奏事，三衙大師謂之執杖子奏事，各臨時閤門。若在外執政、侍從，則謂之内引。

内命婦五品。貴妃、淑妃、賢妃則鎖院降制。貴儀、淑儀、淑容、順容、婉儀、婉容、昭儀、昭容、昭婉、修儀、修容、修婉、充儀、充媛、婕妤、美人、才人、侍御郡夫人、郡夫人、十字、六字、四字、兩字、兩字兩國、四字兩國、兩字、一字國夫人爲一品。尚正、尚宫、尚儀、尚食、尚服、尚闈、尚翰、尚拭、尚制、尚薰、司衣、司寶、司飾、司闈、司言、司膳、司劑、司設、司采、典衣、典寶、典飾、典製、典闈、典籍、典醞、典珍、典樂、掌衣、掌記、掌采、掌樂、掌闈、掌籍、掌醞、紅霞帔，知尚書内省事。仙韶使、副使、小殿直都知、押班爲二品。紫霞帔，尚書省都事，大侍御，小殿直第一等長行，仙韶都頭爲三品。聽宣，尚書省内事、録事、小殿直二等長行、仙韶色爲四品。殿直、散直、散手、尚害省、小侍御、皇后閤祇候、小殿直第三等長行、著緋著緑女童爲五品。

【一】論之輪對　按：從以下行文判斷，「論」字疑爲「謂」之刊誤。

劉向、楊彪盡忠漢室，而歆附王莽，修爲操謀。郄愔盡忠於晉，而超附桓温以傾晉。其父析薪，其子非惟弗克負荷，又從而賣君父，隤家聲，僅取一時之榮，而不忠不孝之罪萬古莫掩。哀哉！

李廣殺降卒七百人，故不侯；虞翊殺降賊數百人，故二十餘年家門不增一口。嗚呼！二君猶若是，則項羽坑秦卒二十萬，白起坑趙卒四十餘萬，獲罪於天，又將若之何。《書》首堯、舜，《詩》首文王，《春秋》首魯隱，《史記》世家首泰伯，列傳伯夷，最有深意。使人人如是，則商臣之禍不作於楚，建成之變不生於唐。

高沙榮全據城叛，召官妓毛惜惜佐酒，罵曰：「汝本健兒，官家何負於汝而反？吾有死耳，不能爲反賊行酒。」全以刃裂口，立命臠之。罵至死不絶。閫臣以聞，特封英烈夫人，且賜廟。潘紫岩有詩云：「淮海豔姬毛惜惜，蛾眉有此萬人英。恨無匕首學秦女，向使裹頭真杲卿。玉骨花顔城下土，冰魂雪魄史間名。古今無限腰金者，歌舞筵中過一生。」

錢塘范十郎二女俱爲雲間富民陸氏妾，長曰鶯鶯，寵盛，早世；次曰燕燕，與群妾等。陸病且貧，貨所居棲墓廬，群妾散，燕獨不忍去，同食貧餘年【二】。陸死，自鬻以葬焉。嗚呼！豫讓懷智伯國士恩，始以國士報，燕得不賢於讓哉。

韓香，南徐娼也，色藝冠一時。與大將葉氏子交，閉門謝客，將終身焉。父恚投牒有

【二】同食貧餘年　明《天中記》卷一九引《隨隱漫録》，「餘」字前有「十」字。

司，集鰥軍于射圃，中者妻之。一老卒中，香歆然同歸，謂曰：「夫婦有禮，而買羊沽酒，召吾親故以成禮。」賓至，酒三行，香出所齎金帛高下獻之。入更衣，久不出，自刎矣。嗚呼！白刃可蹈也，不爲非義屈。歐陽公作雜傳，係遍事五代之臣，香雖可入雜傳，其節亦可尚矣。

杭州治，舊錢塘官也，紹興因以爲行宮，皇城九里。入寧和門【三】，左進奏院、玉堂；右中殿、外庫。至北宮門，循廊左序，巨璫幕次列如魚貫。祥曦殿、朵殿，接修廊爲後殿。對以御酒庫、御藥院、慈元殿、外庫、内侍省、内東門司、大内都巡檢司、御厨、天章等閣。廊回路轉，衆班排列。又轉内藏庫，對軍器庫，又轉便門。垂拱殿五間十二架，修六丈，廣八丈四尺，簷屋三間，修廣各丈五。朵殿四，兩廡各二十間。殿門三門，内龍墀折檻。殿後擁舍七間，爲延相殿。右便門通後殿門【四】，左一殿隨時易名：明堂郊祀曰端誠，策士唱名曰集英，宴對奉使曰崇德，武舉及軍班授官曰講武。東宮在麗正門内，南宮門外，本宮會議所之側。入門，垂楊夾道，間夫容，環珠闌，二里至外宮門。節堂後爲財帛、生料二庫，環以官屬直舍。轉外窑子，入内宮門。廊右爲贊導春坊直舍，左講堂七楹，扁新益。外爲講官直舍。正殿内明【五】，左聖堂，右祠堂。後凝華殿。瞻蒙堂，環以竺，左寢室，右齋，安位内人直舍百二十楹。左彝齋，太子賜號也。接繡香堂，便門通繹己堂，重簷複屋，昔楊太后垂簷於此，曰慈明堂。殿前射圃【六】，竟百步，環修廊，右轉博雅樓，十二間。廊

【三】入寧和門　「寧和」，《夢粱録》、《武林舊事》、《咸淳臨安志》都作「和寧」。

【四】通後殿門　「門」，《輟耕録》卷一八、《西湖遊覽志》卷七、《增補武林舊事》卷四均無。

【五】正殿内明　「内」，《輟耕録》卷一八、《西湖遊覽志》卷七均作「向」字。

【六】曰慈明堂殿前射圃　《輟耕録》卷一八、《西湖遊覽志》卷七作「曰慈明殿前射圃」。

左轉數十步，雕闌花甃，萬卉中出秋千，對陽春亭、清霽亭，前夫容，後木樨，玉質亭梅繞之。由繹己堂過繡臙廊，百八十楹，直通御前。廊外即後苑，梅花千樹，曰梅崗亭、冰花亭。枕小西湖，曰水月境界、曰澄碧。牡丹曰伊洛傳芳。芍藥曰冠芳，山茶曰鶴丹，桂曰天闕，清香堂曰本支百世，佑聖祠曰慶和泗州、曰慈濟鍾離、曰得真。橘曰洞庭佳味，茅亭曰昭儉，木香曰架雪，竹曰賞靜，松亭曰天陵偃蓋。以日本國松本爲翠寒堂【七】，不施丹雘，白如象齒，環以古松。碧琳堂近之一山崔嵬，作觀堂，爲上焚香祝天之所，吴知古掌焚修，每三茅觀鼓鳴，觀堂之鐘應之，則駕興。山背芙蓉閣，風帆沙鳥，履舄下山【八】，山下一溪縈帶，通小西湖。亭曰清漣，怪石夾列，獻瑰逞秀，三山五湖，洞穴深杳，豁然平朗，翬飛翼拱。凌虚樓對瑞慶殿、損齋緝熙、崇政殿之東爲欽先、孝思、復古、紫宸等殿。木圍即福寧殿，射殿曰選德。坤寧殿，貴妃、昭儀、婕妤等位宫人直舍蟻聚焉。又東過閣子庫，睿思殿，儀鸞、修内、八作、翰林諸司，是謂東華門。涵芬樓鉛印本《説郛》卷三

《元夕》詩：「看燈螃蟹月前供，迓鼓金銷畫領中。簾捲重樓燈乍試，柳梢風暖雪初融。」「蒼頭喝道燭光微，梅壓烏雲柳壓梅。打塊成團嬌又顫，鬧蛾簇簇翠冠兒。」「風飄蹀躞步摇輕，相唤相呼去看燈。笑整玉梅藏素手，香肩三角卸吴綾。」「麝圓餂拍澄沙團，餶飿糖霜乳橘盤。蕉葉柿花宜利少，叫聲渾雜市聲歡。」「買市今宵看帥臣，九衢車馬隘香塵。歡呼百姓同霑惠，無限攙行賣卜人。」「女童清樂玉淙淙，一道羣絲緩合笙。更看蘇

【七】以日本國松本爲翠寒堂　「本」，《輟耕録》卷一八、《西湖遊覽志》卷七作「木」。

【八】履舄下山　《輟耕録》卷一八、《西湖遊覽志》卷七作「咸出履舄下」。

家坊傀儡，軟風嬌送杵歌聲。」「天街簫鼓厭繁華，靜訪湖山釋子家。珍玩圖書尤絢眼，選僧堂裏萬蓮華。」「寒星萬點御香飄，和風潛回積雪消，盈耳嵩呼聲不絕，熙熙春意入簫韶。」《永樂大典》第二〇三四卷

圖書在版編目(CIP)數據

全宋筆記. 第8編. 4 / 上海師範大學古籍整理研究所編.— 鄭州 : 大象出版社, 2017. 6
ISBN 978-7-5347-9278-6

Ⅰ.①全… Ⅱ.①上… Ⅲ.①中國歷史—史料—宋代 Ⅳ. ①K244. 066

中國版本圖書館 CIP 數據核字(2017)第 130180 號

全宋筆記 第八編 四

出版人 王劉純
特約編輯 陳 新
責任編輯 郭一凡
整體設計 張 勝
出版發行 大象出版社
鄭州市開元路16號(450044)
製 版 上海杰申電腦排版有限公司
印 刷 北京匯林印務有限公司
版 次 2017年7月第1版2017年7月第1次印刷
開 本 640mm×960mm 1/16 19.25印張
字 數 231千字
印 數 1—3000冊
定 價 46.00元